Datas Comemorativas do Brasil

Cívicas, comerciais, religiosas, institucionais e outras centenas de datas comentadas e explicadas

origem, importância, significado dia a dia, mês a mês, de 1º de janeiro a 31 de dezembro

Cláudio Roque Buono Ferreira
Mario Sergio Nunes da Costa
Wagner Veneziani Costa

Datas Comemorativas do Brasil

Cívicas, comerciais, religiosas, institucionais e outras centenas de datas comentadas e explicadas

origem, importância, significado dia a dia, mês a mês, de 1º de janeiro a 31 de dezembro

© 2014, Madras Editora Ltda.

Editor:
Wagner Veneziani Costa

Produção e Capa:
Equipe Técnica Madras

Revisão:
Vera Lucia Quintanilha
Wilson Ryoji Imoto
Renata Assumpção

Dados Internacionais de Catalogação na Publicação (CIP)
(Câmara Brasileira do Livro, SP, Brasil)

Ferreira, Cláudio Roque Buono Datas comemorativas do Brasil: cívicas, comerciais, religiosas, institucionais e outras centenas de datas comentadas e explicadas / Cláudio Roque Buono Ferreira, Mario Sergio Nunes da Costa, Wagner Veneziani Costa. — São Paulo: Madras, 2014.

ISBN 978-85-370-0900-0

1. Datas comemorativas I. Costa, Mario Sergio Nunes da. II. Costa, Wagner Veneziani. III. Título.
14-01448 CDD-398.236

Índices para catálogo sistemático:
1. Datas comemorativas: Costumes 398.236

Proibida a reprodução total ou parcial desta obra, de qualquer forma ou por qualquer meio eletrônico, mecânico, inclusive por meio de processos xerográficos, incluindo ainda o uso da internet, sem a permissão expressa da Madras Editora, na pessoa de seu editor (Lei nº 9.610, de 19.2.98).

Todos os direitos desta edição reservados pela

MADRAS EDITORA LTDA.
Rua Paulo Gonçalves, 88 – Santana
CEP: 02403-020 – São Paulo/SP
Caixa Postal: 12183 – CEP: 02013-970 – SP
Tel.: (11) 2281-5555 – Fax: (11) 2959-3090
www.madras.com.br

Dedicatória

Dedicamos este livro à juventude brasileira, que cada vez mais vem se destacando no cenário nacional pela capacidade criativa e inovadora, na esperança de que esta obra colabore para o seu crescimento cultural.

Agradecimentos

Muitas pessoas nos ajudaram com informações a respeito das datas comemorativas, bem como suas mudanças, duplicidades, cancelamentos ou inexistências de algumas delas, durante a elaboração deste livro. Encontramos muita boa vontade de funcionários de Ministérios, em Brasília, que nos remeteram material sobre vários assuntos, em especial datas alusivas aos indígenas e às crianças.

No setor de Relações Públicas do Comando Militar do Sudeste, muitas dúvidas importantes foram dirimidas (há agendas e obras que atribuem o Dia do Exército ao mês de agosto – é em abril –, confundindo-o com o Dia do Soldado). Também nos ajudou o Comar (Comando Militar da Aeronáutica), de São Paulo, e foram muito atenciosas as funcionárias da Biblioteca da Câmara Municipal de São Paulo. Em outras bibliotecas públicas e em Secretarias de Estado também obtivemos informações fundamentais para a produção desta obra.

Caso exemplar da "teimosia" de nossa parte até chegarmos à data exata, foi o do Dia Nacional de Combate à Hanseníase. Como nossas fontes – livros, agendas, almanaques, etc. – registravam datas discrepantes, enviamos um representante a um setor público em São Paulo, onde outrora se dava atendimento aos portadores do mal de Hansen. O local estava em reformas, nenhuma informação obtivemos. Depois de outras tentativas, decidimos telefonar ao antigo Sanatório Santo Ângelo, em Jundiapeba (Mogi das Cruzes). O atendimento foi impecável e obtivemos, finalmente, a informação sobre essa data (uma doença da qual raramente se fala e que, no entanto, ainda atinge muitos brasileiros). É mais uma das datas de advertência e prevenção, que não tem obviamente o brilho comercial do Dia dos Namorados ou do Dia da Criança, nem o saudável brilho cívico da Independência, mas que comprova uma nova mentalidade posta em prática. Que bom!

Assim, aqui fica nosso agradecimento vigoroso. Se não fossem essas pessoas – sindicalistas, soldados, oficiais militares, funcionários públicos, telefonistas, etc. – não teríamos reunido tão amplo elenco de datas.

Muito obrigado a todos e – mais uma vez – apontem-nos imperfeições ou ausências, pois esperamos que esta obra tenha várias edições.

Índice

Apresentação 9
Corrida do Tempo 11
    Século XVI (d.C.) 11
    Século XVII (d.C.) 12
    Século XVIII (d.C.) 13
    Século XIX (d.C.) 15
    Século XX (d.C.) 18
Um Pouquinho da História do Brasil 23
    Geografia 23
    Dados gerais 23
    O descobrimento 24
    O começo da colonização 24
    O lado oculto da Independência 25
    Maçons ilustres do Brasil 27
    O café no Brasil Império 32
    Algumas figuras marcantes da nossa História 33
    O Brasil pós-República 35
    Os presidentes do Brasil 36
    As moedas do Brasil 41
    Bandeiras históricas do Brasil 42
Uma Explicação Necessária 47
    Divergências e duplicidade de datas 47
Janeiro 49
Fevereiro 60

Março 70
Abril 82
Maio 93
Junho 106
Julho 119
Agosto 132
Setembro 144
Outubro 156
Novembro 179
Dezembro 193
Apêndice I 214
Apêndice II 220

Apresentação

As datas comemorativas representam um assunto sempre presente em nossas vidas, mas a importância que atribuímos a elas depende, claro, de nós mesmos. Um exemplo é o Natal; para muitos brasileiros, é uma data muito importante; para outros, é até hostilizada – ou, no mínimo, indiferente.

Por meio das datas comemorativas, prestam-se homenagens a profissionais de diversas áreas, reverenciam-se os santos e também se celebram fatos históricos relevantes em nosso país.

Escrever – ou organizar – um livro sobre datas comemorativas (ou comemoradas) foi um desafio proposto para nós. Lembramo-nos especialmente da juventude brasileira que está nos bancos escolares e pensamos o quanto poderia lhe ser útil um material que servisse de fonte de pesquisa, ao mesmo tempo que contribuísse para o seu enriquecimento cultural. Essa foi a nossa principal motivação.

Elencar as datas representou um trabalho que – na verdade – não termina nunca, pois basta um vereador de uma cidade importante como São Paulo ter aprovado (mais) uma proposta de data, e eis aumentada a lista, que não é nada restrita, como todos sabemos.

Antes de voltarmos à questão do número infindável das datas comemorativas ou comemoradas, achamos importante ressaltar o grande diferencial entre estes tempos de início do século XXI e os de nossa infância ou adolescência. Houve uma mudança de enfoque – para melhor – nas datas. Isso é muito importante: além da evocação de datas cívicas ou comerciais (Independência, Namorados, Mães – grandes e notórios exemplos), chegou a época da responsabilidade individual e coletiva, ou social. Hoje, têm cada vez mais destaque os dias de prevenção a muitas doenças (Aids, câncer, osteoporose, etc.) ou de defesa do meio ambiente (Mata Atlântica e camada de ozônio são dois bons exemplos) e de responsabilidade social (trânsito, discriminação, trabalho escravo e outras datas).

Então, mais do que antes, justifica-se esta obra, destinada não só a estudantes e professores como também ao público adulto em geral. Mudou o enfoque – apesar do acentuado (para não dizer terrível) comercialismo de tantas datas, surgiram muitas outras conscienciais, que nos convidam não a uma meditação mas a um engajamento, a uma atitude mais ativa. Isso, insistimos, é um grande avanço e, para ele, colaboram a imprensa escrita, o rádio e a televisão – ainda bem! Nessas novas datas, nesse novo enfoque, temos abundante material cívico, de cidadania, de agitação de escolas, bairros, comunidades, movimentos específicos em prol disso ou daquilo.

Por outro lado, não aparecem neste trabalho certas datas, algumas bem conhecidas. Por quê? Pela simples razão de que, por mais que fôssemos a certos locais, por mais que telefonássemos, escrevêssemos, insistíssemos, foram inúteis nossos esforços. Então, são duas realidades: a dúvida ou a impossibilidade de comprovação; e a contínua multiplicação de datas comemorativas restritas a um pequeno grupo esportivo, étnico, etc., como acontece na cidade de São Paulo. Datas assim não inserimos no livro.

Notem que incluímos pelo menos um santo por dia (com raras exceções) e colocamos algumas datas importantes da Umbanda e do Espiritismo, pela importância que essas opções religiosas têm no contexto da população brasileira.

Feitas essas ressalvas quanto a datas para as quais não conseguimos encontrar comprovação e àquelas que nos parecem restritas a um grupo pequeno, desculpamo-nos por eventuais omissões ou equívocos, que procuraremos corrigir nas próximas edições.

Agradecemos as sugestões e críticas construtivas que forem encaminhadas à editora.

Os autores

Corrida do Tempo

A seguir, apresentaremos uma sequência cronológica dos principais acontecimentos históricos do nosso país, desde o século XVI (anos de 1501) até o século XX (anos de 1901 até 2000).

Século XVI (d.C.)

Ainda séc. XV–1500 – No dia 22 de abril, a expedição composta por dez naus, três caravelas e 1.500 homens a bordo, chefiada por Pedro Álvares Cabral, chegou ao litoral da Bahia por intermédio de um monte avistado – Monte Pascoal. No dia seguinte, celebrou-se a primeira missa no território descoberto. A "Terra de Vera Cruz" era habitada por 8 milhões de indígenas. Pero Vaz de Caminha, um dos tripulantes, enviou ao rei de Portugal o primeiro relato sobre o território encontrado.

Ainda séc. XV–1500-1530 – Os portugueses defendiam as invasões estrangeiras à costa do território encontrado e, consequentemente, fundaram vilarejos que serviram de pontos de troca de mercadorias, até de comércio do pau-brasil – madeira importante para o mercado europeu. A mão de obra para derrubar as árvores, descascar, atorar e transportar os troncos para as naus que os levariam para o exterior era indígena.

[1532 – A primeira vila brasileira fundada foi chamada de São Vicente].
O Tratado de Tordesilhas foi assinado em 1494 e estabeleceu a divisão do território encontrado pelos portugueses e espanhóis. Porém, os franceses não aceitaram a validade do tratado e invadiram pontos estratégicos do litoral brasileiro. Por conta disso, a Coroa portuguesa investiu na colonização dos nativos, ou seja, implantou as Capitanias Hereditárias, dividindo o território em 15 faixas horizontais de terra, com cerca de 350 quilômetros de largura cada, que se iniciavam no litoral e terminavam no interior, na linha imaginária do tratado.

1534 – D. João III distribuiu os lotes das Capitanias Hereditárias, entre elas as de Santo Amaro, Santana, Rio de Janeiro, Espírito Santo e Pernambuco.

Martim Afonso de Sousa teve grande participação no desenvolvimento de parte dessas Capitanias.

1538 – Os primeiros escravos africanos chegaram ao Brasil.

1549 – As Capitanias Hereditárias fracassaram, mas os portugueses fizeram a segunda tentativa de controle do território, criando o Governo Geral, e nomearam Tomé de Souza para primeiro governador-geral.

Foi fundada a cidade de Salvador.

1549-1553 – Os conflitos entre portugueses e indígenas se intensificaram. O governador-geral aliou-se aos tupis e escravizou membros das outras etnias. Os índios só tinham os jesuítas como protetores, que tentaram impedir a escravidão. Mas, em contrapartida, aplicaram ao povo indígena uma disciplina rígida, desrespeitando suas tradições e sua cultura.

1553-1558 – Duarte da Costa foi o segundo governador-geral; consolidou o projeto de colonização, introduzindo a produção do açúcar. Porém, enfrentou diversas dificuldades, entre elas a invasão da colônia pelos franceses e os intermináveis conflitos entre colonos e jesuítas.

1554 – Foi fundada a cidade de São Paulo, tendo como marco inicial o Colégio de São Paulo.

1558-1572 – Mem de Sá foi o terceiro governador-geral e iniciou a expulsão dos franceses, que já haviam ocupado o Maranhão e o território que veio a ser o Rio de Janeiro.

1565 – Foi fundada a cidade do Rio de Janeiro, por Estácio de Sá. Era uma estratégia para expulsar os franceses dos territórios invadidos.

1570 – Os índios foram "libertados" por D. Sebastião.

1572 – Em virtude do tamanho do território, o poder sobre as regiões Sul e Nordeste foi descentralizado e passou a ser administrado a partir de duas cidades: Salvador e Rio de Janeiro.

1580-1640 – O Brasil foi muito prejudicado por conta da união entre as coroas portuguesa e espanhola. Amigos de outrora passaram a ser inimigos de Portugal, como a Holanda, que atacou e ocupou grandes faixas do litoral brasileiro, onde construíram fortes e fundaram a cidade do Recife.

Século XVII (d.C.)

1612-1616 – A economia da colônia se desenvolveu após a expulsão dos franceses da costa norte. O controle de seu litoral foi assegurado com a fundação das cidades de São Luiz do Maranhão, em 1612, e Belém do Pará, em 1616.

1614 – O escritor português Antônio Vieira chegou ao Brasil, dando início, assim, à Literatura Brasileira.

1620 – Os holandeses fundaram a Companhia das Índias Ocidentais, com o objetivo de conquistar novos territórios e investir sobre aqueles já de posse dos portugueses, principalmente a colônia da América do Sul.

1629 – Os bandeirantes Raposo Tavares e Manuel Preto destruíram missões jesuíticas no Paraná.

1630 – Nessa época, formou-se o Quilombo dos Palmares e os holandeses, estimulados pela Companhia das Índias Ocidentais, ocuparam Pernambuco.

1637 – Maurício de Nassau chegou ao Brasil para governar Pernambuco e firmar a invasão holandesa.

1645-1654 – Os portugueses, conscientes do provável domínio holandês sobre pontos de sua colônia, iniciaram uma guerra, que resultou na expulsão dos holandeses de Pernambuco. Portugal retomou Recife nas batalhas dos Guararapes (1648) e reduziu a presença dos holandeses em alguns fortes do litoral nordestino.

1674 – O bandeirante Fernão Dias Pais chegou a Minas Gerais.

1690 – Colonos invadem Minas Gerais em busca de ouro.

1695 – O líder dos escravos, Zumbi, é morto junto à destruição do Quilombo dos Palmares.

Século XVIII (d.C.)

1707 – Houve um conflito entre paulistas e "emboabas" – forasteiros portugueses –, que queriam o monopólio das minas de ouro de Minas Gerais. Esse conflito ficou conhecido como Guerra dos Emboabas, que foi vencida pelos portugueses que atacaram covardemente os paulistas.

1709-1710 – Antônio Coelho de Carvalho, governador-geral dessa época, interveio e obrigou Nunes Viana – líder dos emboabas – a deixar Minas Gerais. Para melhor administrar, a região criou, em 1709, a Capitania de São Paulo e Minas Gerais. Nessa época foi construída a primeira estrada que uniu essa região ao Rio de Janeiro.

1710 – O conflito de interesses entre comerciantes portugueses instalados no Recife – mascates – e senhores de engenho de Olinda originou a Guerra dos Mascates.

1711 – A Capitania de Minas Gerais separou-se da de São Paulo.

1718-1722 – Com a expulsão dos paulistas de Minas Gerais após a derrota na Guerra dos Emboabas, eles percorreram o sertão de Goiás e Mato Grosso, onde encontraram ouro.

1744-1748 – As Capitanias de Goiás e Mato Grosso foram criadas.

1750 – Chega ao Brasil o Marquês de Pombal, para assumir a Secretaria do Estado.

Portugal e Espanha assinaram o Tratado de Madri com o intuito de sanarem os conflitos nas fronteiras. Ficou, portanto, estabelecido que as terras da margem ocidental do rio da Prata ficariam com os espanhóis e a região Amazônica, Mato Grosso, Goiás e Rio Grande do Sul seriam de propriedade dos portugueses.

1750-1777 – O Marquês de Pombal, influenciado pelas ideias do Iluminismo, transformou a administração da colônia, visando à centralização do poder. Seus objetivos eram estimular o desenvolvimento da indústria, estabelecer independência entre as capitanias, incorporar uma política de urbanização e controle das fronteiras que atingissem todo o território, transferir a capital da colônia de Salvador para o Rio de Janeiro (1762) e elevá-la à condição de vice-reino.

1759 – Os jesuítas foram expulsos do Brasil.

1785 – Contrapondo as medidas do Marquês de Pombal, a rainha D. Maria emitiu um documento proibindo a instauração de qualquer indústria no Brasil, golpeando, assim, a siderurgia desenvolvida em São Paulo e as modestas tecelagens de Minas Gerais e do Pará.

1789 – Período da Inconfidência Mineira.

1792 – Durante esse período, ocorreu o primeiro movimento pela independência do Brasil, influenciado pelos ideais da Revolução Americana (1776) e da Revolução Francesa (1789). A Coroa foi implacável e condenou à morte e ao degredo os principais líderes do movimento. Tiradentes, um dos condenados, foi enforcado e esquartejado.

1798 – Foi o ano em que começaram a surgir, nas portas de igrejas e casas da Bahia, panfletos que pregavam um levante geral e a instalação de um governo democrático, livre e independente: os mesmos ideais de república, liberdade e igualdade que estiveram presentes na Inconfidência Mineira. Ficou conhecida como a Conjuração Baiana.

1800 – O Brasil já possuía 3 milhões de habitantes. Salvador era a cidade mais populosa, com 50 mil moradores. O Rio de Janeiro havia atingido a marca de 40 mil habitantes. Ouro Preto alcançou 30 mil em meados do século – com a decadência do ouro possuía apenas 20 mil habitantes, seguida de Cuiabá, Belém e São Luiz, com 10 mil moradores.

Século XIX (d.C.)

1808 – A Corte portuguesa fugiu para o Brasil em virtude das guerras napoleônicas. Em decorrência disso, os portos brasileiros foram abertos para atender às necessidades da Coroa. A cidade do Rio de Janeiro foi reformada para abrigar a delegação portuguesa e todas essas medidas favoreceram a colônia que, de alguma forma, foi "modernizada".

No exílio em Londres, Hipólito da Costa publicou o *Correio Braziliense*, primeiro jornal brasileiro.

1810 – Portugal passou a ser dependente do imperialismo inglês ao assinar o Tratado de Methuen. Mesmo sob protestos de portugueses e brasileiros, os produtos ingleses foram taxados na Alfândega com valores inferiores aos dos produtos portugueses, e os moradores ingleses poderiam ser julgados no Brasil de acordo com as leis de seu país e por juízes da Inglaterra.

1815 – O Brasil tornou-se Reino Unido a Portugal e Algarves.

1816 – A Província Cisplatina (Uruguai) foi anexada ao Reino Unido do Brasil. Era objetivo da monarquia absolutista portuguesa expandir suas conquistas.

1817 – Estoura a primeira revolta republicana no Brasil, conhecida como Revolução Pernambucana, que pretendia a independência e a formação de uma república. De um lado, proprietários rurais, clero e comerciantes brasileiros; de outro, militares e comerciantes portugueses vinculados ao grande comércio de importação e exportação. O movimento foi esmagado e seus líderes, enforcados e esquartejados.

1821 – Anos depois, uma manifestação exigia mudanças na forma de governo em Portugal. A Revolução do Porto uniu as classes dominantes, os militares e os revolucionários portugueses, exigindo a formação de uma Assembleia Constituinte. Isso obrigou D. João VI a voltar para Portugal e deixar no Brasil seu filho, D. Pedro, como príncipe regente.

1822 – No dia 9 de janeiro, o príncipe regente decide ficar no Brasil – o Dia do Fico –, desobedecendo às ordens vindas de Portugal, que exigia a sua volta. Em 7 de setembro, D. Pedro marca o fim da dependência de Portugal, mesmo sabendo que enfrentaria uma enorme crise econômica, a necessidade de reconhecimento pelas nações estrangeiras e a elaboração de uma Constituição.

1824 – Foi promulgada a primeira Constituição brasileira. D. Pedro I dissolveu a Assembleia Constituinte e centralizou o poder em suas mãos. Os deputados pernambucanos não conseguiram diminuir os impostos sobre o açúcar e o algodão nem estabelecer a sonhada federação. A atitude conservadora do monarca e a insatisfação da população provocaram, no Recife, a "Confederação do Equador", que se espalhou por todo o Nordeste.

1825 – Brasil e Argentina entraram em guerra pela Província Cisplatina – Uruguai.

A Inglaterra reconheceu a independência do Brasil, desde que tivesse privilégios na recém-independente nação. Portugal também foi favorecido pelo tratado, pois o Brasil se comprometeu a pagar o empréstimo feito pelo governo português a Londres.

1826 – O Parlamento previsto pela Constituição de 1824 entrou em funcionamento.

1831 – Após o confronto com os deputados liberais – que resultou na "Confederação do Equador" –, D. Pedro abdicou do trono em favor de seu filho, de apenas 5 anos de idade, e voltou para a Europa. A partir de então, iniciou-se a Regência, com o poder nas mãos dos liberais, que transformaram a economia do Brasil.

1831-1850 – A luta contra o tráfico de escravos intensificou-se entre o Brasil e as nações europeias. O conflito tinha como entrave ideais distintos: de um lado havia o Brasil, culturalmente assentado na escravidão; do outro, nações europeias, que concretizaram suas revoluções burguesas e industrial e ansiavam por transformar os escravos em futuros consumidores.

1834 – Os liberais tentaram implantar o "Ato Adicional", que consistia em uma reforma política que diminuísse o centralismo e aumentasse a autonomia do poder local por meio de eleições em todas as cidades do país, nas quais sairiam vitoriosos os candidatos liberais.

1835 – O poder autoritário vigente marginalizava os "partidos" de oposição, que ansiavam por mudanças no governo que os favorecessem. Em razão desses conflitos de interesse surgiram: a "Guerra dos Farrapos", que pretendia a separação do Rio Grande do Sul do restante do país, pois os revoltosos – principalmente estancieiros gaúchos – sentiam-se prejudicados pelo governo federal; e a Revolta dos Malês, na Bahia, formada pelos ex-escravos que exigiam melhores condições de trabalho e sobrevivência.

1837 – A renúncia do regente Diogo Antônio Feijó marcou o término do breve período moderado e descentralizante, dos planos liberais de contenção ao tráfico de escravos e da eliminação da sociedade escravista.

1840-1841 – No intuito de conter o conservadorismo, os liberais coroaram D. Pedro II, que formou um Ministério moderado, substituído, no ano seguinte, por outro conservador.

1842 – Os liberais finalmente se organizaram como partidos políticos. Dessa maneira, tornaram-se oficialmente oposição aos conservadores.

1843 – D. Pedro II assumiu o poder moderador.

1844 – O acordo que oferecia à Inglaterra privilégios sobre o Brasil terminou. O Ministério liberal aproveitou a oportunidade para elevar a taxa dos produtos ingleses, permitindo sanear as finanças e implantar algumas experiências industriais.

1845 – Provavelmente como represália pela alta nas taxas de seus produtos no Brasil, a Inglaterra implantou o *Bill Aberdeen* – lei que permitia aos navios ingleses aprisionar navios negreiros, mesmo em águas territoriais brasileiras, e de julgar seus comandantes. O ato foi alvo de muitos protestos, inclusive na Inglaterra, onde alguns criticavam o país por pretender tornar-se o "guardião do mundo". No Brasil, o *Bill Aberdeen* provocou pânico entre traficantes e proprietários de escravos e de terras.

1850 – O poder dos proprietários de terras e donos de escravos aumentou com a promulgação da Lei de Terras, que consistia em proibir a posse da terra aos que nela já habitavam – ou seja, índios e posseiros que lá viviam desde os tempos coloniais foram expulsos.

A Lei Eusébio de Queiroz extinguiu o tráfico de escravos.

1857 – O escritor romântico José de Alencar publicou *O Guarani*, que idealizava o índio brasileiro.

1864 – Paraguai declara guerra ao Brasil. O ditador Francisco Solano Lopez ambicionava aumentar o território paraguaio através dos rios da bacia do Prata. Ele iniciou o confronto com a criação de inúmeros obstáculos impostos às embarcações brasileiras que se dirigiam a Mato Grosso pela capital paraguaia.

1870 – Fim da Guerra do Paraguai. A Tríplice Aliança – Argentina, Brasil e Uruguai – uniu forças para juntos derrotarem o Paraguai.

Carlos Gomes compõe a ópera *O Guarani*, baseada no romance de José de Alencar.

1872 – Primeiro recenseamento no Brasil.

1884 – Duas Províncias brasileiras, Ceará e Amazonas, extinguem a escravidão.

1888 – Para atender a interesses capitalistas da Inglaterra, a assinatura da Lei Áurea, pela princesa Isabel, foi o término de um processo que pleiteava a abolição da escravatura no Brasil.

1889 – Ano da Proclamação da República.

1889-1930 – Período caracterizado pela política do "café com leite", em virtude da alternância de poder entre os Estados de Minas Gerais (leite) e São Paulo (café).

1890 – A população brasileira cresce em decorrência da imigração estrangeira. Nesse ano atingiu a marca de 14,3 milhões de habitantes. Esse incremento ocorreu por conta do incentivo à política de imigração estrangeira, para substituir a mão de obra escrava.

1891 – Foi promulgada a Constituição dos Estados Unidos do Brasil e logo no início criou um conflito por concentrar o poder no presidente e, ao mesmo tempo, permitir uma grande autonomia das Províncias.

1897 – A destruição da cidade de Canudos pelos soldados federais evidenciou o afastamento entre a República e o povo brasileiro. A Guerra de Canudos inspirou duas obras-primas da literatura latino-americana: *Os Sertões*, de Euclides da Cunha, e *A Guerra do Fim do Mundo*, de Mario Vargas Llosa.

O presidente da Província de Minas Gerais, Afonso Penna, inaugurou a cidade de Belo Horizonte, nos moldes do urbanismo republicano.

1899 – O escritor Machado de Assis publica a sua obra de maior destaque, *Dom Casmurro*.

Século XX (d.C.)

1904 – A Revolta da Vacina, movimento popular contra a vacinação obrigatória de combate à varíola, determinada pelo governo, teve como objetivo inserir mudanças na cidade do Rio de Janeiro. O governo local expulsou os pobres que viviam no centro colonial, substituído pela moderna avenida Central, inspirada no modelo aplicado em Paris pelo Barão de Hausmann.

1906 – Após anos de experiência, Santos Dumont voou com seu *14 Bis*.

1910 – A Revolta da Chibata ou Revolta dos Marinheiros explodiu no Rio de Janeiro. Os marujos rebelados reivindicavam a anistia geral em discussão no Congresso, o cumprimento da lei que aumentava seus vencimentos, a redução da jornada de trabalho e a abolição dos castigos corporais e cruéis na Armada, como a chibatada, a palmatória, a prisão a ferros e a solitária.

1917 – Nesse ano, houve uma das maiores greves de operários em São Paulo.

1917-1922 – Crise na "República Velha". A indústria crescia e dominava o desenvolvimento do país, enfraquecendo a economia "café com leite", governada por uma elite agrária. Nesse período, foram deflagradas as primeiras greves operárias, de ideário anarquista, reprimidas com violência pelo governo, que tratava a questão social com censura.

1922 – Realização do movimento mais importante da arte nacional: Semana de Arte Moderna, em São Paulo.

Nesse ano, também houve o Movimento Tenentista ou Tenentismo, reflexo da insatisfação dos militares com a situação política do país.

1924 – São Paulo sofre um bombardeio aéreo durante o Movimento Tenentista.

A Coluna Prestes iniciou seu movimento deslocando-se pelo interior do país pregando reformas políticas e sociais e combatendo o governo do então presidente Arthur Bernardes e, posteriormente, de Washington Luís.

1927 – Getúlio Vargas venceu a eleição para o governo do Rio Grande do Sul.

1930 – A Revolução de 1930 significou, no Brasil, o alcance de um novo modelo de desenvolvimento social e econômico. A adoção desse modelo foi estimulada pelos efeitos do *crash* de 1929, que derrubou os preços do café e de outros produtos brasileiros para a exportação.

1930-1945 – Esse período foi marcado por um governo ditador, centralizado no presidente Getúlio Vargas. Sua campanha foi caracterizada pelo populismo, nacionalismo, trabalhismo e forte incentivo à industrialização.

1932 – Explodiu nesse ano, em São Paulo, uma revolta contra Getúlio Vargas, conhecida como Revolta Constitucionalista.

1937 – Início do "Estado Novo", que decretou formalmente o regime ditatorial já vigente desde 1930. Nitidamente inspirada no fascismo italiano, a Constituição de 1937 foi elaborada para ser uma Carta "livre das peias da democracia liberal", nas palavras do responsável por sua elaboração, o Ministro da Justiça Francisco Campos.

1938-1950 – As grandes capitais do Sudeste brasileiro foram urbanizadas em virtude do crescimento industrial.

1942 – A situação política mundial e as fortes pressões populares obrigaram o Brasil a aliar-se aos Estados Unidos na Segunda Guerra Mundial. Foram enviados soldados – Força Expedicionária Brasileira (FEB) – para combater ao lado dos aliados.

1945 – Após a Segunda Guerra Mundial, houve uma onda democratizante, na qual Getúlio Vargas organizou partidos por decreto e sob forte controle. O Partido Social Democrata (PSD) e o Partido Trabalhista Brasileiro (PTB) foram as duas maiores organizações e articularam uma aliança nacional que durou 15 anos.

Getúlio Vargas renunciou à presidência.

Nas primeiras eleições após a guerra, saiu vitorioso o presidente Eurico Gaspar Dutra, pelo PSD.

1946 – A Assembleia Nacional Constituinte elaborou a nova Constituição, que estabeleceu os direitos individuais, aboliu a pena de morte, devolveu a autonomia de Estados e Municípios com independência dos três poderes – Legislativo, Executivo e Judiciário. Foram também estabelecidas as eleições diretas para presidente, com mandato de cinco anos.

1947 – Foi decretada a ilegalidade do Partido Comunista Brasileiro (PCB), puniu parlamentares desse partido, fechou a Confederação Geral dos Trabalhadores (CGT), interveio em centenas de sindicatos e rompeu relações diplomáticas com a União Soviética.

1950 – Novamente, Getúlio Vargas foi eleito presidente pelo PTB. Criou a Petrobras e o Banco Nacional de Desenvolvimento Econômico (BNDE), abriu espaço para negociações sindicais e limitou em 10% a remessa de lucros para o exterior.

1954 – O presidente, com atitudes "flexíveis", causou desconforto na oposição conservadora, liderada pela União Democrática Nacional (UDN). Com a frase "Saio da vida para entrar na História", Getúlio Vargas suicidou-se.

1955 – O candidato vitorioso nas eleições para presidente, pelo PSD, foi Juscelino Kubitschek. Ele criou o Plano de Metas e consolidou o Modelo Desenvolvimentista.

1956 – Foi enviado ao Congresso Nacional por JK o projeto para a construção da nova capital brasileira.

1960 – Brasília foi inaugurada por JK.

1961 – Jânio Quadros assumiu a presidência da República em janeiro, herdando de Juscelino Kubitschek um país em acelerado processo de concentração de renda e inflação. O novo presidente não suportou tamanha pressão e renunciou.

1964 – O vice de Jânio Quadros, João Goulart, foi deposto do poder pelos militares. Com o país sem um governante, os militares tomaram o poder e, por meio de um ato institucional, iniciaram uma perseguição a todos que significassem uma ameaça ao novo regime.

1967 – Mais uma Constituição é elaborada no Brasil, firmando, dessa vez, o regime militar. O marechal Artur da Costa e Silva elimina a Frente Ampla, movimento político liderado pelos ex-presidentes João Goulart e JK e pelo ex-Governador da Guanabara, Carlos Lacerda.

1968 – A Passeata dos Cem Mil foi organizada por estudantes, populares e pela Igreja em protesto à morte do aluno Edson Luís. Nesse período, surgiram focos de luta armada e as greves de Contagem e Osasco. O governo fechou o Congresso Nacional e decretou o Ato Institucional nº 5 (AI-5), que institucionalizou a repressão.

1969-1974 – Esse período foi marcado pelo governo mais brutal e ditatorial brasileiro. A administração do general Garrastazu Médici é caracterizada por projetos faraônicos, como a construção da inacabada Transamazônica, que invadiu terras indígenas e produziu degradação ao meio ambiente.

1974-1979 – Assumiu a presidência do Brasil o general Ernesto Geisel, que, junto ao general Golberi do Couto e Silva, inicia uma abertura gradual e segura da política nacional.

1975 – O Congresso Brasileiro para o Progresso das Ciências recebeu acirradas críticas de intelectuais, e a sociedade civil começou a movimentar-se efetivamente exigindo melhores condições de vida nas cidades.

1980 – O cenário político marcou a década e estabeleceu novos rumos para o Brasil. A sociedade movimentou-se e exigiu eleições diretas para presidente – as "Diretas Já". Nas eleições para governador (1982), os candidatos da oposição – do MDB – saíram vitoriosos nas principais metrópoles brasileiras.

1985 – Finalmente a transição política aconteceu: o militarismo deu lugar à democracia com a saída dos militares do governo. Depois de 21 anos, houve a primeira eleição, mesmo que indireta, de Tancredo Neves, que morreu antes de tomar posse. Seu vice, José Sarney, assumiu a presidência.

1985-1989 – A consolidação da democracia marcou a "Nova República". A liberdade de expressão tranquilizou a sociedade. Porém, no cenário econômico, o período é caracterizado por uma inflação galopante e, pelo "Plano Cruzado", a primeira tentativa de estabilizar a moeda.

1987-1988 – Foi nesse período que ocorreram a abertura da Assembleia Nacional Constituinte e a promulgação da Constituição de 1988.

1989 – Fernando Collor de Mello foi eleito presidente da República pelo voto direto.

1990-1992 – O início do governo de Fernando Collor foi polêmico. Primeiro, ele confiscou as contas correntes e poupança de todos os brasileiros; depois, implementou o programa de estabilização da economia: o "Plano Collor", que fracassou. A inflação, por conta dos acontecimentos, agravava cada vez mais a recessão.

1992 – Os "caras-pintadas" saíram às ruas exigindo o *impeachment* do presidente Collor, pois, após ser denunciado por seu próprio irmão, constatou-se seu envolvimento em esquema de corrupção. Seu vice, Itamar Franco, assumiu o governo.

1994 – Itamar Franco nomeou o senador Fernando Henrique Cardoso para Ministro da Fazenda. Juntos criaram o Plano Real, para estabilizar a moeda. Nas eleições desse mesmo ano, Luíz Inácio da Silva (PT) e Fernando Henrique Cardoso (FHC) enfrentaram-se e o último saiu vitorioso.

1995-1998 – As reformas constitucionais visaram a estabilizar a economia e afastar a crise fiscal do Estado, causada pela dívida externa e interna. A disputa por mercado marcou o período; produtos como o petróleo, o gás canalizado e o setor de telecomunicações não acarretavam mais o monopólio.

1998 – O presidente Fernando Henrique Cardoso foi reeleito para mais um mandato de quatro anos. A Reforma da Previdência foi encaminhada para o Congresso e o processo de privatização continua.

2000 – O Bug do Milênio foi a expectativa de um possível erro de continuidade de data que poderia ocorrer na passagem do dia 31 de dezembro de 1999 para 1º de janeiro de 2000, afetando computadores e outros sistemas eletroeletrônicos equipados com microprocessadores. Nenhum problema ocorreu.

Um Pouquinho da História do Brasil

Apresentaremos algumas informações a respeito do nosso país que consideramos importantes para o conhecimento de nossos leitores, para, então, saber o que vamos comemorar.

Geografia

O Brasil é o maior país da América do Sul e a quinta maior nação do mundo. Faz fronteira com quase todos os países da América do Sul, com exceção do Chile e do Equador. Possui uma área de 3.286.500 milhas quadradas (8.547.404 km^2). Sua geografia é muito diversa e possui inúmeros recursos naturais. As montanhas têm uma elevação média de 3.300 pés (1.000 m) acima do nível do mar. Além disso, dois terços da Amazônia ficam ao norte do Brasil e são 45% do território nacional. A Amazônia contém muitos recursos naturais, como minérios (cobre, bauxita, prata, pedras semipreciosas, ouro) e as culturas do café, borracha, cacau, frutas exóticas, feijão, mandioca e soja.

Dados gerais

O nome oficial do país é República Federativa do Brasil. Sua população é estimada em mais de 180 milhões de habitantes. A língua oficial é o português e a capital é Brasília. A moeda nacional é, desde 1994, o real (R$). O Brasil possui quatro fusos horários.

O descobrimento

A data: 22 de abril de 1500. Depois de 44 dias de viagem, a frota de Pedro Álvares Cabral vislumbrava a terra. Nos nove dias seguintes, nas enseadas do sul da Bahia, os 13 navios da maior armada já enviada às Índias pela rota descoberta por Vasco da Gama permaneceriam reconhecendo a nova terra e seus habitantes.

O primeiro contato, amistoso como os demais, deu-se já no dia seguinte, quinta-feira, 23 de abril. O capitão Nicolau Coelho, veterano das Índias e companheiro de Vasco da Gama, foi à terra, em um batel, e deparou-se com 18 homens "pardos, nus, com arcos e setas nas mãos". Coelho deu-lhes um gorro vermelho, uma carapuça de linho e um sombreiro preto. Em troca, recebeu um cocar de plumas e um colar de contas brancas. O Brasil recebeu o nome de Ilha de Vera Cruz. O descobrimento oficial do país está registrado com detalhes na carta que Pero Vaz de Caminha enviou ao rei de Portugal, Dom Manuel, relatando o "achamento" da nova terra.

Ao longo dos primeiros dias, a armada de Cabral encontrou cerca de 500 nativos. Eram índios tupiniquins, uma das tribos do grupo tupi-guarani que, no início do século XVI, ocupava quase todo o litoral do Brasil. Viviam no sul da Bahia e nas cercanias de Santos e Bertioga, em São Paulo. Eram cerca de 85 mil. Por volta de 1530, uniram-se aos portugueses na guerra contra os tupinambás-tamoios, aliados dos franceses. Em 1570, estavam praticamente extintos, pois foram massacrados por Mem de Sá, o terceiro governador-geral do Brasil.

O começo da colonização

No início, os portugueses construíram feitorias, fazendo trocas comercias de pau-brasil, tinturas, pássaros e outros animais exóticos. Sentindo que o território brasileiro estava sendo ameaçado pela França, a Coroa portuguesa decidiu finalmente iniciar a colonização, dividindo para isso o território em capitanias. Em 1532, fundaram o primeiro município, São Vicente. As capitanias que tiveram êxito foram as de Pernambuco, ao norte, e São Vicente, ao sul, em uma área a sudeste que hoje é a cidade de São Paulo. As demais capitanias não obtiveram muito êxito.

Em 1550, o rei decide centralizar a administração do Brasil na pessoa de um governador, em Salvador, fundada em 1549, e que se tornou a primeira capital do país. Para tornar o governo mais eficiente e melhorar a defesa da costa, o território foi novamente dividido, agora em duas capitanias reais, Rio de Janeiro e Pernambuco. Progressivamente, o ordenamento do território iniciado pelos jesuítas em "aldeias" foi generalizando-se.

No século XVII, o Marquês de Pombal reorganiza o território, centralizando o poder e a fiscalização do Brasil no Rio de Janeiro. Algumas datas importantes marcam também o século XIX; em 1808, a família real portuguesa muda-se com a Corte para o Brasil, fugindo das invasões napoleônicas.

O lado oculto da Independência

A Independência do Brasil é amplamente divulgada nos livros didáticos de História. Conta-se que Dom Pedro I foi o proclamador da Independência e José Bonifácio, o seu patriarca. O que não encontramos nos registros históricos – e não sabemos ao certo o porquê – são ocorrências que envolvem uma sociedade secreta: a Maçonaria. Um de seus integrantes, Gonçalves Ledo, foi um dos maiores ativistas para a concretização da liberdade do nosso país do jugo português. Por sentirmos essa omissão nas referências históricas, apresentaremos resumidamente o que aconteceu naquele período.

O Brasil foi uma colônia portuguesa do século XVI ao XIX. Não tinha liberdade administrativa, econômica nem política. O descontentamento do brasileiro era evidente. No início do século XIX, a Corte portuguesa refugiou-se no Brasil, em virtude da invasão e dominação de Portugal por tropas francesas lideradas por Napoleão Bonaparte.

Com a família real no Brasil, houve um certo progresso, com melhorias na infraestrutura, abastecimento de água, iluminação pública, calçamento e, principalmente, com uma organização administrativa idêntica a de um Estado independente. Dom João assinou o decreto de Abertura dos Portos, que extirpou o monopólio português sobre o comércio brasileiro.

Em 1815, Dom João colocou fim à situação colonial existente no Brasil e criou o Reino Unido de Portugal, Brasil e Algarve, causando grande irritação aos portugueses. No ano de 1820, estes adotam uma Constituição Provisória em Portugal e exigiram o retorno imediato de Dom João VI (agora rei) ao seu país de origem. Com receio de perder o trono, em face das exigências da Corte, ele regressa a Lisboa em 26 de abril de 1821, deixando o príncipe herdeiro, Dom Pedro (com 21 anos), nomeado Regente do Brasil pelo Decreto de 22 de abril de 1821.

Insatisfeita com a nova situação, a Corte portuguesa expediu os Decretos 124 e 125, em 1821. Um tirava do Brasil a posição de Reino Unido, voltando à condição de colônia; o outro decreto exigia a volta imediata de Dom Pedro a Portugal.

Dom Pedro, porém, não estava sozinho na luta pela liberdade do Brasil. Havia um grupo de homens integrantes da Maçonaria, que constituíam a elite pensante e econômica da época. Houve, então, uma reação imediata desses homens idealistas. O maçom Cipriano José Barata denunciou os decretos como uma trama contra o Brasil. O maçom José Joaquim da Rocha fundou, em sua própria casa, o Clube da Resistência, transformado posteriormente em Clube da Independência. Várias reuniões com os maçons foram realizadas na casa de José Joaquim da Rocha e na cela de Frei Sampaio, no convento de Santo Antônio, para evitar a vigilância policial, pois vigorava na época o alvará de 30 de março de 1818, que proibia reuniões de Lojas Maçônicas, comitês, clubes ou sociedades secretas. Consultaram, então, Dom Pedro e convidaram José Clemente Pereira, também maçom e presidente do Senado da Câmara, a aderir ao movimento e enviaram emissários aos maçons de São Paulo e Minas Gerais.

Em setembro de 1821, surgiu o jornal *Revérbero Constitucional Fluminense*, redigido pelos maçons Joaquim Gonçalves Ledo e pelo cônego Januário da Cunha Barbosa, que teve a mais forte influência no movimento de libertação do Brasil, por ter contribuído para a formação de uma consciência brasileira, despertando a alma da nacionalidade. A reação dos maçons paulistas se deu por meio de um documento de José Bonifácio de Andrada e Silva a Dom Pedro, no qual dizia: "(...) V. Alteza Real deve ficar no Brasil, quaisquer que sejam os projetos das Cortes Constituintes, não só para o nosso bem geral, mas até para a independência e prosperidade futura do mesmo (...)".

No dia 9 de janeiro de 1822, na sala do trono, José Clemente Pereira, antes de ler a representação, pronunciou um discurso inflamado e contundente pedindo ao príncipe regente para que permanecesse no Brasil. Após ouvir atentamente, Dom Pedro reagiu: "Se é para o bem de todos e felicidade geral da nação, estou pronto. Diga ao povo que fico". O Dia do Fico foi o primeiro grande passo para o rompimento definitivo com Portugal.

Em maio de 1822, Dom Pedro deu mais um passo adiante e determinou que qualquer decreto das Cortes só poderia ser executado mediante o "Cumpra-se" assinado por ele. Na prática, conferia plena soberania ao Brasil. No dia 13 daquele mês, os maçons fluminenses, liderados por Gonçalves Ledo, e por proposta do brigadeiro Domingos Alves Munis Barreto, decidiram outorgar a Dom Pedro o título de Defensor Perpétuo do Brasil, concedido pela Maçonaria e pelo Senado.

Em junho de 1822, por iniciativa de Gonçalves Ledo e Januário Barbosa, uma representação foi dirigida a Dom Pedro para expor a conveniência de se convocar uma Assembleia Constituinte. O príncipe acatou a sugestão e decretou a sua convocação. José Bonifácio resistiu à ideia da convocação, mas foi obrigado a aceitá-la. Procurou, porém, descaracterizá-la, propondo eleição direta, que acabou prevalecendo. Enquanto isso, a Corte portuguesa insistiu no retorno imediato de Dom Pedro a Portugal.

Naquele mesmo mês, os maçons criaram o Grande Oriente Brasílico ou Brasiliano, mais tarde denominado Grande Oriente do Brasil, com o fim de engajar a Maçonaria como Instituição na luta pela Independência do Brasil.

Em 7 de setembro de 1822, às margens do rio Ipiranga, em São Paulo, Dom Pedro I rompe definitivamente os laços de união política com Portugal, declara a independência e é aclamado Imperador do Brasil, em 12 de outubro do mesmo ano.

Gonçalves Ledo redigiu uma nota patriótica ao povo brasileiro, a primeira divulgação depois da Independência, digna de registro:

"(...) Cidadãos! A Liberdade identificou-se com o terreno; a Natureza nos grita Independência; a Razão nos insinua; a Justiça o determina; a Glória o pede; resistir-lhe é crime, hesitar é dos covardes, somos Homens, somos Brasileiros. Independência ou Morte! Eis o grito de honra, eis o brado nacional (...)".

Maçons ilustres do Brasil

Uma vez que os maçons tiveram influência considerável na Independência do nosso país, vale registrar algumas personalidades brasileiras que pertenceram à Maçonaria.

A

Ademar de Barros – médico e político (Governador de Estado)
Afonso Celso (Visconde de Ouro Preto) – estadista
Albuquerque Lins – político (presidente de Estado)
Alcindo Guanabara – político e jornalista
Altino Arantes – político (presidente de Estado)
Alvarenga – cantor popular (em dupla com Ranchinho)
Amadeu Amaral – escritor
Américo Brasiliense – republicano histórico (presidente de Estado)
Américo de Campos – diplomata e jornalista
Antonio Bento – abolicionista
Antonio Carlos Ribeiro de Andrada – diplomata e jornalista
Antonio Carlos Ribeiro de Andrada III – político (presidente de Estado)
Aristides Lobo – republicano histórico
Arrelia – artista circense
Arruda Câmara – naturalista e frade carmelita
Azeredo Coutinho – bispo, precursor da Independência

B

Barão de Itamaracá – médico, poeta e diplomata
Barão de Jaceguai – almirante, escritor e diplomata
Barão de Ramalho – abolicionista e republicano
Barão do Rio Branco – historiador e diplomata
Barão do Triunfo – militar

Basílio da Gama – político
Benedito Tolosa – médico e professor
Benjamin Constant – militar, professor e político ("o pai da República")
Benjamin Sodré – almirante e político
Bento Gonçalves – líder da Revolução Farroupilha
Bernardino de Campos – republicano histórico (presidente de Estado)
Bob Nelson – cantor popular

C

Caldas Júnior – jornalista
Campos Salles – presidente da República
Carequinha – artista circense (em parceria com Fred)
Carlos de Campos – político (presidente de Estado)
Carlos Gomes – maestro, compositor
Cesário Mota Junior – médico, historiador e político
Cipriano Barata – prócer da Independência
Clemente Falcão – advogado ilustre, lente da Faculdade de Direito
Conde de Lages – político
Cônego Januário da Cunha Barbosa – prócer da Independência
Conselheiro Brotero – político do II Império
Conselheiro Crispiniano – político do II Império

D

David Canabarro – um dos líderes da Revolução Farroupilha
Delfim Moreira – político, presidente da República
Deodoro da Fonseca – militar, proclamador da República
Divaldo Suruagy – historiador e político (Governador de Estado)
Domingos de Morais – político
Domingos José Martins – líder da Revolução Pernambucana de 1817
Duque de Caxias – militar, patrono do Exército brasileiro

E

Eduardo Wandenkolk – militar e político
Eleazar de Carvalho – maestro
Esmeraldo Tarquínio – político
Esperidião Amin – político (Governador de Estado)
Euzébio de Queiroz – político do II Império
Evaristo de Moraes – pioneiro da legislação social no Brasil
Evaristo da Veiga – jornalista e político
Everardo Dias – político e líder das primeiras lutas operárias

F

Fernando Prestes – político (presidente de Estado)
Francisco Glicério – republicano histórico

Frei Caneca – patriota e revolucionário
Frei Francisco de Sta. Tereza de Jesus Sampaio (prócer da Independência)

G

Gioia Júnior – poeta, político
Golbery do Couto e Silva – militar e Ministro de Estado
Gomes Cardim – jornalista e político
Gomes Carneiro – militar
Guilherme Ellis – médico

H

Hermes da Fonseca – presidente da República
Hipólito da Costa – o "Patriarca da Imprensa Brasileira"

I

Ibrahim Nobre – tribuno da Revolução Constitucionalista de 1932
Inocêncio Serzedelo Correa – militar e político

J

Jânio da Silva Quadros – presidente da República
João Alfredo – conselheiro do Império
João Caetano – ator teatral
João Mendes – jornalista, político e grande advogado
João Tibiriçá Piratininga – político, propagandista da República
Joaquim Gonçalves Ledo – prócer da Independência
Joaquim Nabuco – escritor, diplomata e líder abolicionista
Jorge Tibiriçá – político (presidente de Estado)
Jorge Veiga – cantor popular
José Bonifácio de Andrada e Silva – "O Patriarca da Independência"
José Castellani – escritor, pesquisador, historiador e médico
José Clemente Pereira – prócer da Independência
José Joaquim da Rocha – fundador do Clube da Independência
José Maria Lisboa – jornalista e político
José Martiniano de Alencar – escritor e político (presidente de Província)
José do Patrocínio – expoente da campanha abolicionista
Júlio de Mesquita – jornalista e político
Júlio de Mesquita Filho – jornalista e político liberal
Júlio Prestes – político (presidente de Estado)
Júlio Ribeiro – escritor

L

Lamartine Babo – compositor popular
Lauro Müller – militar e estadista
Lauro Sodré – militar e político
Lopes Trovão – propagandista da República
Lourenço Caetano Pinto – político
Luis Gama – líder abolicionista e republicano
Luis Vieira – cantor

M

Manoel de Moraes Barros – advogado e político
Manoel de Nóbrega – produtor de televisão
Manuel de Carvalho Pais de Andrade – (presidente da Confederação do Equador – 1824)
Mariano Procópio – político e empresário
Mário Covas – político (Governador de Estado)
Marquês de Abrantes – político e Ministro de Estado
Marquês de Paraná – político e diplomata
Marquês de Paranaguá – político e Ministro de Estado
Marquês de São Vicente – político e jurista
Marquês de Sapucaí – político e jurista
Marrey Júnior – jurista e político
Martim Francisco Ribeiro de Andrada III – político republicano
Martinico Prado – republicano histórico
Maurício de Lacerda – advogado e político
Moreira Guimarães – general, militar e político

N

Nereu Ramos – político, presidente interino da República
Newton Cardoso – político (Governador de Estado)
Nilo Peçanha – presidente da República
Nunes Machado – um dos chefes da Revolução Praieira

O

Octavio Kelly – magistrado e político
Orestes Quércia – político (Governador de Estado – afastado)
Oscarito – ator cômico
Osório, General – um dos maiores militares brasileiros

P

Padre Feijó – político e figura da Regência
Padre Roma – prócer da Revolução Pernambucana de 1817

Pedro I – primeiro Imperador do Brasil
Pedro de Toledo – líder civil da Revolução Constitucionalista de 1932
Pinheiro Machado – advogado e político
Pixinguinha – compositor popular
Prudente de Moraes – presidente da República

Q

Quintino Bocaiúva – jornalista e político (presidente de Estado)
Quirino dos Santos – jornalista e político

R

Ranchinho – cantor popular (em dupla com Alvarenga)
Rangel Pestana – jornalista e político
Robert Stephenson Smith Baden Powell – fundador do Escotismo
Rodolfo Mayer – ator
Rui Barbosa – jurista, tribuno e político

S

Saldanha Marinho – líder republicano
Senador Vergueiro – político e abolicionista
Silva Coutinho – político e oitavo bispo do Rio de Janeiro
Silva Jardim – propagandista da República
Silveira Martins – político e tribuno

T

Teófilo Ottoni – político e colonizador
Tonico – cantor popular (em dupla com Tinoco)

U

Ubaldino do Amaral – um dos patriarcas do Partido Republicano

V

Venâncio Aires – prócer da campanha republicana
Vicente Celestino – cantor lírico e popular
Viriato Vargas – militar
Visconde de Albuquerque – político do Império
Visconde de Itaboraí – estadista
Visconde de Jequitinhonha (Montezuma) – político
Visconde do Rio Branco – estadista
Vitorino Carmilo – político

W

Washington Luis – presidente da República
Wenceslau Brás – presidente da República

O café no Brasil Império

Em 1727, o café chega ao Brasil pelas mãos do sargento português Francisco Palheta, graças às mudas que ganhou de Madame d'Orvilliers, mulher do governador da Guiana Francesa. Inicia-se o cultivo do café pelo Maranhão, que passa a ser a única região a abastecer Portugal, conforme decreto de D. João V.

Enquanto na Europa e nos Estados Unidos o consumo da bebida crescia extraordinariamente, exigindo o constante aumento da produção, o café chegou ao Rio de Janeiro, onde começou a ser plantado em 1781 por João Alberto de Castello Branco. Foi cultivado em chácaras na Tijuca, na Gávea, no Andaraí e em Jacarepaguá. Tinha início, assim, um novo ciclo econômico na história do país.

Penetrando pelo vale do rio Paraíba, o plantio do café chegou a São Paulo. O Vale do Paraíba foi a primeira região em que a produção se expandiu; durante sua marcha, foi criando cidades e fazendo fortunas. Em 1850, o Brasil já era o maior produtor mundial de café.

Baseando-se na mão de obra servil, o café passou a ser o sustentáculo de uma aristocracia rural tão opulenta quanto a dos senhores de engenho, composta de ricos fazendeiros do Vale do Paraíba e da região de Campinas, muitos dos quais se tornaram titulares do Império: os Barões do Café.

As dificuldades com o transporte do café, em carros de boi e lombo de muares, provocaram o interesse dos fazendeiros paulistas na construção de estradas de ferro. Em 1887, inaugurou-se a Santos-Jundiaí, que unia Santos, principal porto de exportação de café, às zonas de produção. Outras ferrovias surgiram, como a Paulista, a Mogiana, a Sorocabana e a Noroeste, cujos traçados orientaram a direção de novas lavouras de café; mais tarde os cafezais atingiram também o norte do Paraná.

No fim do século XIX, o Brasil controlava o mercado cafeeiro mundial. Na última década do Império, o café representava 60% do total de exportações do Brasil. Isso ocorreu enquanto o açúcar, produto muito importante no Brasil Colônia, entrava em crise.

Algumas figuras marcantes da nossa História

Pedro Álvares Cabral: o "descobridor" do Brasil

Pedro Álvares Cabral, navegante, filho de portugueses, nasceu no ano de 1467, em Belmonte, e faleceu em Santarém, no ano de 1520. O Brasil foi conquistado por um homem de cultura, descendente de uma família nobre, educado na Corte de Afonso V. Ali recebeu instrução científica e histórica, aprendeu a manejar armas e recebeu instruções para viver na Corte.

Casou-se com dona Isabel de Castro. Seu filho primogênito foi Fernão de Álvares Cabral, que se tornou um fidalgo da confiança de D. João III. Pedro Álvares Cabral teve ainda outros filhos: Constança, Guiomar, Isabel, Leonor e António Cabral.

Quando Vasco da Gama voltou das Índias, enviou uma carta ao rei D. Manuel solicitando a nomeação de Cabral a comandante da expedição que para lá havia de seguir. Em 9 de março de 1500, a esquadra partiu. A grande Canária foi avistada no dia 14 do mesmo mês e no dia 22 de março a esquadra visava o Cabo Verde. Desse lugar, tomou a direção do Ocidente. Um forte temporal castigou a viagem naquela região e, por causa desse incidente, afastaram-se da costa da África em direção contrária. A esquadra vagou por 44 dias e, em 22 de abril de 1500, eles avistaram um monte. Por ser aquele um dia de Páscoa, Cabral deu ao local o nome de "Monte Pascoal". Chegaram na costa no dia 23 de abril. As experiências de Cabral foram todas atestadas.

Com a descoberta do Brasil, desentendeu-se com o rei depois de ter recusado a capitania da armada que, em 1502, partiu para as Índias, e foi afastado da Corte, indo morar em Santarém. Depois disso, não voltou a prestar serviço a D. Manuel. Nem a carta de Afonso de Albuquerque, de 1514, levou o rei a conceder-lhe missão, apesar de conhecer o seu valor e de continuar a lhe pagar uma elevada tença por ano. Lá ficou completamente esquecido. Vernhagem, historiador brasileiro, foi quem o descobriu.

Pedro Álvares Cabral viveu de forma discreta seus últimos anos, com a esposa D. Isabel de Castro, em sua casa situada junto à igreja da Graça, na qual teria falecido em 1520. Este é o ano mais provável de sua morte, baseando-se em duas cartas de D. Manuel, datadas de 3 de novembro de 1520, nas quais declarava que, em atenção aos muitos serviços prestados pelo falecido Pedro Álvares Cabral, a partir "do primeiro dia de janeiro da era de mil quinhentos e vinte e um em diante" deveriam ser pagas tenças anuais à sua viúva, D. Isabel de Castro, e ao seu filho mais novo, António

Cabral. O fato de tais tenças, que serviam de pensão, serem pagas apenas a partir de 1521 revela que o falecimento ocorreu em 1520.

O seu túmulo está no Convento da Graça.

Antônio Conselheiro: a Guerra de Canudos e a Abolição da Escravatura

Antônio Conselheiro nasceu na Vila de Santo Antônio de Quixeramobim, na Província do Ceará, em 13 de março de 1830. Seu pai queria que ele fosse padre e colocou-o em um curso de Português, Francês e Latim, com o professor Ferreira Nobre. Foi professor de línguas, caixeiro e advogado dos pobres, acumulando funções de solicitador requerente e escrivão de paz. Foi casado por duas vezes e depois saiu de casa para vagar por povoados. Atravessou o norte da Bahia, andou pelos sertões de Pernambuco, Alagoas, Ceará e Sergipe. Por onde andava procurava consertar os cemitérios e melhorar as igrejas e conquistava seguidores.

Sua aparência assemelhava-se aos profetas bíblicos: uma vasta cabeleira que lhe caía pelos ombros, vestia-se com um brim comprido que lhe chegava aos pés e levava um cajado nas mãos. Conta-se que Antônio Conselheiro teve relação com a abolição da escravatura no Brasil, pois, muito antes da consolidação da Lei Áurea, pela princesa Isabel, ele vinha pregando contra a escravidão dos negros.

Hostilizado pela maioria dos padres do interior que não suportavam a concorrência e a sua crescente popularidade, Conselheiro resolveu, em 1893, isolar-se em Canudos, um lugarejo paupérrimo, nas margens do rio Vasabarris, no sertão baiano. Sob a liderança do beato Antônio Conselheiro, a população local chegou a 8 mil sertanejos, que se sentiam seguros, pois ele os orientava e amparava, moral e religiosamente, inclusive ministrando sacramentos.

Conselheiro rejeitava o regime republicano recém-instituído e estimulava os cidadãos a não pagar tributos à República. Como a Igreja Católica acomodou-se com a nova ordem, separando-se do Estado, coube a ele liderar a rebeldia.

Em pouco tempo, Conselheiro formou uma espécie de pequeno Estado dentro do Estado. A Igreja não via com bons olhos o crescimento do arraial, e fazendeiros da região também se sentiam ameaçados com o crescimento do grupo. Eles solicitaram a intervenção das autoridades locais, que fizeram, então, frente. Coronéis assustados com a fuga de mão de obra e com o surgimento de outra liderança aproximaram-se da Igreja, que via em Conselheiro um herético. Pequenos conflitos começaram a ocorrer. Um desentendimento com um lugarejo vizinho foi o pretexto que as autoridades aguardavam para mandar intervir militarmente. No início de novembro de 1896, uma força de cem praças, sob o comando do tenente Manuel Ferreira, foi enviada para Juazeiro, dando início, assim, à Guerra de Canudos, que se tornou uma questão nacional, envolvendo o próprio presidente da República, Prudente de Morais, e altas patentes do Exército.

Foram necessárias mais três expedições militares, a última com quase 5 mil homens e artilharia para submeter a "Troia de taipa". A população lutou até o fim. Aproximadamente 300 mulheres, velhos e crianças se renderam. Os homens sobreviventes foram degolados e os que resistiram até o fim foram baionetados em uma luta corpo a corpo, que se travou dentro do arraial, no dia do assalto final, em 5 de outubro de 1897. Antônio Conselheiro, morto em 22 de setembro, teve o corpo exumado e sua cabeça decepada para estudos frenológicos. O general Artur Oscar determinou que os 5.200 casebres fossem pulverizados a dinamite. E assim, 11 meses depois do entrevero de Uauá, terminou Canudos.

A história do movimento liderado por Antônio Conselheiro já foi contada em prosa e verso, até mesmo em literatura de cordel. A Guerra de Canudos também se transformou em tema para *Os Sertões*, de Euclides da Cunha (1902), considerado por intelectuais como "o livro número um do Brasil". Com esse lançamento, a Guerra assumiu grande importância ao longo do tempo, simbolizando a descoberta de um mundo desconhecido: os sertões nordestinos.

O Brasil pós-República

Em 1888, a escravatura é abolida no Brasil, com a Lei Áurea, pela princesa Isabel e, em 1889, é proclamada a República, pelo Marechal Deodoro da Fonseca.

Anos após a Proclamação da República, a política de imigração de mão de obra prossegue, principalmente a europeia. Aproveitando a crise de exportação do café, precipitada pela Grande Depressão, Getúlio Vargas torna-se presidente, iniciando uma era de migração do poder do norte escravagista para o sul. Em 1945, Vargas é deposto pelos militares. Em 1960, Juscelino Kubitschek muda a capital do Brasil do Rio de Janeiro para Brasília. Em 1964, Castelo Branco assumiu poderes ditatoriais, abolindo os partidos políticos livres, até que, em 1979, os partidos políticos foram, outra vez, legalizados. Em 1988, foi aprovada uma nova Constituição e os poderes do presidente foram transferidos para o Congresso. Em 1995, Fernando Henrique Cardoso tomou posse como presidente; foi reeleito em 1998 para o segundo mandato, iniciado em 1º de janeiro de 1999. Em outubro de 2002, o povo elegeu Luiz Inácio Lula da Silva para a presidência do Brasil, que tomou posse em 1º de janeiro de 2003.

Os presidentes do Brasil

Marechal Manoel Deodoro da Fonseca (Deodoro da Fonseca)
15/11/1889 a 25/2/1891
Tipo de eleição: indireta

Marechal Floriano Vieira Peixoto (Floriano Peixoto)
25/2/1891 a 15/11/1894 – 2ª fase: 23/11/1891 a 15/11/1894
Tipo de eleição: indireta

Prudente José de Morais e Barros (Prudente de Moraes)
15/11/1894 a 15/11/1898
Tipo de eleição: direta

Manoel Ferraz de Campos Salles (Campos Salles)
15/11/1898 a 15/11/1902
Tipo de eleição: direta

Francisco de Paula Rodrigues Alves (Rodrigues Alves)
15/11/1902 a 15/11/1906
Tipo de eleição: direta

Affonso Augusto Moreira Penna (Affonso Penna)
15/11/1906 a 14/6/1909
Tipo de eleição: direta

Nilo Procópio Peçanha (Nilo Peçanha)
14/6/1909 a 15/11/1910
Tipo de eleição: direta

Marechal Hermes Rodrigues da Fonseca (Hermes da Fonseca)
15/11/1910 a 15/11/1914
Tipo de eleição: direta

Wenceslau Braz Pereira Gomes (Wenceslau Braz)
15/11/1914 a 15/11/1918
Tipo de eleição: direta

Francisco de Paula Rodrigues Alves (Rodrigues Alves)
15/11/1918
Tipo de eleição: direta
No dia 15/11/1918, por não poder o presidente Rodrigues Alves empossar-se no cargo, em virtude da precariedade do seu estado de saúde, vindo a falecer em 16/1/1919, assumiu a presidência da República, interinamente, o vice-presidente Delfim Moreira.

Delfim Moreira da Costa Ribeiro (Delfim Moreira)
15/11/1918 a 28/7/1919
Tipo de eleição: direta

Epitácio Lindolfo da Silva Pessoa (Epitácio Pessoa)
28/7/1919 a 15/11/1922
Tipo de eleição: direta

Arthur da Silva Bernardes (Arthur Bernardes)
15/11/1922 a 15/11/1926
Tipo de eleição: direta

Washington Luís Pereira de Sousa (Washington Luís)
15/11/1926 a 24/10/1930
Tipo de eleição: direta

Júlio Prestes de Albuquerque (Júlio Prestes)
24/10/1930 a 2/11/1930
Tipo de eleição: direta
Eleito, proclamado, mas não empossado, tendo em vista a eclosão do movimento revolucionário de 24/10/1930, quando a Junta Governativa assume o poder: General Augusto Tasso Fragoso, General João de Deus Menna Barreto e o Contra-Almirante José Isaías de Noronha.

Getúlio Dornelles Vargas (Getúlio Vargas)
3/11/1930 a 20/7/1934
Tipo de eleição: indireta
Não há no Livro de Posse (assentamento da posse) de Getúlio Vargas como chefe de governo em 1930. A instabilidade política, gerada pelo caráter excepcional do poder atingido por força de uma revolução, pode explicar a omissão.

Getúlio Dornelles Vargas (Getúlio Vargas)
20/7/1934 a 10/11/1937
Tipo de eleição: indireta

Getúlio Dornelles Vargas (Getúlio Vargas)
10/11/1937 a 29/10/1945
Tipo de eleição: indireta
Com o golpe de estado, em 10 de novembro de 1937, e a instituição do Estado Novo, foi dissolvido o Congresso, outorgada a nova Constituição e garantida a permanência de Vargas no poder.

José Linhares
29/10/1945 a 31/1/1946
Tipo de eleição: indireta

Marechal Eurico Gaspar Dutra (Gaspar Dutra)
31/1/1946 a 31/1/1951
Tipo de eleição: direta

Getúlio Dornelles Vargas (Getúlio Vargas)
31/1/1951 a 31/1/1954
Tipo de eleição: direta

João Fernandes Campos Café Filho (Café Filho)
24/8/1954 a 11/11/1955
Como vice-presidente, exerceu o cargo de presidente da República, em virtude do falecimento do titular, no período de 24/8/1954 a 3/9/1954, quando foi empossado como presidente da República.

Carlos Coimbra da Luz (Carlos Luz)
8/11/1955 a 11/11/1955
Como presidente da Câmara dos Deputados, Carlos Luz ocupou a presidência da República apenas por três dias, não constando no Livro de Posse o assentamento de sua investidura, substituindo o titular licenciado para tratamento de saúde.

Nereu de Oliveira Ramos (Nereu Ramos)
11/11/1955 a 31/1/1956
Como vice-presidente do Senado Federal, assumiu a presidência da República, em virtude do impedimento do presidente João Fernandes Campos Café Filho e do presidente da Câmara dos Deputados, Carlos Coimbra da Luz, conforme deliberação do Senado Federal e da Câmara dos Deputados.

Juscelino Kubitschek de Oliveira (JK)
31/1/1956 a 30/1/1961
Tipo de eleição: direta

Jânio da Silva Quadros (Jânio Quadros)
31/1/1961 a 25/8/1961
Tipo de eleição: direta

Paschoal Ranieri Mazzilli (Paschoal R. Mazzilli)
25/8/1961 a 8/9/1961
Ranieri Mazzilli, como presidente da Câmara dos Deputados, assumiu interinamente a presidência da República em virtude da renúncia do titular e ausência do vice-presidente em viagem à República Popular

da China, até que se resolvesse a crise política gerada pela renúncia do presidente Jânio Quadros.

João Belchior Marques Goulart (João Goulart)
8/9/1961 a 24/1/1963
Tipo de eleição: indireta

Marechal Humberto de Alencar Castello Branco (Castello Branco)
15/4/1964 a 185/3/1967
Tipo de eleição: indireta

Marechal Arthur da Costa e Silva (Costa e Silva)
15/3/1967 a 31/8/1969
Tipo de eleição: indireta

General Aurélio Lyra Tavares (Aurélio Lyra)
31/8/1969 a 30/10/1969 (Junta Militar)
Como Ministro do Exército, assumiu a chefia do Governo por força do Ato Institucional nº 12/69, durante o impedimento temporário do presidente da República.

Almirante Augusto Hamann Rademaker Grünewald (Augusto Rademaker)
31/8/1969 a 30/10/1969 (Junta Militar)
Como Ministro da Marinha, assumiu a chefia do Governo por força do Ato Institucional nº 12/69, durante o impedimento temporário do presidente da República.

Brigadeiro Márcio de Souza Mello (Márcio Mello)
31/8/1969 a 30/10/1969 (Junta Militar)
Como Ministro da Aeronáutica, assumiu a chefia do Governo por força do Ato Institucional nº 12/69, durante o impedimento temporário do presidente da República.

General Emílio Garrastazu Médici (Emílio Garrastazu Médici)
30/10/1969 a 15/3/1974
Tipo de eleição: indireta

General Ernesto Geisel (Ernesto Geisel)
15/3/1974 a 15/3/1979
Tipo de eleição: indireta

General João Baptista de Oliveira Figueiredo (João Figueiredo)
15/3/1979 a 15/3/1985
Tipo de eleição: indireta

Tancredo de Almeida Neves (Tancredo Neves)
15/3/1985
Tipo de eleição: indireta
A Lei nº 7.465, de 21/4/1986, no artigo 1º, determinou que "o cidadão Tancredo de Almeida Neves, eleito e não empossado, por motivo de seu falecimento, figurará na galeria dos que foram ungidos pela Nação brasileira para a Suprema Magistratura, para todos os efeitos legais".

José Ribamar Ferreira de Araújo Costa (José Sarney)
15/3/1985 a 15/3/1990
Tipo de eleição: indireta

Fernando Affonso Collor de Mello (Fernando Collor)
15/3/1990 a 29/12/1992
Tipo de eleição: direta, disputada em dois turnos
Foi o primeiro presidente eleito pelo voto popular depois de 25 anos de regime de exceção. Seu curto período de governo foi marcado por escândalos de corrupção, o que levou a Câmara dos Deputados a autorizar a abertura do processo de *impeachment* em 2/10/1992 e Collor foi afastado do poder. Na sessão de julgamento, a 29/12/1992, o presidente Fernando Collor, às 12h30, renunciou ao mandato para o qual fora eleito. Os senadores aprovaram a inabilitação política de Fernando Collor por oito anos.

Itamar Augusto Cautiero Franco (Itamar Franco)
29/12/1992 a 1/1/1995
Tipo de eleição: direta, disputada em dois turnos

Fernando Henrique Cardoso (FHC)
1/1/1995 a 1/01/1999
Tipo de eleição: direta

Fernando Henrique Cardoso (FHC)
1/1/1999 a 1/1/2003
Tipo de eleição: direta

Luiz Inácio Lula da Silva (Lula)
1/1/2003 a 1/1/2007
Tipo de eleição: direta

Luiz Inácio Lula da Silva (Lula)
1/1/2007 a 2011
Tipo de eleição: direta

Dilma Vana Rousseff (Dilma Rousseff)
Eleita para a gestão 1/1/2011 a 2015
Tipo de eleição: direta

As moedas do Brasil

As moedas originalmente brasileiras surgiram somente no final do século XVII. Salvador era a então capital da Colônia e o centro mais importante de negócios. Por isso, foi lá que, em 1694, os portugueses instalaram a primeira Casa da Moeda do Brasil durante o reinado de D. Pedro II. As moedas eram cunhadas em ouro e prata; as de ouro valiam 1, 2 e 4 mil réis. As de prata, 20, 40, 80, 160, 320 e 640 réis. O povo logo lhes deu o nome de *patacas*, que tinha certo sentido depreciativo, pois ninguém acreditava muito no valor das moedas cunhadas no Brasil. De 1695 a 1702, foram postas em circulação peças de cobre (10 e 20 réis), cunhadas na Casa do Porto e destinadas a Angola, mas aqui introduzidas por determinação régia. Com a descoberta de jazidas de ouro pelos bandeirantes e a intensa exploração das "Minas Gerais", a fabricação do dinheiro foi transferida para o Rio de Janeiro, em 1698. Em 1700, a Casa da Moeda mudou para Pernambuco, voltando, porém, ao Rio de Janeiro dois anos depois. Em 1714, já no reinado de D. João V, havia duas Casas da Moeda: no Rio de Janeiro e novamente na Bahia. Em 1724, criou-se a terceira, em Vila Rica, que foi extinta dez anos mais tarde.

Com o passar dos anos, o nome da moeda brasileira ganhou diversos nomes, os quais expomos a seguir:

Real ou Réis
Moeda de origem portuguesa, que permaneceu até a mudança, em 1942.

Cruzeiro
Moeda criada pelo presidente Getúlio Vargas, em 1942.

Cruzeiro novo
Substituiu o cruzeiro, em 1967, no governo do presidente Castello Branco.

Cruzeiro
Em 1970, o cruzeiro novo passou a ser denominado apenas cruzeiro.

Cruzado
Moeda criada em 1986 durante o governo do presidente José Sarney.

Cruzado novo
Em 1989, também na gestão Sarney, o cruzado novo substituiu o cruzado.

Cruzeiro
Em 1990, no governo Collor, volta o cruzeiro.

Cruzeiro real
Em 1993, durante o governo Itamar Franco, o cruzeiro real substituiu o cruzeiro.

Real
Em 1994, no governo Fernando Henrique Cardoso, o real passou a ser a nova moeda do Brasil: 1 real valia 2.750 cruzeiros reais.

Bandeiras históricas do Brasil

Bandeira da Ordem Militar de Cristo (1332-1651)

Primeiro símbolo da História brasileira, a Cruz da Ordem Militar de Cristo estava pintada nas velas das 12 embarcações (uma se perdeu no mar em 23 de março de 1500) que chegaram em terras brasileiras no dia 22 de abril de 1500. A Cruz de Cristo é uma figura composta: uma cruz grega branca sobreposta a uma cruz *patée* vermelha, que lhe serve de campo.

Bandeira Real (1500-1521)

Além da Bandeira da Ordem Militar de Cristo, as embarcações lusas usavam outra: a Bandeira Real. Embora fosse a oficial, essa bandeira cedia espaço para a da Ordem Militar de Cristo, sendo usada nas expedições no mar e nas embarcações. Essa bandeira foi criada durante o reinado de D. João II, o Príncipe Perfeito (1481-1495). Muito semelhante à Bandeira da Ordem Militar de Cristo, já que era branca e com a cruz dessa Ordem, apresentava o escudo real sobreposto a ela.

Bandeira de D. João III (1521-1616)

Após a morte de D. João II (1495), seu filho mais novo, D. Manuel, assumiu o trono português até falecer, em 1521. Sucedendo ao seu pai, D. João III (1521-1577) tornou-se rei. No Brasil, implantou o sistema de Capitanias Hereditárias (1534) e o Governo-Geral (1549), além disso, criou a Bandeira de D. João III.

Essa bandeira tem semelhança com a anterior, porém possui algumas inovações. Sobre as semelhanças, temos o campo branco e o escudo real presentes na bandeira anterior e sobre as inovações, a retirada da Cruz da Ordem de Cristo e a inclusão, sobre o escudo real, de uma coroa real aberta.

Bandeira do Domínio Espanhol (1616-1640)

Essa bandeira foi criada em 1616, por Felipe II da Espanha, para Portugal e suas colônias, no período em que houve as invasões holandesas no Nordeste e o início da expansão bandeirante, favorecida, em parte, pela "União Ibérica".

Com a falta de sucessores, surgiu uma crise dinástica, e assumiu o trono, depois de algumas lutas, o rei espanhol, D. Felipe II, tendo início a União Ibérica (1580-1640), que durou 60 anos. Nesse período, Portugal passou a ter uma nova bandeira, a Bandeira da União Ibérica, enquanto suas colônias permaneciam com a mesma, criada por D. João III, mas agora a coroa real aberta foi substituída por uma fechada.

Bandeira da Restauração (1640-1683)

No reinado de D. João IV, primeiro rei da casa de Bragança, foi criada uma nova bandeira: a Bandeira da Restauração, que mantinha o escudo real e o campo branco, mas com uma novidade – uma orla em azul foi colocada para homenagear a padroeira de Portugal, Nossa Senhora da Conceição, com seu manto da mesma cor.

Ela também é conhecida como "Bandeira de D. João IV" e foi instituída logo após o fim do domínio espanhol, a fim de caracterizar o ressurgimento do Reino Lusitano sob a Casa de Bragança. O fato mais importante que presidiu foi a expulsão dos holandeses do nosso território.

Bandeira do Principado do Brasil (1645-1816)

Durante o reinado de D. João IV, um de seus filhos, Teodósio, recebeu o título de "Príncipe do Brasil", já que, a partir dessa data (1645), todos os herdeiros da Coroa portuguesa passaram a usar esse título.

Dessa forma, o Brasil foi elevado à categoria de Principado e, por isso, surge a Bandeira do Principado do Brasil, que apresentava fundo branco com uma esfera armilar, encimada por um globo azul, com zona de ouro. Sobre o globo, aparecia a Cruz da Ordem de Cristo. A esfera é composta de dez círculos ou armilas – um dos instrumentos usados no aprendizado da arte da navegação.

Bandeira de D. Pedro II, de Portugal (1683-1706)

Com a morte de D. João IV, em 1656, a coroa foi dada a seu filho, Afonso VI. Em 1667, seu irmão, D. Pedro II, convenceu-o a abdicar a seu favor e passou a governar Portugal como Regente. Como símbolo de sua Regência, criou a Bandeira de D. Pedro II Regente. Até a morte de seu irmão, em 1683, adotou essa bandeira como forma de distinção em relação à bandeira utilizada anteriormente. Assumindo o trono real, D. Pedro II adotou uma nova bandeira: a Bandeira de D. Pedro II Imperador, que trazia o escudo real encimado pela coroa real fechada, mas com uma nova forma. Esses elementos foram colocados em um campo verde.

Bandeira Real Século XVII (1600-1700)

Não há confirmação da data e da origem de seu aparecimento. Possivelmente foi obra de Dom Pedro II. Apresentava o fundo branco e, próximo à haste, as armas da nacionalidade. Foi usada como símbolo oficial do Reino ao lado da bandeira da restauração, do Principado do Brasil e da bandeira de D. Pedro II, de Portugal.

Bandeira do Reino Unido de Portugal, Brasil e Algarve (1816-1821)

A vinda da família real para o Brasil, em 1808, provocou várias transformações; entre elas, a elevação a Reino Unido de Portugal, Brasil e Algarve, que só ganhou uma bandeira em 13 de maio de 1816. Um trecho da lei que criava as armas desses três reinos dizia:

"I. Que o Reino do Brasil tenha por Armas uma Esfera Armilar de Ouro em campo azul.

II. Que o Escudo Real Português, inscrito na dita Esfera Armilar de Ouro em campo azul, com uma Coroa sobreposta, fique sendo de hoje em diante as Armas do Reino Unido de Portugal, e do Brasil e Algarve, e das demais Partes integrantes da minha Monarquia.

III. Que essas novas Armas sejam, por conseguinte, as que uniformemente se hajam de empregar em todos os Estandartes, Bandeiras, Selos Reais e Cunho de Moedas, assim como foi feito com as Armas precedentes".

O Brasil foi representado nessa bandeira pela esfera armilar de ouro, em campo azul, que passou a constituir as Armas do Brasil Reino. Em 1821, as Cortes constituintes portuguesas decretaram que o campo da bandeira fosse azul e branca, "por serem cores do escudo de Afonso Henriques".

Bandeira do Regime Constitucional (1821-1822)

Em 1820, os portugueses se revoltaram. Realizaram a Revolução Constitucionalista do Porto e exigiram o retorno de D. João VI. Em 1821, o rei português retornou, não como um rei absolutista, mas como rei de uma monarquia constitucional. É nesse contexto que a Corte (Parlamento português) criou uma nova bandeira, em 21 de agosto de 1821: a Bandeira do Regime Constitucional. Esta foi a última bandeira portuguesa no Brasil.

Bandeira Imperial do Brasil (1822-1889)

O autor da Bandeira do Império do Brasil, com a colaboração de José Bonifácio de Andrada e Silva, foi o pintor e desenhista francês Jean Baptiste Debret. Criada por decreto de 18 de setembro de 1822, era composta de um retângulo verde e nele, inscrito, um losango ouro, ficando no seu centro o Escudo de Armas do Brasil. Nossa primeira bandeira nacional sofreu uma modificação após quase três meses de existência, transformando-se na Bandeira Imperial do Brasil em 1º de dezembro de 1822.

Posteriormente, nos últimos anos do Segundo Império – Pedro II –, sem ato oficial, aumentou o número de estrelas para 20, em virtude de a Província Cisplatina ter sido desligada do Brasil (1829) e da criação das Províncias do Amazonas (1850) e do Paraná (1853).

Bandeira Provisória da República (15 a 19/11/1889)

Em 15 de novembro de 1889, o Marechal Deodoro da Fonseca proclamava a República. A Bandeira Imperial foi substituída no mesmo dia, na sede do jornal *A Cidade do Rio*, pela bandeira do Clube Republicano Lopes Trovão, ou Bandeira Provisória da República. Era composta de sete listras verdes e seis amarelas, tendo no canto superior um quadrado de cor preta, contendo 22 estrelas de prata, divididas em quatro grupos de quatro estrelas cada um e mais um grupo com seis.

Com a partida de D. Pedro II e da Família Real para o exílio, em 16 de novembro de 1889, a bordo do navio *Alagoas*, a nova bandeira foi usada, com exceção do quadrado preto, que foi substituído por um azul.

Bandeira Nacional Brasileira (atual)

A quinta e última bandeira do Brasil veio com a Proclamação da República. Foi adotada pelo Decreto nº 4, de 19 de novembro de 1889, preparado por Benjamin Constant, membro do Governo Provisório. A ideia da nova bandeira deve-se ao professor Raimundo Teixeira Mendes, que contou com a colaboração do dr. Miguel Lemos e do professor Manuel Pereira Reis. O desenho foi feito pelo pintor Décio Vilares. As cores verde e amarela são associadas à casa real de Bragança, da qual Dom Pedro I fazia parte, e à casa real dos Habsburg, à qual pertencia a imperatriz Dona Leopoldina. O círculo azul corresponde a uma imagem da esfera celeste, e as estrelas representam cada estado da federação. A faixa branca foi um lugar reservado para a inscrição do lema "Ordem e Progresso", atribuído ao positivista Auguste Comte, que tinha vários seguidores no Brasil.

Uma Explicação Necessária

Vamos, agora, ao propósito principal de nossa obra: apresentar as datas comemorativas do Brasil. Queremos, porém, explicar que em todos os dias do ano, com poucas exceções (como Todos os Santos, Natal e outras), indicamos um ou mais santos.

Mesmo quem não seja católico ou não dá muita atenção ao culto dos santos, sabe que a Igreja Católica tem relacionados, nominalmente, cerca de 6 mil santos. Logo, vários deles são comemorados a cada dia. Existem santos que são apenas lembrados (ou comemorados) em certas regiões ou países. Um santo importante na Itália ou na Alemanha, não necessariamente é lembrado no Brasil. Certamente, madre Paulina não será comemorada em outros países da América do Sul além do Brasil – só para darmos um exemplo. Procuramos incluir pelo menos um santo por dia; muitos são bem conhecidos do povo brasileiro e outros que constam de dicionários de santos, mas são menos conhecidos no Brasil.

Este livro, porém, não tratará da vida dos santos.

Divergências e duplicidade de datas

As datas que apresentaremos neste livro foram baseadas em diversas fontes e – em muitos casos – houve pesquisa telefônica e pessoal. Logo percebemos que existem datas sobre as quais não há concordância entre as fontes, sejam elas pessoais, livros, agendas, listas, sindicatos, entidades e outras fontes consultadas. Um exemplo que diz tudo: o Dia Mundial da Liberdade de Imprensa, que colocamos em 3 de maio, para muitos, é em 7 de junho e, para outros, ainda, em 3 de novembro. A informação que registramos é da Associação Paulista de Imprensa.

Por haver várias ocorrências como essa, mantivemos a duplicidade por não haver, em muitos casos, um consenso sobre a data exata.

Também existem dúvidas a respeito de certas datas internacionais (ou mundiais) – por mais que nos esforçássemos (na área de saúde, por exemplo), não há certezas convincentes. Mas, como vivemos em uma época que viu surgir os dias de prevenção de certas moléstias ou de combate a hábitos nocivos à saúde, o registro está feito.

Por último: há dias que apenas foram comemorados uma vez, mas foram incluídos por sua importância – histórica, moral ou de advertência. Eis alguns exemplos: Dia dos Seis Bilhões de Pessoas; Dia Nacional do Protesto contra a Baixaria dos Programas de Televisão; Dia Mundial contra Passageiros (de avião) Indesejáveis.

Ou seja, também nas datas comemorativas os tempos estão mudando. Cabe bem aqui um verbo: as pessoas estão se "conscientizando" de que deve haver um dia para lembrá-las de certos problemas ou realidades. Isso é bom. E o número desses dias aumenta todos os anos.

Com o término das comemorações de Natal e fim de ano, janeiro já começa com duas datas importantes para o mundo e, especialmente, para o Brasil, país que possui a maior população católica do planeta: a Confraternização Universal (dia 1º) e o dia de Santos Reis (dia 6).

Já no dia 4, iniciam-se as comemorações e conscientizações decorrentes de novas implicações ou responsabilidades que as datas comemorativas passaram a ter. Mesmo quando é antiga (Dia da Abreugrafia, por exemplo), somente há alguns anos, porém, se passou a dar a tais datas uma importância antes restrita aos profissionais da área – ou pessoas afetadas por alguma doença ou problema social.

Janeiro

Comentário

A chegada da Família Real portuguesa ao Brasil, no início de 1808, fugindo da invasão de Portugal pelas tropas de Napoleão I, acarretou profundas mudanças na sociedade colonial do nosso país. Coisas que eram privilégio da "matriz" puderam acontecer no Brasil, e duas delas são comemoradas logo em janeiro porque estiveram entre as primeiras providências de D. João VI: a abertura dos portos e a criação da primeira tipografia no Brasil. Já havia tido uma tipografia no fim do século XVIII, mas logo fechou: o governo português não permitia indústrias no Brasil. Tudo tinha de vir de Portugal ou de outros países. Éramos um país agrícola e de exploração dos recursos naturais, isto é, os que existem na Natureza: minérios, pedras preciosas, árvores...

A abertura dos portos significou que podiam aportar aqui navios de países amigos para desembarcar e receber mercadorias.

São duas datas significativas. O fato de jornais, revistas, TVs e estações de rádio não as mencionarem não diminui sua importância histórica. Em certo sentido, demoraram para acontecer – mas aconteceram.

O filho de D. João VI, D. Pedro I, ganhou também uma data em janeiro: é o Dia do Fico (9), que marca a decisão do príncipe (imperador, depois) de permanecer no Brasil. Acabou proclamando nossa independência de Portugal, logo após. Também nessa decisão de D. Pedro I, pesou a influência de pessoas ilustres, esclarecidas e patriotas que estavam ao seu lado.

Um paralelo com os dias de hoje: note como os presidentes de diversos países quase sempre aparecem nas fotografias ou na televisão rodeados de assessores. Hoje, mais do que outrora, a enorme quantidade de fatos que a vida apresenta às pessoas, aos governantes, às nações, exige que empresários, presidentes, ministros, etc. tenham assessores.

Uma curiosidade: um dos candidatos à eleição presidencial de 2002, na dúvida se manteria ou não sua candidatura, optando por continuar candidato, declarou aos jornais: "Diga(m) ao povo que eu fico!". É a história se repetindo, com outros personagens e outras circunstâncias, claro.

O mês de janeiro traz datas referentes à saúde. A preocupação com ela, que não tem datas de compras como o Dia das Mães ou o dos Namorados, tem sua razão não só na saúde das pessoas como indivíduos, mas também como cidadãos, como comunidade que vive, trabalha, produz. Quer dizer: a deterioração da saúde é um problema também do país: quem está doente, internado ou não, não trabalha, tem de ser assistido pelos hospitais, médicos e enfermeiros – muitas vezes por conta do Poder Público.

O **Dia da Abreugrafia** homenageia um brasileiro: o médico Manuel de Abreu (1894-1962), que criou um processo para fixar a imagem observada em uma radioscopia mediante uma máquina fotográfica especial. Em um país como o nosso, com tantos problemas de saúde pública (apesar dos enormes progressos nos campos da vacinação, dos remédios mais baratos e da prevenção obtidos nos últimos anos), a abreugrafia permite, a um baixo custo, o diagnóstico precoce de tuberculose e de câncer pulmonar.

O **Dia do Hemofílico** chama a atenção para uma doença rara, uma propensão para a hemorragia que só afeta pessoas do sexo masculino e que pode ser fatal. Não é assunto que se discuta a toda hora, mas é um alerta, sem dúvida.

Já o **Dia Mundial do Braille** se, por um lado, nos lembra a triste condição dos deficientes visuais (que têm dia específico), por outro, serve para evocar o francês Louis Braille (1809-1852). Ficou cego aos 3 anos de idade, mas mesmo assim tornou-se organista, tocando em várias igrejas de Paris. Ele inventou um sistema de escrita para os cegos com pontos em relevo. Pelo tato, eles entendem as letras e formam as palavras. Muitos livros já foram copiados para o Braille, permitindo que milhões de deficientes visuais possam ler – até mesmo no Brasil.

O **Dia do Enfermo** nos lembra o carinho, a paciência e a dedicação que todos nós devemos ter com os doentes. Paciência e atenção com os que estão em casa, visitas e companhia aos que estão internados: eis nossos deveres para com os enfermos, de qualquer idade ou seja qual for o problema que os levou à condição de doente. É uma exigência evangélica (Mateus, 25, 43: "Eu estava doente e não me visitastes").

O **Dia Nacional de Combate à Hanseníase** é no último domingo de janeiro. A hanseníase (mal de Hansen, médico que a caracterizou) é a lepra bíblica. É uma daquelas doenças que pouco são mencionadas nos jornais ou programas de rádio ou televisão. Como a tuberculose, que nos últimos anos voltou a preocupar por seus altos índices, a hanseníase exige muita atenção e informação sobre as condições em que pode acontecer, os cuidados e como prevenir.

O dia 22 é o aniversário da vila de São Vicente – hoje, cidade de São Vicente, no litoral de São Paulo. Foi a primeira cidade criada no Brasil, pela expedição de Martim Afonso de Sousa, em 1532. Visitando-a perto do local conhecido como Biquinha, há um bonito monumento que lembra do fato. E, em 1932, no 4º centenário da cidade, até uma moeda foi lançada, no padrão monetário de então, o mil-réis.

A cidade de São Paulo, uma das maiores do mundo e a maior da América do Sul, tem numerosas datas comemorativas municipais, isto é, que são só dela. São projetos apresentados pelos vereadores (Câmara Municipal) que, aprovados, se transformam em lei. No mês de janeiro, comemora-se o Dia do Esportista Universitário; o Dia da Fundação de São Paulo; o Dia do Mercador; o Dia do Tamboréu (realmente, uma comemoração mais adequada em cidades com praias...); o Dia da Ginástica Olímpica e o Dia do Karaokê (em uma cidade com enorme contingente de descendentes de japoneses, nada mais natural).

A enorme influência dos costumes trazidos pelos escravos negros à nossa cultura, com bonita e necessária repercussão em muitos costumes da população brasileira como um todo (embora menos perceptível nos estados do Sul, onde predominou a imigração de italianos, alemães, poloneses e portugueses), está representada em janeiro por datas como a da Lavagem das Escadas do Bonfim, em Salvador; o Dia de Oxalá e o de Oxóssi.

Comemoração mundial (até que muito discreta) impensável antes de 1961– quando o soviético (russo) Yuri Gagárin tornou-se o primeiro homem a escapar, dentro de uma astronave, à força de atração da Terra– é o Dia do Astronauta. No Brasil, inclusive, temos o astronauta Marcos Pontes, que participou, em abril de 2006, de uma missão espacial, com outros dois astronautas, um americano e um russo, em uma astronave que ficou orbitando a Terra, a nave Soyuz TMA-8, fazendo estudos astronômicos e científicos. Em missões como essas, os astronautas ficam reparando outras astronaves ou sondas que, "lá em cima", estejam precisando de conserto ou troca de peças para continuar mandando informações às estações que, na Terra, recebem, interpretam e as divulgam. Ou seja, existe assistência técnica no local a milhares de quilômetros de altura!

Em 25 de janeiro, temos o Dia do Carteiro. Sucessivos estudos sobre a opinião dos brasileiros sobre as instituições mais confiáveis sempre colocam os Correios entre as que têm mais credibilidade – o que aumenta a responsabilidade dos carteiros e dos que ficam nas agências atendendo ao público.

Outros dias de janeiro que merecem comentários:

Dia 8 – Dia do Fotógrafo

O fotógrafo é presença obrigatória nos eventos familiares, nacionais e internacionais. A fotografia registra para sempre pessoas, desastres, gestos. O trabalho desse profissional é visto todos os dias por milhões de pessoas em jornais, revistas, livros e outros documentos.

Dia 20 – Dia do Farmacêutico

O farmacêutico é quem prepara os remédios indicados pelos médicos. Ele trabalha tanto nas indústrias farmacêuticas como nas farmácias de manipulação, neste caso elaborando remédios individualizados, ao contrário das indústrias, onde são produzidos em grandes quantidades.

Dia 31 – Dia Mundial do Mágico

Já não temos tantas oportunidades de nos espantarmos e maravilharmos com o trabalho dos mágicos como no tempo de nossos pais e avós, mas um espetáculo de magia é sempre divertido, intrigante e... diferente. Não dá para deixar de ver!

Janeiro

1º Ano-Novo
Dia da Confraternização Universal
Dia da Fraternidade Universal
Dia Mundial da Paz (instituído pelo papa Paulo VI em 1967)
Dia da Comunicação
Fundação de Palmas/TO (1990)

2 São Basílio Magno (c. 330-379) e São Gregório Nazianzeno (c. 329-389)
Tomada de Paissandu (Guerra do Paraguai – 1865)

3 Santa Genoveva (c. 420-500)
Dia do Juiz de Menores

4 Santa Ângela de Foligno (1248-1309)
Dia da Abreugrafia
Dia do Hemofílico
Dia Mundial do Braille
Chegada de Mem de Sá, terceiro governador-geral, ao Brasil (1558)
Dia da criação da primeira tipografia no Brasil (1808)

Nascimento de Louis Braille, criador do alfabeto para cegos (1809)
Nascimento de Casimiro de Abreu, poeta brasileiro, Capivari (RJ) (1839)
Fundação de Rondônia (RO)
5 São João Nepomuceno Neumann (1811-1860)
Nascimento de Francisco de Paula Sousa e Melo, autodidata, jurista e político brasileiro. Uma das maiores personalidades do Império brasileiro, estudioso dos clássicos da filosofia liberal e racionalista franceses do século XVIII (1791)
Insurreição de escravos no Recôncavo, Bahia (1809)
Nascimento de Antônio Coelho Rodrigues, político brasileiro, autor da Lei do Casamento Civil e de um projeto do Código Civil (1846)
Nascimento de Raimundo Teixeira Mendes, filósofo, matemático e médico brasileiro. Idealizador da Bandeira Nacional. É de sua autoria a legenda positivista "Ordem e Progresso" (1855)
Nascimento de Guilherme de Castro Studart (Barão de Studart), clínico, geógrafo, historiador e publicista brasileiro. Consagrou sua existência à História do Ceará e, principalmente, à do Brasil (1856)
Inauguração do primeiro trem urbano da América Latina, no Recife (PE) (1867)
Nascimento de Arnaldo Augusto Vieira de Carvalho, cirurgião brasileiro, fundador da Faculdade de Medicina de São Paulo (1867)
Nascimento de Antônio Peregrino Maciel Monteiro ou Segundo Barão de Itamaracá, diplomata, médico, jornalista, poeta, orador e político brasileiro (1868)
Entrada triunfal dos brasileiros em Assunção (Guerra do Paraguai), sob o comando de Duque de Caxias (1869)
Nascimento de Antônio de Castro Lopes, político brasileiro, fundador do Banco Predial, o primeiro estabelecimento de crédito real que funcionou no Brasil emitindo letras hipotecárias (1872)
Nascimento de Juliano Moreira, médico e psiquiatra brasileiro. Foi diretor do Hospital Nacional dos Alienados do Rio de Janeiro, onde reformou radicalmente o tratamento dado aos enfermos (1873)
Decreto de exoneração de Duque de Caxias da chefia do Governo e do Ministério da Guerra (1878)
Nascimento de Edmundo da Luz Pinto, diplomata, escritor parlamentar e político brasileiro. Exerceu atividades diplomáticas como delegado plenipotenciário do Brasil na Argentina (1898)
Reinauguração do cinematógrafo do Rio de Janeiro, destruído por incêndio em 8 de agosto de 1898 (1899)
Criação dos sindicatos profissionais e sociedades cooperativas, pelo Decreto nº 1.637 (1907)
Lançamento da Pedra Fundamental do Forte de Copacabana, Rio de Janeiro (1908)

Sanção da Lei nº 605, que dispõe sobre o repouso semanal remunerado e pagamento de salário nos feriados (1949)
Inauguração do trecho de 650 quilômetros da ferrovia amazônica que une o Brasil e a Bolívia (1955)
Dia do Acordo de Cooperação Científica entre Brasil e Honduras (1976)
Marília Pêra é eleita a melhor atriz de 1981, por sua atuação em *Pixote*, pela Sociedade dos Críticos de Cinema dos Estados Unidos
Dia da inauguração da Rede Manchete de Televisão (1983)
Tripulantes do navio brasileiro *Barão de Tefé* desembarcam na Antártida (1983)
Dia da definição dos crimes resultantes de preconceitos de raça ou de cor. Lei nº 7.716 (1989)
Dia do lançamento do submarino brasileiro *Timbira S32* (1996)

6 Dia de Reis ou dos Santos Reis: Belchior, Gaspar e Baltazar
Dia da Gratidão
Dia do Mensageiro
Descoberta de Angra dos Reis (1502)
Fundação do Estado do Acre (1963)
Plebiscito que restabeleceu o sistema presidencialista no Brasil (1963)

7 São Raimundo de Penhaforte (Peñafort) (c. 1175-1275)
Dia da Liberdade de Culto
Dia do Leitor
Criação de um governo central no Brasil por Carta Régia de D.João III (1549)
Primeiro Voto Popular (1789)
Criação dos "Corpos de Voluntários da Pátria", pelo decreto imperial nº 3.371, para lutar na Guerra do Paraguai (1865)

8 São Severino (410-482)
Dia Nacional do Fotógrafo
Morre Baden Powell, criador do Corpo de Escoteiros (1941)

9 Santo Adriano de Cantuária († 710)
Morte de Nicolau Durand de Villegaignon, fundador da França Antártica na Baía de Guanabara (1571)
Dia do Fico (1822)
Dia do Astronauta
Estabelecimento de eleições diretas no Brasil (1881)

10 São Gregório X (1210-1276) e São Camilo de Lellis (1550-1614)
Dia da Cavalaria Militar
Morte de João Batista Vieira, herói da Insurreição Pernambucana (1681)

11 São Teodósio (c. 423-529)
Dia do Controle da Poluição por Agrotóxicos
Nascimento de Augusto Severo, um dos primeiros homens a voar em balão dirigível (1864)

12 São Fulgêncio (467-532)
Fundação de Belém (PA) (1616)
Duque de Caxias assume o comando supremo dos aliados na Guerra do Paraguai (1865)
Ocupação da Guiana Francesa por tropas brasileiras em represália à invasão de Portugal (1865)

13 Santo Hilário de Poitiers (c. 315-c. 367)
Lavagem das escadarias da Igreja do Bonfim, Salvador (BA)
Tratado de Madri, definindo o território brasileiro (1750)
Fundação do Museu Nacional de Belas Artes
Morte de Frei Caneca, herói da Confederação do Equador (1825)
Nascimento do escritor Franklin Távora (1842)
Dia Internacional do Leonismo

14 São Félix de Nola († 256)
Criação da Diretoria Geral de Estatística, Rio de Janeiro (1871)
Dia do Enfermo
Dia do Empresário de Contabilidade

15 São Isidoro de Alexandria
Dia Mundial do Compositor
Dia dos Adultos
Dia da Imprensa Filatélica
Nascimento do presidente João Baptista de Oliveira Figueiredo, Rio de Janeiro (RJ) (1918)
Eleição de Tancredo Neves para presidente do Brasil (1985)
Dia do Museu de Arte Moderna do Rio de Janeiro

16 Santo Honorato (c. 350-429) e São Marcelo († 309)
Dia dos Cortadores de Cana-de-açúcar
Inauguração da usina elétrica de Ilha Solteira (1974)
Instituição do cruzado novo – NCz$ (1989)

17 Santo Antão (c. 251-356)
Dia dos Tribunais de Contas do Brasil
Morte do educador Abílio César Borges, Barão de Macaúbas (1891)
Morte de Joaquim Nabuco (1910)

18 Santa Margarida da Hungria (1242-1270)
Dia Internacional do Riso
Castro torna-se sede do Paraná (1894)

19 São Canuto (Canuto IV, rei da Dinamarca – † 1086)
Dia do Terapeuta Ocupacional
Morte do poeta brasileiro Alberto de Oliveira (1937)
Morre o Marechal Cândido Mariano da Silva Rondon, sertanista, Rio de Janeiro (RJ) (1958)

20 São Fabiano († 250) e São Sebastião (250-288)
Oxóssi e Oxalá
Dia Nacional do Fusca
Dia do Farmacêutico
Início da expulsão dos franceses do Brasil (1567)
Nascimento de Euclides da Cunha, engenheiro, jornalista e escritor, autor de *Os Sertões*; Cantagalo (RJ) (1866)
Oficialização do *Hino Nacional Brasileiro* pelo Decreto nº 171 (1890)
Morre Manoel (Mané) Garrincha, jogador bicampeão do mundo, Rio de Janeiro (RJ) (1983)
Criação do Ministério da Aeronáutica (1941)

21 Santa Inês († c.304)
Dia Mundial da Religião
Nascimento do pintor Antônio Parreiras (1864)
Morte do poeta brasileiro Aluísio Azevedo (1913)

22 São Vicente (de Saragoça – † 304)
Dia do Senado
Fundação da Vila de São Vicente, primeira cidade do Brasil (1532)
Chegada de Dom João VI ao Brasil (1808)
Vitória das armas brasileiras em Taquarembo, na guerra contra Artigas (1820)
Morte de Benjamin Constant, fundador da República (1891)

23 Santo Ildefonso (c. 606-667)
Chegada do conde Maurício de Nassau em Pernambuco (1637)
Criação da Escola Militar (1855)

24 São Francisco de Sales (1567-1622)
Dia do bem-aventurado José Timóteo Giaccardo
Dia da Previdência Social
Dia da Constituição
Dia do Esportista Universitário
Dia Mundial dos Hansenianos
Dia do Funcionário Público Inativo
Nascimento de João Pessoa Cavalcanti de Albuquerque (João Pessoa), advogado, eleito presidente da Paraíba em 1928 (1878)
Instituição do casamento civil no Brasil (1890)
Nascimento de Augusto Ricardo Méier Junior, crítico, ensaísta, escri-

tor, folclorista, jornalista, memorialista e poeta brasileiro. Eleito em 12 de maio de 1960 para a Cadeira nº 13 da Academia Brasileira de Letras (1902)
Dia da Reinstalação do Estado Independente do Acre (1903)
Promulgação da Constituição (1967)
Dia da promulgação da Sexta Constituição Brasileira, que entrou em vigor em 1967
Lei altera o nome do Brasil. Chamava-se República dos Estados Unidos do Brasil (1967)
Fundação de Porto Velho (RO)

25 Dia do Carteiro
Dia Nacional do Aposentado
Dia do Mercador
Dia do Tamboréu
Fundação do Colégio de São Paulo pelos padres Manuel da Nóbrega e José de Anchieta (1554)
Fim da invasão holandesa no Brasil (1654)
Dia da Criação dos Correios no Brasil (1663)
Dia da nomeação do alferes João Cavalheiro Cardozo para o cargo de Correio da Capitania do Rio de Janeiro (1663)
Dia da inauguração do Theatrinho do Plácido, no Rio de Janeiro (1823)
Joaquim Nabuco entra para o Instituto Histórico e Geográfico Brasileiro (1896)
Morte de Alfred D'Escragnolle Taunay, o Visconde de Taunay, engenheiro militar, historiador, memorialista, oficial do Exército, político, professor, romancista e sociólogo brasileiro. Foi presidente da Província do Paraná (1899)
Nascimento do presidente Jânio da Silva Quadros, Campo Grande (MS) (1917)
Nascimento de Antônio Carlos Brasileiro de Almeida Jobim, Tom Jobim, arranjador, compositor, cantor e maestro brasileiro (1927)
Fundação da Universidade de São Paulo – USP (1934)
Fundação da Grande Loja do Paraná (Maçonaria) (1941)
Ata de fundação da Biblioteca Infanto-Juvenil Anne Frank, São Paulo (1946)
Dia da inauguração da Catedral da Sé, situada na praça que é o marco zero de São Paulo (1954)
Dia da instalação do primeiro reator nuclear da América Latina na Universidade de São Paulo (1958)
Dia da criação da Sociedade dos Amigos da Arte, Sociarte, de São Paulo (1969)
Dia da inauguração da TV Gazeta, São Paulo (1970)

Fundação da Associação Brasileira dos Colecionadores de Armas
(1983)
Dia da maior campanha cívica já realizada no Brasil: "Diretas Já", na
praça da Sé, São Paulo (1984)
Dia do estabelecimento da obrigatoriedade do cadastramento dos
doadores de sangue, Lei nº 7.649
Dia da criação da Associação dos Bancos no Distrito Federal (1989)
Câmara dos Deputados aprova a Lei de Responsabilidade Fiscal
(2000)

26 São Timóteo († 97) e São Tito (séc. I)
Retirada definitiva dos holandeses de Pernambuco (1654)
Morte da ex-imperatriz do Brasil, D. Amélia de Leuchtemberg,
segunda esposa de D. Pedro I (1871)
Morte do escritor brasileiro Graça Aranha (1931)

27 Santa Ângela de Mérici (de Brescia 1474-1540)
Dia do Orador
O Brasil é elevado a vice-reino e sua capital é transferida de Salvador
para o Rio de Janeiro (1763)
Nascimento de João Caetano dos Santos, considerado pai do teatro
brasileiro. Foi o primeiro ator surgido no período do Romantismo
artístico no Brasil (1808)
Nascimento de Guilherme Schuch Capanema (Barão de Capanema),
engenheiro e físico brasileiro. Instalou a primeira linha telegráfica no
Brasil (1824)
Início da Guerra do Paraguai (1865)
Inauguração do Planetário de São Paulo (1957)
Inauguração da sede do Museu de Arte Moderna do Rio de Janeiro
(1958)

28 São Tomás de Aquino (c. 1225-1274)
Morte de Tomé de Souza, primeiro governador-geral do Brasil (1579)
Dia da Abertura dos Portos (1808)
Dia do Portuário
Dia do Comércio Exterior

29 São Pedro Nolasco († 1526)
Dia do Jornalista
Dia Nacional da História em Quadrinhos
Nascimento do presidente Humberto de Alencar Castelo Branco,
Messejana (CE) (1900)

30 Santa Jacinta de Mariscotti († 1640)
Dia da Saudade
Dia da Não violência

Dia de Gandhi
Dia da Ginástica Olímpica
Morte de José do Patrocínio, escritor e orador; Rio de Janeiro (RJ) (1905)

31 São João Bosco (1815-1888), São Pedro Nolasco (1189-1256)
Dia Mundial do Mágico
Dia do Karaokê
Dia Mundial da Solidariedade
Chegada do português Martin Afonso de Souza ao Brasil (1531)
Nascimento de Manoel de Melo Franco, empresário, jornalista e político. Presidente da Província de Minas Gerais. Participou do conselho diretor de Barcelona por ocasião da Revolução Mineira (1812)
Nascimento de Manuel Vitorino Pereira, educador, jornalista, médico e político brasileiro. Ocupou a presidência da República de novembro de 1896 a março de 1897 como vice-presidente no governo de Prudente de Moraes (1853)
Nascimento de Geminiano Monteiro da Franca, advogado brasileiro, Ministro do Supremo Tribunal Federal (1922). Atuou como chefe de polícia no governo de Epitácio Pessoa e foi notável como um juiz íntegro (1870)
Morre Dom Bosco, religioso, educador e escritor (1888)
Nascimento de Mariasinha Guinle (Maria Isabel Lafaiete), administradora e empresária brasileira. Falecido o marido, Otávio Guinle, assumiu a direção do Copacabana Palace Hotel, administrando-o por 21 anos (1911)
Morte de Francisco Ramos Paz. Bibliófilo brasileiro e português, foi um elo importante da cultura. Seu acervo encontra-se na seção de Manuscritos e Obras Raras da Biblioteca Nacional (1919)
Posse de Eurico Gaspar Dutra, presidente do Brasil (1946)
Posse de Getúlio Vargas, presidente do Brasil (1951)
Posse de Juscelino Kubitschek de Oliveira, presidente do Brasil (1956)
Posse de Jânio da Silva Quadros, presidente do Brasil, que renuncia no dia 25 de agosto do mesmo ano (1961)
Fundação da Associação Catarinense do Ministério Público (1959)
Morte de Márcio de Souza Mello, militar brasileiro que foi presidente do Brasil no Governo Provisório de 31 de agosto de 1969 a 30 de outubro de 1969 – Junta Militar
Último domingo de janeiro – Dia Nacional de Combate à Hanseníase
Morte de Bertoldo Klinger, escritor e militar brasileiro; líder na campanha de modernização do ensino do Exército brasileiro (1969)

Fevereiro

Comentário

Iemanjá tem vários sincretismos, ou seja, associação com santos católicos, daí haver mais de uma comemoração, em função da festa católica.

A festa de Oxum e Iemanjá nos faz dizer palavras sobre o sincretismo religioso, notadamente praticado na Bahia. Não é mistura de religiões, como alguns pensam. Embora muitas pessoas, em nosso país, pratiquem mais de uma religião (catolicismo e espiritismo, por exemplo), o sincretismo é a identificação de Orixás ("personificação ou deificação das forças da natureza", segundo o dicionário *Aurélio*) com santos católicos, artifício usado pelos negros escravos para cultuar suas divindades do Candomblé e fugir da repressão do colonizador português.

O primeiro terreiro de Candomblé foi fundado em 1839, em Salvador. Esse terreiro originou vários outros, alguns dos quais existem até hoje.

Já houve muita restrição, até mesmo intolerância da Igreja Católica, contra os elementos culturais, rituais e outros tipos de origem africana. Hoje o clima é outro, o nome de Zumbi foi evocado pelos padres e fiéis em muitas igrejas católicas em novembro de 2002, na semana em que se comemorou mais uma vez o Dia da Consciência Negra. Esse progresso, junto à questão das quotas de negros em universidades públicas e no serviço público, mostra aos brasileiros, sobretudo às gerações mais jovens, um novo tempo. Pelo menos, o assunto está sendo debatido publicamente.

O mês mais curto do ano tem poucas datas comemorativas – embora haja um santo para o dia 29 de fevereiro, que registramos.

Como é um período em que muitas pessoas ainda estão viajando, ou o mês em que optam por viajar pessoas que não querem saber de agitação das férias de dezembro e janeiro, não há datas comerciais expressivas, salvo o Carnaval (data móvel), que representa também parada ou diminuição em muitos tipos de atividade.

Igualdade de direitos e de oportunidades não é coisa só para ser comemorada em datas específicas: é algo para ser vivido e praticado por nós, todos os dias do ano, em quaisquer circunstâncias. Só assim poderemos ter verdadeira alegria, orgulho e satisfação de estar o ano todo nos preparando para aquele dia. Isso vale para a Fraternidade Universal, o Dia das Mães e dos Pais, dos Direitos da Criança, da Não violência e tantos outros.

Pare e pense sobre isso. Procure divulgar essa ideia e essa consciência; as pessoas, o país e o mundo agradecem.

Por falar em respeito, não preconceito e atitude individual firme, há em fevereiro uma data importante: o **Dia do Combate à Discriminação Racial**.

Esta é uma realidade latente em muitas pessoas e situações: acaba explodindo (ou se manifestando sutilmente) quando menos se espera. Não importa a cor, somos todos iguais diante de Deus e uns perante os outros. Mas quantos não pensam assim! O dia a dia que presenciamos nas empresas, lojas, transportes públicos, nas ruas, nos lares, muitas vezes é um lamentável desmentido do combate à discriminação racial. Como outras realidades – o amor aos livros, o respeito à maneira de ser dos demais, a prática autêntica da religião – o "não" enfático à discriminação racial tem de começar em casa. No fundo, isso inclui a rejeição da discriminação de pessoas pela sua origem regional, em um país vasto e tão diferenciado em termos de pessoas como o Brasil. E inclui também, assim pensamos, o respeito ao estrangeiro, mormente – mais uma vez – em um país como o nosso, que abriga milhões deles, sem falar nos seus descendentes, que muitas vezes conservam inalterados os traços fisionômicos ou o tipo físico.

Datas nacionais significativas: **Dia do Publicitário, Dia do Agente Fiscal, Dia do Datiloscopista, Dia do Esportista** – todas homenageando profissões ou atividades bem presentes na realidade brasileira. Há também o **Dia do Agente de Defesa Ambiental**. É a primeira data no ano que nos lembra a preocupação com o planeta que é **nossa** moradia. Aqui nascemos, vivemos e morremos – temos de cuidar da **nossa** "casa" e ensinar nossos filhos e outras pessoas a dela cuidarem **bem, também**. Embora a imprensa não fale desse dia, ele reflete uma preocupação nova, em termos de datas comemorativas, impensável até anos atrás.

E o **Dia da Paz no Trânsito** (comemoração paulistana é daqueles que dispensam explicação. Quem dera, motoristas e pedestres tivessem consciência de suas mútuas responsabilidades, para que menos pessoas morressem ou ficassem mutiladas em acidentes de trânsito que indicam os números tristes e alarmantes que conhecemos.

Para você refletir

A propósito da paz no trânsito, leia o trecho a seguir, extraído do artigo "Trânsito, igualdade e hierarquia", do sociólogo Roberto Damatta, publicado no jornal *O Estado de S. Paulo,* em 19 de agosto de 2002:

"(...) a cada mil quilômetros morrem, anualmente, 213 pessoas no Brasil e apenas três no Canadá. As rodovias nacionais matam de dez a 70 vezes mais que as rodovias dos países mais ricos do mundo. Como contraprova e confirmando nossa vocação de motoristas trapalhões, agressivos e criminosos, a Itália, que todo mundo pensa que se parece conosco, cujo índice de mortes no trânsito é o pior do grupo dos países ricos, tem apenas 24 acidentes fatais por mil quilômetros rodados, o que faz com que nossa situação nessa triste matéria seja 914% maior.

Um novíssimo Código Nacional de Trânsito mostrou que não basta só fazer uma lei. O novo regulamento aumentou o número de acidentes, fazendo com que a taxa brasileira aumentasse, ultrapassando três vezes a dos Estados Unidos, o país com a maior frota automotiva do planeta".

A afirmativa do brilhante sociólogo, de reputação internacional, segundo a qual "não basta só fazer uma lei", diz tudo: é uma questão de educação, de disciplina – e que começa em casa, desde criança. Como um pai que abusa da velocidade, que não exige que as pessoas no banco de trás usem o cinto de segurança, que gesticula olhando para os lados, que avança na faixa de pedestres, poderá querer que seus filhos, quando adolescentes ou maiores, dirijam com responsabilidade?

Dois esportes "menores", o **Beisebol** e o **Handebol**, são comemorados em São Paulo. O primeiro se explica pela presença de muitos descendentes de japoneses – ele é muito importante no Japão. Há até um estádio para a prática desse esporte em São Paulo, e nas ruas não é difícil encontrar garotos jogando um beisebol simplificado.

Falamos em imigração japonesa: da guerra da Coreia (que terminou em 1953) em diante, aumentou muito a vinda de coreanos para São Paulo; por isso, 12 de fevereiro é o **Dia da Imigração Coreana**.

Um dia bem brasileiro, bem de solidariedade – rural e urbana – é o **Dia do Mutirante**, também comemorado em São Paulo (capital). Quem habita as zonas rurais mais pobres ou os bairros de periferia sabe da força e da importância do mutirão. O trabalho gratuito em prol de uma causa comum – agrícola, de construção de casas, de redes de esgoto, para dar só alguns exemplos – é bonito de ver, de participar. Bonito e gratificante!

A Associação Médica Brasileira registra cerca de 70 especialidades médicas. Nem todas têm data comemorativa – aliás, a maioria não tem. Uma das especialidades médicas com data é a dermatologia: dia 5 de fevereiro é o **Dia do Dermatologista**.

E surge também em fevereiro a primeira das datas que o Exército reserva a seus serviços ou armas: 8 de fevereiro é o **Dia do Magistério do Exército** – ou seja, dos professores que atuam em colégios militares ou na Academia das Agulhas Negras.

Mais algumas datas de fevereiro:

Dia 1º – Dia do Publicitário

No mundo moderno, caracterizado por uma sociedade de consumo, o publicitário é, basicamente, encarregado de divulgar novos produtos e serviços. A publicidade nos cerca em toda a parte: desde os imensos *outdoors* nas ruas e estradas, até simples folhetos e ímãs para geladeiras. Tudo para nos informar sobre as novidades dos produtos. No entanto, ela também pode ter objetivos institucionais, isto é, de divulgação e afirmação de marcas, ou fins humanitários.

Dia 7 – Dia Nacional do Gráfico

Esta obra resulta do trabalho do gráfico, profissional que imprime livros, jornais, revistas, panfletos, talões de notas e muitas coisas mais. Ou seja, todos os dias temos contato com o trabalho dos gráficos.

Dia 16 – Dia do Repórter

O repórter registra as notícias e entrevista pessoas. Existe o repórter de textos, o repórter fotográfico, o vídeo-repórter, o repórter policial... Eles trabalham para jornais, revistas, emissoras de rádio e de televisão. É uma profissão, às vezes, arriscada: muitos já morreram em guerras, revoluções, desastres – deram a vida pelo testemunho dos fatos.

Concluindo: apesar de numericamente serem poucas as datas comemorativas de fevereiro, elas têm uma representatividade que reforça a variedade já encontrada em janeiro e que se ampliará nos próximos meses.

Fevereiro

1º São Piônio († 250)
Dia do Publicitário
Dia do Eletricitário
Posse da Assembleia Nacional Constituinte (1987)
Incêndio no edifício Joelma, São Paulo (1974)

2 Nossa Senhora dos Navegantes (designação datada do séc. XV, com a navegação dos europeus que pediam proteção à Nossa Senhora)
Festa de Iemanjá e Oxum (BA)
Dia do Agente Fiscal
Dia do Beisebol

Início da Revolução Praieira em Pernambuco (1848)
Inauguração da navegação do rio São Francisco (1871)
Inauguração do Porto de Santos (SP) (1892)

3 São Brás, protetor da voz e da garganta († 316)
Nascimento do presidente João Café Filho, Natal (RN) (1899)

4 Santa Joana de Valois (1462-1505) e São José de Leonissa (1556-1612)
Dia do Mutirante
Provável nascimento de Luiz Vaz de Camões, Lisboa – Portugal (1524)
Fundação de Macapá (AP) (1758)

5 Santa Águeda (ou Ágata) († 251)
Dia do Datiloscopista Brasileiro
Dia do Dermatologista
Dia da Independência de San Marino
Elevação da vila de Curitiba à categoria de cidade (1842)
Morte da educadora Armanda Álvaro Alberto (1974)

6 São Paulo Miki († 1597)
Morte de Cândido Torquato Portinari, pintor brasileiro, Rio de Janeiro (RJ) (1962)
Dia do Agente de Defesa Ambiental

7 São Ricardo († 722)
Dia Nacional do Gráfico
Início da navegação a vapor entre o Brasil e a Europa (1851)
Nascimento de D. Helder Pessoa Câmara, Fortaleza (CE) (1909)

8 São Jerônimo Emiliano († 1537)
Dia do Magistério do Exército
Dia da celebração da primeira missa no Convento de Santo Antônio, Rio de Janeiro (RJ) (1615)
Morte de José Francisco Cardoso, político brasileiro. Foi presidente da Província do Paraná, de 1859 a 1861 (1885)
Morte de Ary Barroso, músico e produtor brasileiro. Compôs músicas que exploravam o lado pitoresco do Brasil, valorizavam o sentimento patriótico e fizeram grande sucesso no exterior, como a *Aquarela do Brasil* (1903)
Morte de José Maria da Silva Paranhos Júnior, o Barão do Rio Branco, diplomata, estadista e historiador brasileiro (1912)
Morte de João Lustosa da Cunha (segundo Marquês de Paranaguá), abolicionista, estadista e magistrado brasileiro. Presidente do Piauí, do Maranhão, de Pernambuco e da Bahia (1912)
Morte de Rivadávia da Cunha Correia, advogado, jornalista, político e redator brasileiro. Participou da Constituinte de São Paulo (1920)

Dia da criação do Museu do Estado de Pernambuco, MEPE (1929)
Nascimento de Sebastião Salgado, fotógrafo brasileiro (1944)
Morte de Júlio Prestes, advogado. Ele foi eleito, proclamado, mas não empossado presidente do Brasil, tendo em vista a eclosão do movimento revolucionário de 24/10/1930, quando a Junta Governativa assume o poder (1946)
Morte de Carlos Coimbra Luz, político brasileiro. Foi presidente da República no 15º período do Governo Republicano, de 1951 a 1956 (1961)
Dia da venda do primeiro aparelho de televisão em cores no Brasil (1972)
Dia do primeiro satélite brasileiro, *Brasilsat 1* (1985)

9 Santa Apolônia († 249)

10 Santa Escolástica (c. 480-543)
Dia do Atleta Profissional
Criação da Casa da Moeda

11 Nossa Senhora de Lourdes († 1858)
Dia do Zelador
Início da ocupação holandesa no Brasil (1630)
Morte de Oswaldo Cruz, cientista brasileiro, Petrópolis (RJ) (1917)

12 Santa Eulália de Barcelona († 304)
Dia do Empregado de Edifício
Dia da Imigração Coreana

13 São Benigno de Todi († 303) e Santa Catarina de Ricci († 1590)
Dia do Ministério Público do Estado de São Paulo
Dia do Serviço de Assistência Religiosa do Exército
Dia Estadual do Ministério Público (São Paulo)
Dia da criação do Instituto Brasileiro de Geografia e Estatística (IBGE)
Esquadra holandesa aproxima-se de Olinda, Pernambuco, comandada por Hendrick Corneliszoon Lonck (1630)
O povoado de Guaratinguetá, São Paulo, é elevado a vila (1651)
Nascimento do presidente Manoel Ferraz de Campos Salles, Campinas (SP) (1841)
Morte de Epitácio Pessoa, presidente da República entre 1919 e 1922 (1942)
Nascimento de Julio Bressane, um dos mais eruditos cineastas brasileiros (1946)
Morte de Antônio Constâncio Alves, ensaísta, jornalista e orador brasileiro. Foi eleito em 1922 para a Cadeira nº 26 da Academia Brasileira de Letras (ABL)

Morte de Radamés Gnattali, compositor, músico e pianista brasileiro. Poucos pianistas brasileiros chegaram à sua complexidade na história da música popular brasileira (1988)

14 São Cirilo (c. 827-869), São Valentim (séc. III)
Dia Internacional do Amor

15 São Cláudio († 1682)
Iluminação de Sakyamuni – Mahanirvana (festa budista)
Recife passa a ser a capital da Província de Pernambuco (1827)
Nascimento de Campos Salles, advogado, estadista e político brasileiro. Presidente da República de 1898 a 1902. Em seu governo, foi resolvida a questão do Amapá com a França e reabilitado o crédito nacional (1841)
Nascimento de Manoel Antônio Guimarães, político brasileiro. Vice-presidente da Província do Paraná de 15/1/1873 a 13/6/1873 e 16/7/1877 a 17/8/1877
Inauguração da Escola Politécnica de São Paulo (1894)

16 Santo Onésimo (fim do séc. I), Santa Juliana (1270-1341), São Daniel (1831-1881) e Santo Elias (séc. IX a.C.)
Dia do Repórter
Dia Nacional da Prevenção e Segurança no Trabalho
Segundo combate entre luso-brasileiros e holandeses nos montes Guararapes (1649)
Inauguração oficial da Estrada de Ferro Santos-Jundiaí (SP) (1867)
Inauguração da Estação da Luz, em São Paulo (1867)
Nascimento de Adelmar Tavares da Silva Cavalcanti, advogado, jurista, magistrado, poeta e professor brasileiro. Foi eleito em 1926 para a Cadeira nº 11 da Academia Brasileira de Letras (ABL) (1888)
Nascimento de Francisco Julião Arruda de Paula, advogado e político brasileiro. Fundador das Ligas Camponesas em Pernambuco; foi um dos mais importantes defensores da reforma agrária no Brasil, antes do regime militar de 1964 (1915)
Fundação da Universidade Federal de Minas Gerais (1949)
Nascimento de Oscar Schmidt, campeão olímpico brasileiro de basquetebol (1958)
Presidente Juscelino Kubitschek anuncia a criação da Superintendência de Desenvolvimento do Nordeste, Sudene (1959)
Fundação da Grande Loja Maçônica de Brasília (1963)
Fundação da Federação Paranaense de Pára-quedismo (1974)
Morte de Jânio Quadros, advogado e político brasileiro. Foi presidente da República em 1961 (1992)
Morte de Carlos Chagas Filho, cientista, ensaísta, médico e professor brasileiro (2000)

17 Sete Santos Fundadores da Ordem dos Servos de Maria
Nascimento do historiador Francisco Adolfo de Varnhagem, Visconde de Porto Seguro (1816)

18 Santa Bernadete (1844-1879)
Dia da Paz no Trânsito
Morte do poeta brasileiro Fagundes Varela (1875)
Início da Semana Nacional contra o Alcoolismo

19 Santo Álvaro (Alberico – † 1108) e São Conrado († 1351)
Dia do Esportista
Dia do Esporte
Dia do Dhamma – Magha Puja (Festa Budista)
Segunda Batalha dos Guararapes (1649)
Dia do Tratado de Comércio e Navegação entre Brasil e Inglaterra (1810)
A cidade de Curitiba (PR) é escolhida para ser sede da comarca e residência de ouvidores (1812)
Morte de Madre Angélica, heroína de nossa Independência, Salvador (BA) (1822)
Manoel Deodoro da Fonseca é promovido a major (1857)
Inauguração do Imperial Teatro D. Pedro II, no Rio de Janeiro (1871)
Morte de José Antônio de Maria Ibiapina, beato e religioso brasileiro. Tantos foram os seus feitos que fora aclamado santo ainda em vida pelo povo nordestino. Atualmente, seu processo de beatificação tramita no Vaticano (1883)
Nascimento de Sérgio Corrêa Affonso da Costa, advogado, diplomata e historiador brasileiro; eleito em 1983 para a Cadeira nº 7 da ABL (1919)
Fundação do jornal *Folha de S.Paulo* (1921)
Fundação da Sociedade Beneficente de Magistrados, futura Associação Paulista de Magistrados (1953)
Primeira transmissão de televisão em cores no Brasil (1972)
Criação do Parque Nacional da Amazônia (1974)
Morte de Osvaldo Orico, biógrafo, contista, diplomata, ensaísta, escritor, poeta, professor e romancista brasileiro. Foi eleito em 1937 para a Cadeira nº 10 da ABL (1981)
Morte de Francisco Mignone, músico brasileiro. Um dos grandes compositores eruditos do país, ligado ao movimento nacionalista (1986)

20 Santo Eleutério (séc. VI) e São Nilo († 430)
Criação do Correio Aéreo Nacional (1931)
Morte de Estácio de Sá, fundador da cidade do Rio de Janeiro (1567)

21 São Pedro Damião (1007-1072)
Dia do Combate à Discriminação Racial
Dia Internacional da Língua Materna
Nasce Henrique Maximiniano Coelho Neto – jornalista; Caxias (MA) (1864)
A Unesco declara Olinda (PE) patrimônio histórico da humanidade (1983)
Vitória da Força Expedicionária em Monte Castelo (1945)

22 Morte de Américo Vespúcio (1512)
Dia da Independência de Santa Lúcia (1979)
Criação do Ibama pela Lei n° 7.735 (1989)

23 São Policarpo († c.155) e Santa Marta (séc. I)
Dia Nacional do Rotary
Dia do Agente Fiscal e da Compreensão
Dia do Surdo-Mudo
Nascimento de Henrique Guilherme Fernando Halfed, engenheiro alemão. Seu nome está ligado à história da cartografia do Brasil. Por ocasião da Revolução Mineira, serviu comissionado no posto de capitão de artilharia. Sua exploração geográfica e seu mapeamento do rio São Francisco são considerados obras-primas (1797)
Nascimento de Alexandre José de Melo Morais Filho, erudito, historiador, jornalista, memorialista, médico, padre, poeta e prosador brasileiro (1844)
Nascimento de Alice Lins de Azevedo, educadora brasileira. Fundou o primeiro jardim da infância do Estado da Paraíba, foi membro da Associação Paraibana de Imprensa e fundou a Liga Paraibana contra a Tuberculose (1894)
Nascimento de Epaminondas Berbert de Castro, jornalista, político e professor brasileiro. Pertenceu a várias instituições culturais da Bahia, como o Instituto Geográfico e Histórico, Ala das Letras e das Artes, Academia de Letras da Bahia, entre outras.
Foi procurador-geral do Estado e ministro do Tribunal de Contas do Estado (1897)
Fundação do Instituto Butantã, São Paulo (1901)
Nascimento de Sérgio Paulo Rouanet, cientista político, diplomata, ensaísta e escritor brasileiro. Eleito em 1992 para a Cadeira n° 13 da ABL (1934)
Morte de Carlos Cavalcanti de Albuquerque, político brasileiro. Foi presidente do Estado do Paraná, de 1912 a 1916 (1935)
Morte de Jorge Luís Gustavo Street, empresário e médico brasileiro. Desenvolveu papel de relevância nos primeiros anos da implantação da República. Sua figura está no centro da luta pela industrialização

do Brasil. Foi diretor do Departamento Nacional de Indústria e Comércio (1939)
Instalação do Tribunal Regional Eleitoral de Mato Grosso do Sul (1979)
Criação do Instituto de Filosofia e Teologia da Arquidiocese de Vitória (ES) (1985)

24 São Sérgio († 304)
Revolta de Beckman no Maranhão (1684)
Fundação do Instituto Pasteur no Rio de Janeiro (1888)
Promulgação de nossa Primeira Constituição Republicana (1891)
Instituição do Programa Nacional de Tele-educação (1972)

25 São Valério († 619)
Criação do Ministério das Comunicações

26 Santo Alexandre († 1592)
Dia do Handebol
Nascimento do presidente Wenceslau Brás Pereira Gomes, Brasópolis (MG) (1868)
Eleição dos primeiros governantes republicanos do Brasil (1891)

27 São Gabriel da Virgem Dolorosa (1838-1862) e São Leandro († c. 600)
Dia Nacional do Livro Didático
Dia do Idoso
Dia do Agente Fiscal da Receita Federal

28 São Romão (séc. V)
Instituição do cruzado – Cz$ (1986)

29 São Osvaldo (c. 925-992)

Março

Comentário

Costuma-se dizer que no Brasil o ano, no sentido de atividades comerciais, sobretudo, só começa em março, após as férias de janeiro e fevereiro, e do Carnaval.

Não chega a ser uma verdade absoluta, bem sabemos, pois muitas atividades já "engrenam" a marcha em janeiro mesmo. Aliás, deve ser assim na tradição de qualquer país que queira ser uma presença no conjunto (antigamente se diria "concerto") das nações modernas.

Março não é muito expressivo em datas comemorativas. É morno, sem riscos... comerciais, sem datas cívicas que representem muito para o povo em geral ou para segmentos como estudantes. É o mês recordista em termos de aniversários de capitais estaduais: Rio de Janeiro (dia 1º), Recife (12), Aracajú (17), Florianópolis (23), Porto Alegre (26), Salvador (29) e Curitiba (também 29).

Alguns anos após a normalização democrática do país, com a volta de um presidente civil (1985), deixou de ser comemorada a data de 31 de março, outrora lembrada (mais nos quartéis e em certos locais-sede de órgãos públicos) como Revolução Democrática de 31 de março. Apesar dos inegáveis progressos técnicos, tecnológicos, de grandes obras públicas e outros, os "anos de chumbo" ou de regime militar deixaram uma marca muito negativa, e, assim, o 31 de março não é mais evocado em cerimônias oficiais.

A indústria do turismo, que na maior parte do mundo está em franca expansão, tem dois dias em março: 1º, **Dia do Turismo Pan-americano** (que nunca é lembrado na mídia), e 2, **Dia Nacional do Turismo**. Convém lembrar que mais de um dos candidatos à eleição presidencial de 2002 incluiu entre suas metas a expansão do turismo, ou indústria do turismo. De fato, direta ou indiretamente, o turismo pode gerar centenas de milhares de empregos. Atrai recursos nacionais e estrangeiros, exige a construção de muitos hotéis e a melhoria da rede hoteleira já existente.

Por causa do turismo – seja de passeio ou de negócios – novos aeroportos têm de ser construídos ou ampliados, e melhorados os já existentes. Até cidades de porte médio no interior de diversos Estados brasileiros passaram a contar com aeroportos. Entretanto aumentar um aeroporto nem só melhorar ou construir novas estações de embarque de carga e passageiros, não é só tornar os aeroportos mais funcionais e bonitos, é preciso aumentar a extensão das pistas de rolagem, para que aviões maiores possam decolar e pousar em segurança. Inclusive, nas cidades de destino dos turistas nacionais e estrangeiros, sempre surgem novas lojas, restaurantes, museus, etc.

Por tudo isso você vê como o turismo atrai não só mais empregos, mas também mais faculdades ou cursos profissionalizantes de turismo.

Uma outra comemoração importante é o **Dia Internacional da Mulher**, dia 8.

A mulher, sobretudo nos países ocidentais, mas também nos países mais adiantados do Extremo Oriente, como Japão, Coreia do Sul, China e Cingapura, cada vez mais assume posições de comando em empresas, conglomerados empresariais e serviços (hotelaria, por exemplo). Desde 2001, em nada menos do que quatro países importantes – França, Israel, Chile e Colômbia – a chefia das Forças Armadas está entregue a elas. Você sabia disso?! Sim, todos os soldados, marinheiros e aviadores desses quatro países estão subordinados a uma mulher – mesmo sem formação militar (uma é advogada, outra diplomata e por aí vai).

Isso é bonito de escrever e ler, mas o outro lado da medalha é penoso: o machismo continua em muitos lugares (e no Brasil, como!...), a mulher muitas vezes ganha menos do que o homem pelo mesmo trabalho, não se respeitam certas limitações biológicas ou o período de gravidez, etc. Então, que o Dia Internacional da Mulher sirva – até mesmo para as que estão em posição de liderança, como uma dona de casa em relação à(s) sua(s) doméstica(s) – para uma avaliação de como as tratamos. E isso começa já com as meninas, muitas vezes diminuídas por esse fato. De todas as comemorações implantadas nos últimos anos, sem a menor dúvida, uma das mais importantes é o Dia Internacional da Mulher. Igualdade de condições no trabalho, ajuda no trabalho doméstico, salários iguais aos dos homens que exerçam o mesmo trabalho ou função, e assim por diante.

Dia 4 é o **Dia do Filatelista Brasileiro**. O que é mesmo um filatelista? E o admirador de selos e quem os coleciona. Já foi uma atividade (hoje se diz um *hobby*) mais comum, em tempos mais tranquilos. Existem lojas que vendem selos para colecionadores – que já serviram para pagar o encaminhamento de uma carta, de um livro, de um jornal, de um pacote – muitas vezes de um continente a outro. Há pinças próprias para pegar os selos sem "machucá-los", usam-se lupas para os detalhes. Existem selos bonitos emitidos em muitos países, sobre os mais diversos temas: personagens históricos, animais, flores, quadros. Exemplo: um país africano emitiu, anos atrás, uma série com as cenas da Via Sacra, uma por uma – e os selos podem ser dispostos em forma de cruz em uma folha. Esse é só um exemplo entre milhares.

Os selos brasileiros apresentam muitas séries sobre temas diferentes, que merecem ser colecionados. Recentemente, no centenário de Carlos Drummond de Andrade, saiu um selo comemorativo. Nos tempos da Internet, pode até parecer esquisito iniciar uma coleção dessa – mas é cultura, é entretenimento, é algo diferente. Experimente!

No dia 19 há a festa de **São José**, esposo de Maria, mãe de Jesus. Em certas cidades do Brasil, os Josés do lugar mandam celebrar uma missa. Por ter sido São José carpinteiro, 19 é também o **Dia do Carpinteiro e do Marceneiro**. (Procure pesquisar a diferença entre carpinteiro e marceneiro: ambos trabalham com madeira, mas os objetivos são diferentes – aí está uma pista.)

Lembre-se de que...

... o trabalho do carpinteiro representa uma das profissões mais antigas, pois é um trabalho indispensável, que acompanhou e acompanhará as mais diferentes civilizações – basta haver árvores, madeira. Em um país como o Brasil, em que a construção civil emprega centenas de milhares de pessoas, o carpinteiro está sempre presente. Dia 19 é também o **Dia do Artesão** – sendo o Brasil rico em artesanato, não poderia deixar de faltar, embora valha lembrar que artesão não é só quem confecciona peças artesanais! E o **Dia do Consertador** – é dedicado àqueles que nos ajudam quando nos vemos atrapalhados com alguma coisa que quebra ou desarranja, como um amigo, um parente ou um vizinho habilidoso.

E é bom lembrar que...

... o trabalho manual, com linha, tecidos, argila, madeira e tantos outros materiais, produz peças para uso (utilitárias) ou decorativas. Se, por um lado, as pessoas cada vez mais dependem das peças industrializadas, produzidas aos milhões em centenas de milhares de fábricas, todos os dias, pelo mundo afora, o artesão realiza um trabalho peça por peça, seja lá o que ele ou ela fizer. Merece nosso carinho e atenção – e não é só na hora das excursões ou viagens.

Dois dias mostram uma preocupação maior com a questão ambiental (termo mais correto do que questão "ecológica"): o **Dia Mundial da Consciência Planetária** (20) e o **Dia Mundial da Água** (22).

A água é como a luz – elétrica ou solar: indispensável à vida. (A exceção são os estranhos animais da fauna abissal – lá bem no fundo dos oceanos, onde a luz do Sol não chega). Muitas vezes desperdiçamos água e energia elétrica. E quando falta água – um conserto, um vazamento, uma manutenção de reservatórios – como reclamamos! Da mesma forma, depois de milênios de luz de velas ou, mais tarde, de iluminação a gás, a iluminação elétrica revolucionou o mundo. Ela substituiu as máquinas a vapor, que tinham dado início à Revolução Industrial – e o mundo conheceu um progresso sem precedentes, até então.

Mas captar, tratar, canalizar a água para o consumo humano é um processo demorado e caro. Mais uma razão para – no Dia Mundial da Água – combatermos o desperdício e a poluição dos rios.

Fique sabendo que...
A Terra tem 1,4 bilhão de quilômetros cúbicos de água.
Em termos percentuais, a água está assim distribuída:
– 97,5 nos mares e oceanos (água salgada)
– 2,5 (água doce)
Os 2,5% de água doce assim se distribuem:
– 77,2% nas geleiras e calotas polares
– 22,4% no subsolo
– 0,36% nos lagos, nos rios e nos pântanos
– 0,04% na atmosfera
Estudos da ONU – Organização das Nações Unidas – indicam que, em 2025, 2,7 bilhões de pessoas irão sofrer com insuficiência de fornecimento de água, isso se o consumo continuar como está hoje, ou seja, no desperdício, uso irresponsável.

E fique sabendo do lado bom e do lado ruim da questão da água no Brasil: 12% da água doce de nosso planeta está no Brasil, que é o maior reservatório mundial. Mas, absurdamente, 40% da água é desperdiçada. Milhões de brasileiros ainda não têm acesso à água potável nem a esgotos. (Fonte: revista *IstoÉ*, 27 de março de 2002.)

E saiba que...
Aquífero é o nome que se dá a uma reserva subterrânea de água doce. Só com os recursos da moderna tecnologia se pode avaliar a área que um aquífero ocupa em quilômetros quadrados e sua possível quantidade de água.

Claro que ele não está relacionado aos limites geográficos que os homens estabeleceram para países e divisões territoriais menores. Assim, o aquífero Guarani está 70% sob o território brasileiro, 19% na Argentina, 6% no Paraguai e 5% no Uruguai. No total, são 1.194.800 km^2 de extensão e nada menos de 45 quatrilhões de litros de água.

E, por fim, é bom você saber que...
A perfuração clandestina de poços prejudica "as reservas que abastecem as bacias geográficas brasileiras". (*Almanaque Abril 2002* – Brasil, p. 271.)

O Dia Mundial da Consciência Planetária não alcança a maior parte da população mundial, pois não há grandes comemorações públicas, nem a mídia fala muito. Vemos uma ou outra fotografia, no chamado Primeiro Mundo, de presidentes, diplomatas e ambientalistas falando sobre o assunto.

A consciência planetária pode ser entendida como o conjunto das medidas para proteger o que existe de visível no planeta – a natureza, os seus recursos, como águas e florestas – e também o oculto, as reservas de água, os minerais, o solo. Ora, uma das definições que o dicionário *Aurélio* dá da palavra *consciência* é, precisamente, "... 3. Faculdade de estabelecer julgamentos morais dos atos realizados". Então, o lixo que deixamos em uma praia ou à beira de um rio, o incêndio que (não tão involuntariamente assim) provocamos em um simples mato ou em uma floresta, a destruição injustificada de espécies vivas de animais e vegetais, tudo isso está envolvido na criação e na vivência da consciência planetária de que trata o dia 20 de março.

Aliás, em termos do contraste progresso *versus* direitos dos seres humanos, temos no dia 14 uma data expressiva, raramente mencionada na imprensa – o **Dia Mundial de Luta dos Atingidos por Barragens**. O que quer dizer isso? Que a necessidade de construir represas hidrelétricas implica o afastamento de seres humanos (e dos animais também) de locais que há milhares de anos eles ocupam. Não cabe julgar o assunto em um livro como este, mas ele afeta muitas pessoas – e continuará afetando.

Na onda dos direitos humanos, surge, no dia 15, o **Dia Mundial dos Direitos do Consumidor** (ou simplesmente Dia do Consumidor). O Brasil, desde 1990, tem seu Código de Defesa do Consumidor, que representou um progresso nas relações entre compradores e clientes, de um lado, e fabricantes, lojistas e prestadores de serviços, de outro. Esse, sim, é um assunto mencionado todos os dias nos jornais, pelas mais variadas razões.

Surgiram entidades ou órgãos como o Procon, o Pro Teste e o Idec – veja abaixo:

Onde reclamar
Procon (Fundação de Proteção e Defesa do Consumidor) – Na Grande São Paulo, o telefone é 1512. O site é www.procon.sp.gov.br. Em outras cidades, consulte o Procon local.

Pro Teste (Associação Brasileira de Defesa do Consumidor) – (11) 5573-4696, (21) 3906-3900 ou www.proteste.org.br

OAB (Ordem dos Advogados do Brasil) – (11) 3291-8100. Fora de São Paulo, é preciso procurar a OAB local. Na Internet, www.oab.org.br

Idec (Instituto Brasileiro de Defesa do Consumidor) – (11) 3862-9844 ou www.idec.org.br

E se você encontrar erro na grafia das palavras, na concordância ou outro de forma (não de conteúdo), neste livro, critique o *revisor*, cujo dia é 28 de março. É o que muitas vezes ainda chamam, erroneamente, de erro de imprensa. Nada disso: o erro é do revisor mesmo, que deixou de apontar o erro para ser corrigido, antes de o livro ser impresso. Pode acontecer de a emenda – isto é, a correção apontada – não ser feita, mas, para o leitor, isso não interessa. Saiu errado – infelizmente, e você viu o livro. (Você pode colaborar, mandando uma carta, um *e-mail* ou dando um telefonema à editora, pedindo que corrijam o erro em uma próxima edição do livro.)

28 é também o **Dia do Diagramador** – em livros, jornais e revistas, *Diagramador* é o profissional que distribui a matéria pelas páginas, usando uma definição simples. Claro que em um romance, em um "texto corrido" não há propriamente trabalho de diagramação. Mas os tipos das letras (as "fontes"), seus tamanhos ("os corpos"), as manchetes, as aberturas de capítulos, o equilíbrio visual, a harmonia, o "peso" bem dosado dos títulos, subtítulos, intertítulos (ou *entretítulos*), tudo isso é atribuição do diagramador. Ele faz a *programação visual* daquilo que o leitor lerá.

Dia 2 – Dia Mundial da Oração

Aprendida com nossos pais ou outra pessoa, em casa ou em uma igreja, a oração comunica o homem com Deus. Crianças, jovens, adultos e idosos, todos precisam da oração, não só para pedir, mas sobretudo para agradecer a Deus tantas coisas boas que nos acontecem (às vezes, nem percebemos!). Tanto faz ser uma oração das já conhecidas, como a Ave-Maria ou o Pai-Nosso ou uma reza espontânea, a oração é sempre boa, sempre cabe no dia a dia, nos mais diferentes momentos. A verdadeira oração é espontânea, não depende da duração nem das palavras que usamos. Antes de tudo, agradeça; depois, peça.

Dia 3 – Dia do Meteorologista

O meteorologista analisa os dados de clima e temperatura transmitidos pelos satélites artificiais e por outros recursos de previsão do tempo. A partir da análise e interpretação desses dados, ele faz previsões, que lemos nos jornais, ouvimos no rádio e vemos na televisão. Às vezes, algum imprevisto altera um pouco as previsões, mas, de um modo geral, é um trabalho confiável, importante para a agricultura, por exemplo, para a aviação, o tráfego nas estradas, etc.

Dia 7 – Dia do Fuzileiro Naval

De certa forma, o fuzileiro naval representa a infantaria da Marinha de guerra. É uma especialidade militar que exige duro treinamento, capacidade de enfrentar sacrifícios em terra e no mar. Certamente você já viu filmes mostrando os fuzileiros navais norte-americanos em combate. Como o Brasil, felizmente, não se envolve em guerras internacionais, o papel de nossos fuzileiros é menos aguerrido, mas eles estão sempre preparados para agir. Sua banda musical é considerada a mais célebre do Brasil.

Dia 19 – Dia da Escola

Na escola passamos longos anos de nossa vida, preparando-nos para a vida adulta, para estudos superiores, para o trabalho e para a cidadania. Alguns ficam na mesma escola seis, oito ou mais anos; outros mudam, por várias razões. Seja como for, devemos fazer do ambiente escolar uma continuação de nossa casa, vendo nos professores e colegas outra família, também muito importante.

Dia 21 – Dia Mundial da Infância

Sem os devidos cuidados em sua formação física, mental e espiritual, a infância resultará em adolescentes despreparados para encarar a vida adulta. Preparar a criança, com alegria, responsabilidade e carinho por parte dos adultos, é garantir às famílias e ao país uma geração apta para assumir seu papel na sociedade e enfrentar os desafios da vida. Não é um dia comemorado na imprensa e no comércio, mas é ocasião para refletirmos, procurarmos ajudar crianças sem lar ou condições boas de vida.

Dia 31 – Dia da Integração Nacional

País enorme, o Brasil tem grandes diversidades regionais, ou seja, pessoa variam de uma região para a outra, os alimentos, certos hábitos, até a psicologia é diversa.

O Dia da Integração Nacional nos lembra que somos filhos da mesma pátria, formamos uma única nação. Nossa unidade está – justamente – em nossa diversidade.

Começamos dizendo que "março não é um mês muito expressivo em datas comemorativas". Mas, por tudo que vimos, é expressivo sim.

Março

1º São Davi (séc. VI) e Santo Albino († 550)
Dia da Vindima (colheita de uvas)
Dia das Crianças Doentes
Dia do Turismo Ecológico
Dia do Turismo Pan-americano
Fundação da cidade do Rio de Janeiro (1565)
Término da Guerra dos Farrapos (1845)
Início da construção da cidade de Minas, hoje Belo Horizonte (1894)
Nascimento do presidente João Belchior Marques Goulart (João Goulart), São Borja (RS) (1910)
Morte de Rui Barbosa, político, estadista e escritor brasileiro, Petrópolis (RJ) (1923)
Fundação da Casa de Rui Barbosa (1927)

2 São Simplício († 488), São Basílio (330-379) e Santa Inês de Praga (1205-1282)

Dia Nacional do Turismo
Dia Mundial de Orações da Mulher
Dia do Agente Fiscal
Morte de Mem de Sá, terceiro governador-geral do Brasil (1572)
Batismo do índio Poti com o nome de Antônio Felipe Camarão (1612)
Inauguração da Estrada de Ferro Central do Brasil (1858)

3 São Marino († 262) e Santos Mártires de Sebaste († 320)
Dia do Meteorologista
Fundação da Província do Amazonas (1755)
Dia dos Dirigentes das Sociedades Desportivas
Data Nacional de Malta
Dia do Intendente

4 São Casimiro (1458-1484)
Dia Mundial da Oração
Dia do Filatelista
Início do Arraial Bom Jesus, núcleo da resistência dos nativos contra a invasão holandesa em Pernambuco (1630)
Término da Guerra do Paraguai (1870)
Nascimento do presidente Tancredo de Almeida Neves, São João del Rey (MG) (1910)

5 São José da Cruz (c. 1625-1737)
Nascimento de Heitor Villa-Lobos, músico brasileiro, Rio de Janeiro (RJ) (1887)
Dia da Integração Cooperativista

6 Santa Rosa de Viterbo (c. 1233-1251)
Início da Revolução Pernambucana (1817)
Criação do Ministério da Fazenda (1821)

7 Santa Felicidade († 203) e Santa Perpétua († 203)
Dia do Fuzileiro Naval
Dia Mundial da Oração
Chegada de D. João VI ao Rio de Janeiro (1808)
Morte de Luiz Carlos Prestes, militante comunista brasileiro, Rio de Janeiro (RJ) (1990)

8 São João de Deus (1495-1550)
Fundação da Casa da Moeda (1694)
Dia Internacional da Mulher
Em 8 de março de 1857, 129 operárias de uma fábrica têxtil de Nova York entraram em greve. Reivindicaram salário igual ao dos homens e redução da jornada de trabalho, que chegava a 16 horas diárias. Os patrões trancaram as operárias e incendiaram as fábricas. Todas as

grevistas morreram queimadas. Em 1910, o 1º Congresso Internacional das Mulheres, na Dinamarca, escolheu o 8 de março como Dia da Mulher. Hoje, operárias em greve já não são queimadas e a mulher conquista, às vezes lentamente, parte dos direitos pelos quais luta há mais de um século. No Brasil, o direito ao voto só é reconhecido na Constituição de 1934. A primeira governadora foi eleita 60 anos depois.

9 São Domingos Sávio († 1857) e Santa Francisca Romana (1384-1440)
Partida de Portugal da esquadra de Pedro Álvares Cabral (1500)
Chegada de Duarte da Costa, fundador da Capitania de Pernambuco, ao Brasil (1535)

10 São Macário (c. 300-390)
Dia do Telefone
Dia do Sogro
Dia das Sociedades de Amigos de Bairros
Organização do primeiro ministério no Brasil (1808)
D. Pedro I herda o trono de Portugal com a morte de D. João VI (1826)
Fundação do Corpo de Bombeiros de São Paulo (1880)
Morte do escritor brasileiro Bernardo Guimarães, autor de *Escrava Isaura*, Ouro Preto (MG) (1884)

11 São Constantino (c. 280-337)
Dia do Motociclista
Criação do Tesouro Nacional (1808)
Nomeação do Visconde de Anadia como o primeiro ministro da Marinha (1808)

12 Santo Inocêncio (401-417)
Dia do Bibliotecário
Início da Semana Nacional da Biblioteca
Fundação do Recife, Pernambuco (1537)
Independência da Ilha de Maurício
Dia do Industrial do Café

13 Santa Patrícia (séc. VII)

14 Santa Matilde (c. 895-968)
Dia do Vendedor de Livros
Dia Mundial de Luta dos Atingidos por Barragens
Dia Nacional da Poesia
Dia do Agente Autônomo de Investimentos
Organização dos Correios no Brasil (1801)
Nascimento de Castro Alves, poeta brasileiro, Cachoeira (BA) (1847)

15 São Clemente (Hofbauer – 1751-1820) e Santa Luisa de Marilac (1591-1660)
Dia Mundial dos Direitos do Consumidor
Joaquim Silvério dos Reis denuncia a Conjuração Mineira (1789)
Posse do Marechal Artur da Costa e Silva, presidente da República do Brasil (1967)
Posse do General Ernesto Geisel, presidente da República do Brasil (1974)
Fusão dos Estados do Rio de Janeiro e da Guanabara, formando o novo Estado do Rio de Janeiro (1975)
Posse de João Baptista Figueiredo, presidente da República do Brasil (1979)
Posse de José Sarney, presidente da República do Brasil (1985)
Criação da Secretaria de Administração Pública da presidência da República (1985)
Criação do Ministério da Ciência e Tecnologia (1985)
Criação do Ministério da Cultura (1985)
Criação do Ministério da Habitação, Urbanismo e Meio Ambiente (1985)
Posse de Fernando Collor de Mello, presidente da República do Brasil (1990)

16 São Taciano (séc. II)
Expulsão dos franceses da Ilha de Villegaignon (1560)
Criação do Ministério das Relações Exteriores (1808)
Nascimento do Visconde do Rio Branco, Salvador (BA) (1819)
Criação do Ministério do Exército (1908)
Instituição do cruzeiro – Cr$ (1990)

17 São Patrício (c. 385-461)
Fundação de Aracaju (SE)
Dia Internacional da Marinha

18 São Cirilo de Jerusalém (c. 315-386)
Aniversário da morte de Jacques de Molay (1314), Grão-Mestre da Ordem dos Templários

19 São José, esposo de Maria (para diferenciar da festa de 1º de maio: São José operário)
Dia do Carpinteiro e do Marceneiro
Dia Nacional do Artesão
Dia da Escola
Dia do Consertador
Dia dos Moribundos
Dia do Funcionário Público Municipal

Nascimento do Pe. José de Anchieta, Apóstolo do Brasil, Tenerife – Canárias (1534)

20 Santo Ambrósio de Sena († 397) e Santa Alexandra
Dia Mundial da Consciência Planetária
Decreto proíbe a escravidão de índios (1662)
Dia do *Demolay* (Maçonaria)

21 São Nicolau de Flue (1417-1487)
Dia Mundial da Infância
Dia Mundial da Floresta
Dia Mundial da Poesia
Início do outono no Hemisfério Sul

22 São Zacarias († 752) e Santa Leia († 383)
Dia Mundial da Água

23 São Turíbio de Mongrojevo († 1606)
Dia Mundial da Meteorologia
Dia Mundial do Meteorologista
Fundação de Florianópolis (SC)
Dia do Acupunturista
Dia da Juventude
A cidade de São Luís é designada capital do Maranhão e do Grão-Pará (1688)

24 Santa Catarina (de Vadstena) da Suécia († 1381)
Dia Mundial do Combate à Tuberculose
Nasce Avalokitesvara (Kuan Yin), Bodhisattva representando a perfeição da Compaixão (Calendário Budista)
Nasce Bodhisattva Samantabhadra (Pu Hsien), Bodhisattva representando a perfeição da Virtude, do Amor e do Dever (Calendário Budista)

25 Santo Irineu († 200)
Promulgação da primeira Constituição do Brasil (1824)
Inauguração do Colégio D. Pedro II (1838)
Iluminação a gás do Rio de Janeiro (1854)
Nascimento do educador Antônio de Sampaio Dória (1883)

26 São Bráulio (c. 590-651)
Dia do Cacau
Dia do Mercosul
Fundação de Porto Alegre (RS)
Chegada da missão artística francesa (1816)
Chegada do pintor Debret, autor do desenho da bandeira do império brasileiro, ao Brasil (1816)
Início da segunda regência da princesa Isabel (1876)

27 São Ruperto de Salzburgo († c. 710)
Dia do Artista Circense
Dia do Circo
Dia Internacional do Teatro
Inauguração da Estrada de Ferro D. Pedro II, hoje Central do Brasil (1858)

28 São Sisto III († 440)
Dia do Revisor
Dia do Diagramador

29 Santo Eustácio († 629)
Dia do Gráfico
Chegada de Tomé de Sousa, primeiro governador-geral do Brasil (1549)
Chegada dos primeiros jesuítas ao Brasil (1549)
Fundação de Salvador, Bahia (1549)
Fundação de Curitiba, Paraná (1693)
Elevação da Vila da Barra do Rio Negro, hoje Manaus (1808)
Luiz Alves de Lima e Silva é agraciado com o título de Duque de Caxias (1869)

30 São João Clímaco († c. 649)
Dia do Futebol *Society*
Casamento de D. Pedro II, por procuração, com a princesa italiana D. Tereza Cristina Maria de Bourbon (1843)

31 Santo Amadeu de Saboia (c. 1435)
Dia da Integração Nacional
Dia Nacional da Saúde e da Nutrição
Término da Revolução Praieira em Pernambuco (1859)
Aniversário da Revolução Democrática de 1964 (deixou de ser comemorada oficialmente na década de 1990)
Dia Nacional pela Democratização da Informática (a partir de 2001)

Abril

Comentário

Abril confirma uma tendência que já encontramos nos meses anteriores e que é importante ressaltar: diminui a importância de certas datas cívicas, aumenta a preocupação, a ênfase em datas/comemorações relativas a questões de saúde, ambientais e sociais.

As datas cívicas, "datas nacionais", como chegaram a ser chamadas, são hoje feriados prolongados (quando acontecem em uma sexta-feira ou segunda-feira), de alegria... comercial para agentes de viagens, guias de turismo, comerciantes de cidades de praia ou do interior, que são procuradas nessas ocasiões.

Outras datas existem que não são comemoradas ou evocadas de jeito algum, mas que dão ensejo a uma reflexão, a um pensamento aprofundado ou a um diálogo lúcido entre pessoas preocupadas com datas que nada têm de comercial.

Essa, aliás, é uma das preocupações que gostaríamos de transmitir por meio destas páginas: a reflexão sobre certas datas. Reflita e informe-se – abra um jornal, um livro, um volume de enciclopédia. Às vezes, por serem mais atuais do que aquela coleção que você trouxe para sua vida de adulto depois de deixar a casa dos pais, acabam sendo mais úteis e atualizados. Por isso, ao se deparar na nossa lista de abril com datas como o **Dia da Abolição da Escravidão dos Índios**, o **Dia do Prestador Voluntário de Serviço na Área de Saúde**, o (atual!) **Dia do Desarmamento Infantil**, o **Dia Nacional da Consciência Indígena**, o **Dia Nacional da Educação**, pare um pouco, desligue o rádio ou a TV e pense, procure participar do sentimento que levou alguém a propor ou a estabelecer aquele dia como digno de lembrança, de comemoração.

O mês se inicia com um dia de brincadeiras que quase não são mais feitas: o **Dia da Mentira**, no qual se dá como certo ou acontecido um fato imaginário que causa susto nas pessoas. Os jornais, às vezes, participavam do "espírito" do dia, trazendo uma notícia falsa, ou contando que uma lorota tinha sido aceita como verdade em um lugar, etc. Hoje, em tempos difíceis em termos de desemprego, luta pela sobrevivência, de violência, de agressão ambiental, de drogas, parece que apagaram da lembrança de muitas pessoas o 1º de abril. Mudou também um pouco o senso de humor, o foco das "gozações" é outro, as pessoas – começando pelas crianças – já não têm a ingenuidade de décadas atrás.

Dois dias que encontramos em nossas pesquisas para abril são o **Dia Internacional do Beijo** e o **Dia do Cartão-Postal**. Decididamente, dois dias que são... de todos os dias. Beijar a gente sempre beija, e muitos milhares de cartões-postais são adquiridos e enviados diariamente, no mundo todo.

No campo da saúde, temos o **Dia Mundial da Saúde** como o mais abrangente. Justamente por isso, ou melhor, por haver numerosas comemorações específicas para doenças, o Dia Mundial da Saúde pode até ser comemorado lá na sede da Organização Mundial da Saúde, em Genebra (Suíça) ou outros locais/órgãos oficiais. Entre nós, passa despercebido. Em compensação, temos:

Dia Mundial de Combate ao Cólera
Dia Mundial do Parkinsoniano
Dia da Visão
Dia de Prevenção da Hipertensão Arterial

E a realidade é: quanto mais se divulga, mais se previne. A informação apresentada hoje sobre a hipertensão arterial e o glaucoma, por exemplo, é um esforço louvável e bem-sucedido: as pessoas se preocupam mais, buscam fazer mais exames periódicos (algumas que nunca tinham se preocupado com isso passam a "encarar" médicos, exames e aparelhos), a qualidade de vida aumenta. Ler é informar-se, uma notícia que sai em um jornal ou revista pode ser lida dias depois de ter sido publicada, ao contrário de uma notícia no rádio ou na televisão. Resultado: as pessoas ficam sabendo, procuram orientação nos consultórios, nos postos de saúde – até mesmo nas farmácias. O resultado geral é positivo, assim como ocorreu com as campanhas de vacinação.

E pode ter certeza: no campo da divulgação maciça de realidades de saúde, o Brasil está muito avançado. Podemos nos orgulhar disso! E temos de lutar para que todos os brasileiros tenham acesso a água tratada e a esgotos, para que a problemática da saúde diminua ainda mais.São os dois lados do problema – e todos devemos participar. Uma palavrinha para aquele amigo ou colega que esquece de lavar as mãos antes de começar a comer, uma bronca "de leve" em quem deixa lixo descoberto, em quem relaxa na limpeza pessoal ou do lugar em que habita, são contribuições que todos podemos dar. Que assim seja!

Mais do que a Marinha e a Força Aérea Brasileira, nosso Exército se lembra de comemorar seus serviços, seus quadros. São aspectos da vida militar que têm sua beleza, que se justificam. Dia 10 de abril é o **Dia da Engenharia do Exército**, dia 12 é o **Dia da Intendência do Exército**, dia 19 é o **Dia do Exército Brasileiro**. (Intendência é o conjunto dos oficiais do Exército responsável pela "execução dos serviços financeiros e de abastecimento das organizações militares", de acordo com o dicionário *Aurélio*.) Normalmente, pensamos nas três armas tradicionais do Exército: infantaria, artilharia e cavalaria (que há muito foi substituída pelos blindados, pelos veículos motomecanizados) – mas há também a intendência militar, o serviço médico, o veterinário, o farmacêutico, além do pessoal de informática.

O Dia Mundial do Parkinsoniano

Nesse dia, portadores do mal de Parkinson do mundo todo relembram o nascimento do médico inglês James Parkinson (1755-1824). Em 1817, acometido pela doença, ele foi o primeiro a identificar e a descrever seus sintomas. O mal de Parkinson é uma moléstia nervosa, de causa ainda desconhecida, com tremores rítmicos, rigidez no rosto, paralisia agitante. O portador da doença tem rigidez muscular, o que dificulta a execução de movimentos voluntários. O papa João Paulo II sofria dessa doença.

Abril é o mês em que houve comemorações que só aconteceram uma vez, que ocorreram porque havia necessidade de uma manifestação. E seus nomes dizem tudo:

Dia Nacional do Protesto contra Baixaria dos Programas de Televisão (em 2001) e o **Dia de Apoio ao Emprego** (também em 2001).

O **Dia Nacional do Choro** é de instituição bem recente. O choro (ou chorinho) é uma manifestação musical bem brasileira e é justo que seja comemorada "oficialmente".

O mês de abril tem duas comemorações muito bonitas e importantes:

O **Dia Mundial do Livro Infanto-Juvenil** (dia 2) e o **Dia Nacional do Livro Infantil** (dia 18).

Foi em 2 de abril de 1805 que nasceu o dinamarquês Hans Christian Andersen, autor das mais bonitas histórias infantis de todos os tempos, entre elas *O Patinho Feio*. Os irmãos Grimm (alemães) também são muito lidos e importantes.

E foi em 18 de abril de 1882 que nasceu José Bento Monteiro Lobato, que "inventou" o livro infantil legitimamente brasileiro, com seus personagens e sua ambientação. Lobato teve a genialidade de aproveitar seus personagens para ir além das histórias infantis. Livros como *Geografia de dona Benta* e *História do mundo para crianças*, além da *História das invenções, dos Serões de dona Benta* estimulam as crianças a novas descobertas, colocam a CRIANÇA em contato com o mundo, numa mistura de fantasia e realidade que a preparará para a vida, a exemplo da história do Soldadinho de Chumbo, de Hans Christian Andersen:

"Quando Carlinhos fez anos, sua mãe lhe deu seis soldadinhos de chumbo. Todos eram lindos e perfeitos, menos um que tinha uma das pernas quebrada.

Entre os brinquedos de Carlinhos, havia uma linda bailarina. O soldadinho de chumbo olhava-a, sonhando:

– Ah, se eu pudesse me casar com ela!

Em certo dia chuvoso, Carlinhos pôs o soldadinho no peitoril da janela. Deu um vento e o pobre caiu na sarjeta da rua, que estava cheia de água.

O soldadinho desapareceu com a correnteza. Pouco depois, dois meninos o acharam. E, como queriam se divertir, fizeram um barco de papel.

Puseram o soldadinho no barco e o colocaram na correnteza da sarjeta, que o arrastou rua abaixo. Os meninos estavam contentes, mas o soldadinho tremia.

O barco, seguindo a correnteza, entrou pelos canos de esgoto da cidade. Uma ratazana tentou pegar o soldadinho, mas o barco era mais veloz do que ela.

Os canos iam desaguar no mar e as ondas viraram o barco. O soldadinho de chumbo pesava muito e afundou. Um peixe o viu e, pensando que fosse comida, engoliu-o.

Dias depois, abrindo um peixe para limpar, uma cozinheira achou uma coisa estranha. Era um soldadinho de chumbo, com uma das pernas quebrada!

Entregou-o ao menino da casa.

– Oh, é o soldadinho que perdi! – exclamou o garoto, ao reconhecê-lo. E, muito contente, foi colocá-lo entre os seus outros brinquedos.

O soldadinho podia ver a linda bailarina novamente. Sentiu que a felicidade chegava ao seu coração. Oh, como gostava dela e como estava contente em vê-la.

– Ah, como eu queria nunca mais separar-me de minha bailarina! – pensava o soldadinho. – E estar sempre ao seu lado! E lhe pedir que se casasse comigo!

Ao chegar a noite, o soldadinho perguntou à bailarina se queria ser sua esposa e ela lhe respondeu que sim. O soldado falou que ficariam sempre juntinhos.

Os dois estavam muito felizes. Mas o boneco de mola, que era muito mau, aproximou-se, certo dia, do soldadinho e empurrou-o para dentro da lareira.

A bailarina inclinou-se para salvá-lo. Mas o boneco mau lhe deu um empurrão e ela também caiu na lareira, bem ao lado do soldado.

O fogo da lareira reuniu a bailarina e o soldadinho, para nunca mais se separarem. Os dois se queriam muito e se deram as mãos.

No dia seguinte, entre as cinzas, os meninos da casa acharam um coração de chumbo. Era feito do soldadinho e da bailarina, que haviam sido derretidos juntos".

Uma data comemorada, ao que saibamos, apenas na cidade de São Paulo, em 18 de abril, é o **Dia de Allan Kardec**, a principal figura histórica do Espiritismo. Sabemos como essa religião é importante no país; dizem até que o Brasil é o país do mundo com maior número de adeptos dessa doutrina. O número pode até ser maior em algum outro país (há numerosos espíritas na França, por exemplo), mas as atividades públicas dos espíritas brasileiros têm grande visibilidade – orfanatos, asilos, obras sociais de um modo geral, edição de grande número de livros, e assim por diante. Difícil entrar em um ônibus em uma cidade como São Paulo e não haver pelo menos uma pessoa lendo um livro espírita. Mesmo quando não há adesão total à doutrina ou às crenças espíritas, certos aspectos do Espiritismo se refletem no agir e no pensar de inúmeros brasileiros.

Abril

1º São Hugo de Grenoble (1053-1132)
Dia da Mentira
Dia Mundial de Combate ao Cólera
Dia do Humorista
Dia do Tomate
Dia do Humanismo
Dia da Abolição da Escravidão dos Índios (1680)

2 São Francisco de Paula (1436-1507)
Dia Internacional do Livro Infanto-Juvenil

3 São Ricardo de Chichester (1197-1253)

4 Santo Isidoro de Sevilha (c. 560-636) e Santa Irene († 304)
Dia do Livreiro Católico
Dia Nacional do Parkinsoniano
Morte do educador Antônio Ferreira de Almeida Júnior (1971)

5 São Vicente Ferrer (c. 1350-1419)
Dia do Propagandista Farmacêutico
Nascimento de Augusto de Lima, jornalista, jurista, magistrado, poeta, político e professor brasileiro; eleito em 1903 para a ABL (1859)
Nascimento de Vicente de Carvalho, advogado, contista, jornalista, magistrado, poeta e político brasileiro; eleito em 1909 para a Cadeira nº 29 da ABL (1866)
Nascimento de Ernesto Joaquim Maria dos Santos (Donga), violonista brasileiro, integrante do núcleo embrionário que daria origem ao samba como o conhecemos hoje (1890)

6 São Guilherme († 1070) e São Celestino († 432)
Dia da *Old Lady* nos Estados Unidos
Morte de José Bonifácio de Andrada e Silva, o Patriarca da Independência. Niterói (RJ) (1838)
Início da Hora Luterana no Brasil (1947)

7 São João Batista de la Salle (1651-1719)
Dia Mundial da Saúde, OMS (1949)
Dia do Médico Legista
Dia da Radiopatrulha
Dia do Corretor
Dia Mundial da Hipertensão
Dia do Prestador Voluntário de Serviço na Área da Saúde
Fundação da Associação Brasileira de Imprensa (ABI)
Ato de abdicação de D. Pedro I (1831) e eleição da Regência Provisória
Instalação no Brasil da Regência Trina Provisória (1831)
Eleição de Diogo Antônio Feijó como regente único (1835)

8 Santo Alberto († 1307)
Dia Mundial da Natação
Dia do Profissional de Marketing
Dia do Desbravador
Dia Mundial de Combate ao Câncer
Dia do Holocausto
Festa budista das flores (*Hanamatsuai*)
Fundação de Cuiabá (MT) (1719)
Assinatura do tratado de paz entre Brasil e Paraguai (1870)

9 Santa Cacilda († 1007)
Dia Nacional do Aço
Dia da Biblioteca
Nascimento do poeta francês Charles Baudelaire (1821)
Maioridade de D. Pedro II (1841)

10 Santo Ezequiel (1848-1906)
Dia do Prefeito
Partida de São Paulo, por terra, da primeira expedição para a Guerra do Paraguai (1865)
A bordo da fragata *Funchal*, vêm de Portugal para o Brasil os restos mortais do Imperador D. Pedro I (1972)

11 Santo Estanislau de Cracóvia (1030-1079)
Dia Mundial do Parkinsoniano
Dia da Organização Internacional do Trabalho (OIT)
O Marechal Humberto de Alencar Castello Branco é eleito presidente do Brasil pelo Congresso Nacional (1964)
Assinatura do decreto do presidente Emílio Garrastazu Médici, promulgando a igualdade de direitos e deveres entre portugueses e brasileiros (1972)

12 Santa Gema Galgani (1878-1908)
Dia da Intendência do Exército
Dia do Obstetra
Dia da unificação do Governo do Brasil com sede em Salvador, Bahia
– Carta Régia (1577)
Chegada dos padres franciscanos ao Brasil (1585)
Fundação da cidade de Fortaleza (CE) (1823)
Nascimento de Raul Pompeia, escritor brasileiro, autor de *O Ateneu* (1863)
Morte de Davi Canabarro, militar revolucionário brasileiro. Participou das Campanhas do Rio da Prata em 1811, 1816 e de 1825 a 1828 (1867)
Nascimento de Nestor Vitor dos Santos, escritor brasileiro (1868)
Nascimento de Orminda Ribeiro Bastos, jornalista brasileira (1899)
Morte de Francisco Glicério Cerqueira Leite, estadista e militar brasileiro (1916)
Nascimento de Chico Anysio, ator, escritor, artista plástico e humorista brasileiro, criador de uma série de personagens (1929)
Morte de Afonso Pena Junior, advogado, ensaísta, político e professor brasileiro, eleito em 1947 para a Cadeira nº 7 da ABL (1968)
Criação da Associação Brasileira de Prefeituras (1989)

13 São Martinho I († 655)
Dia Internacional do Beijo
Dia dos Jovens
Dia do *Office-boy*
Dia Mundial da Imprensa
Dia do *Hino Nacional Brasileiro*. Foi executado pela primeira vez em 1831
D. Pedro I e a imperatriz D. Amélia regressam a Portugal (1831)
Criação da Loteria Esportiva (1970)

14 Dia do Pan-americano
Dia das Américas
Dia Internacional do Café
Nascimento do escritor brasileiro Aluísio Azevedo (1857)
Dia do primeiro jogo de futebol no Brasil, em São Paulo (1895)
Vitória da Força Expedicionária Brasileira em Montese (1945)

15 Santa Anastácia (c. séc IV)
Dia Mundial do Desenhista
Dia Nacional da Conservação do Solo
Dia do Desarmamento Infantil
Nascimento do compositor brasileiro Francisco Braga (1868)
Posse do Marechal Humberto de Alencar Castello Branco, presidente do Brasil (1964)

16 São Benedito José Labri (1748-1783) e Santa Bernadete Soubirous (1844-1879)
Dia Nacional da Voz
Dia do Sacerdócio
A Tríplice Aliança – Argentina, Brasil e Uruguai – declara guerra ao Paraguai. O conflito estendeu-se até 1870 (1865)
Dia Nacional do Lions Clube, fundado no Brasil em 1952

17 Santo Aniceto († 166) e São Roberto († 1621)
Dia Internacional da Luta no Campo
Dia do Judô
Dia Nacional da Botânica

18 Santo Apolônio († 185)
Dia Nacional do Livro Infantil
Dia da Assembleia Nacional dos Índios
Dia de Allan Kardec
Expulsão dos jesuítas da Bahia (1760)
Leitura da primeira sentença contra os conjurados de Vila Rica (1792)
Nascimento de Monteiro Lobato, escritor brasileiro, Taubaté (SP) (1882)

19 Santo Expedito (séc. III) e São Caio († 296)
Dia do Índio
Dia do Exército Brasileiro
Início do domínio espanhol no Brasil (1581)
Primeira Batalha dos Guararapes (1648)
Nascimento do presidente Getúlio Dornelles Vargas, São Borja (RS) (1822)

Dia do Índio
19 de abril – Urubu, sabiá, carioca, mandioca, abacaxi. Muitas palavras como essas, usadas no dia a dia, vêm do tupi, uma das línguas mais faladas pelos índios que habitavam o Brasil quando os portugueses chegaram aqui. Eram aproximadamente 3 milhões de nativos. Hoje, segundo a Funai, restam pouco mais de 345 mil, distribuídos em 215 reservas. Sua influência está presente não só na língua mas também em muitos outros aspectos da cultura brasileira. Poucos índios, no entanto, mantêm sua própria cultura. Continuam sendo dizimados pela mesma razão de sempre: a posse da terra. O dia 19 de abril é um alerta em favor do respeito e da preservação dos povos indígenas.

20 Santa Inês de Montepulciano (c. 1286-1317) e São Cesário (470-543)
Dia do Diplomata
Dia do Disco

Leitura da segunda sentença contra os conjurados de Vila Rica, com pena de morte para Tiradentes (1792)
Nascimento de José Maria da Silva Paranhos Júnior, o Barão do Rio Branco, Rio de Janeiro (RJ) (1845)

21 Santo Anselmo
Dia de Tiradentes
Dia do Metalúrgico
Dia do Policial Civil e do Militar
Dia da Latinidade
Dia do Têxtil
Dia do Funcionário Público Civil
Dia Nacional da Paz no Trânsito
Dia Internacional da Terra
A primeira expedição brasileira atravessa o rio Apa e ocupa o Forte Bela Vista, durante a Guerra do Paraguai (1867)
Fundação de Brasília (1960)
Dia Nacional do Protesto contra a Baixaria dos Programas de Televisão (2001)
Criação do Estado da Guanabara (1960)
Sepultados os despojos de D. Pedro I na cripta do Ipiranga (São Paulo) em comemoração ao sesquicentenário da Independência do Brasil (1972)
Morte de Tancredo de Almeida Neves (1985)

22 Santa Lúcia (séc. IV)
Dia da Aviação de Caça
Dia da Comunidade Luso-Brasileira
Dia do Planeta Terra
Dia do Agente de Viagem
Dia do Descobrimento do Brasil (1500)
Criação da Força Aérea Brasileira (1941)
Posse do presidente José Sarney (1985)
Descobrimento do Brasil
22 de abril – Entre os homens que acompanharam Cabral, havia alguns condenados e degredados. Existia também comerciantes, artesãos, religiosos, soldados, representantes da nobreza e até um banqueiro de Florença. Eram ao todo 1.500 pessoas (quase 3% da população de Lisboa). Viajaram em dez naus e três caravelas, seguindo plano traçado por Bartolomeu Dias, um dos mais experientes navegadores da época. Foi a maior e mais bem equipada frota a zarpar dos portos ibéricos na época. O objetivo seria chegar às Índias e teria sido frustrado por um desvio de rota. Historiadores, no entanto, comprovam: o Brasil, descoberto em 22 de abril de 1500, já estava no roteiro dos portugueses.

23 São Jorge (séc. III)
Festa de Ogum
Dia Mundial do Escotismo
Dia Mundial do Livro
Dia do Serralheiro
Dia Nacional do Choro (música)
Dia do Direito Autoral
Dia do Clero Indígena
Fundação da Academia Militar do Rio de Janeiro (1811)
Nascimento de Pixinguinha, compositor brasileiro, Rio de Janeiro (RJ) (1898)

24 São Fidélis de Sigmaringa († 1622)
Dia Internacional do Jovem Trabalhador
Dia do Boi
Dia do Penitenciário
Dia Mundial da Tuberculose
Conversão de Santo Agostinho
A esquadra de Pedro Álvares Cabral ancora na baía de Porto Seguro (1500)
Nascimento de José (Sarney) Ribamar Ferreira de Araújo, Pinheiros (MA) (1930)

25 São Marcos († 86)
Dia do Contabilista
Dia da Visão
Dia Mundial das Vocações Sacerdotais
Dia Mundial da Organização das Nações Unidas (ONU)
Morte do poeta brasileiro Álvares de Azevedo (1852)
Fundação do PXPY Clube de Caxias do Sul – primeiro radioclube inaugurado por um Ministro das Comunicações, Dr. Haroldo Corrêa de Matos (1980)

26 Nossa Senhora do Bom Conselho (séc. XV)
Dia do Engraxate
Dia do Goleiro
Dia Municipal de Prevenção da Hipertensão Arterial
Dia do Karatê
Celebração da primeira missa no Brasil por Frei Henrique de Coimbra (1500)
Regresso de D. João VI a Portugal (1821)
Dia do Juiz da Justiça do Trabalho

27 Santa Zita (c. 1218-1278)
Dia do Sacerdote
Dia Mundial do Teatro

Dia da Empregada Doméstica
Dia do Educador Sanitarista

28 São Pedro Chanel (1803-1841)
Dia Nacional da Educação
Dia do Cartão-Postal
Dia do Trabalhador Joalheiro
Dia da Sogra
Nascimento do poeta brasileiro Alberto de Oliveira (1859)
Nascimento de Vital Brasil, cientista, Campanha (MG) (1866)

29 Santa Catarina de Sena (c. 1347-1380)
Dia Mundial das Associações Cristãs Femininas
Nascimento do pintor brasileiro Pedro Américo (1843)
Nascimento de João Osório Duque Estrada, autor do *Hino Nacional Brasileiro* (1870)
Nascimento de Dorival Caymmi, compositor brasileiro (1914)

30 São Pio V (1504-1572)
Dia Nacional da Mulher
Dia do Ferroviário
Dia do Apoio ao Emprego (2001)
Assinada a capitulação da primeira invasão holandesa no quartel do Carmo, na Bahia (1625)
Nascimento de Floriano Vieira Peixoto, Maceió (AL) (1839)
Inauguração da Estrada de Ferro Mauá, a primeira do Brasil (1854)
Proibidos o jogo e os cassinos em todo o País (1946)
Criação do Ministério da Reforma e Desenvolvimento Agrário (1985)

Maio

Comentário

1º domingo (cidade de São Paulo) – Dia das Associações de Moradores e Sociedades de Amigos de Bairro
1º domingo – Dia Nacional do Ex-Combatente (da FEB)
2º domingo – Dia das Mães
1º sábado de maio – Dia de Vacinação do Idoso
Em maio, ocorre a Semana de Enfermagem, que pode começar antes ou depois do Dia do Enfermeiro.
Para os católicos, mês de Maria, mãe de Jesus, o Cristo.
Maio se inicia com uma data de enorme significação: o **Dia do Trabalho**, ou **Dia Internacional dos Trabalhadores**. Não é data muito antiga, pois a agitação de protesto de 300 mil operários de Chicago ocorreu em 1886, em 1º de maio. Contra o que protestavam? Contra as terríveis condições de trabalho impostas aos operários industriais. Era uma situação que remontava ao início da Revolução Industrial, na Inglaterra. Jornadas extenuantes de trabalho prolongando-se até 12 horas diárias, má alimentação, insegurança junto às máquinas, com acidentes mutilantes ou até fatais, crianças também trabalhando, mulheres vendo desprezadas suas condições próprias (não de fragilidade biológica, que não existe, mas de restrições próprias do sexo feminino), e assim por diante.
Quem leu *Oliver Twist*, de Charles Dickens, ou *Parque Industrial*, de Patrícia Galvão (*Pagu*), tem uma boa imagem desses tempos.
Leia o trecho abaixo para entender melhor os fatos que resultaram na instituição do 1º de maio como o Dia do Trabalho:
"A data começou com 'mártires de Chicago' há mais de cem anos.
O sentido especial de orgulho, festa e luta que os trabalhadores de vários países dão ao dia 1º de maio começou há 116 anos nos Estados Unidos por causa dos 'mártires de Chicago'.
Nessa cidade americana, mais de 300 mil operários saíram das fábricas para uma manifestação de apoio a uma greve que exigia a diminuição da jornada de trabalho para oito horas. Naquela época, os empregados, muitos deles crianças, eram obrigados a trabalhar até 12 horas diárias. Nesse dia, o protesto foi pacífico. Mas no dia 3 começou a violência.

Houve confronto entre os grevistas e a polícia. Seis trabalhadores foram mortos. No dia seguinte, após um comício organizado pelos trabalhadores, uma bomba explodiu no meio dos policiais. Houve um pânico gigantesco que deixou dez trabalhadores e seis policiais mortos.

Isso levou à prisão de vários trabalhadores. Oito deles foram condenados à morte. Quatro foram enforcados, um se suicidou na prisão e três foram inocentados depois, pois a Justiça reconheceu que o julgamento tinha sido político.

Três anos depois, em Paris, durante a 2ª Internacional Socialista, partidos operários do mundo todo decidiram instituir a data de 1º de maio como o Dia do Trabalho em homenagem à luta dos mártires de Chicago".

(Extraído de um texto de Rodrigo Garcia, *O Estado de S. Paulo*, 2 de maio de 2002.)

Um dos dias de maior aspecto comercial está em maio: o **Dia das Mães**. É mais uma comemoração que se originou nos Estados Unidos. Resumindo: na Filadélfia, em 1907, Anna Jarvis teve a ideia de homenagear sua mãe; a ideia foi bem recebida e expandiu-se. Em termos de entrega de presentes, tudo indica que, no Brasil, o Dia das Mães só é superado pelo Natal e pelo Dia das Crianças.

Para os católicos, maio é o mês de Maria, mãe de Jesus Cristo. A **devoção** à Maria não diminuiu, mesmo com os novos santos e com o avanço das novas igrejas e seitas. Sempre tomando como base o Brasil, vemos comemorações, ao longo do mês, em praticamente todas as igrejas católicas, com missas, novenas e outras formas de **devoção**. Dia 13 de maio é o **Dia de Nossa Senhora de Fátima**. A aparição da Virgem Maria em Portugal é até hoje assunto de **devoção**, de espanto, de reverência. E, como herdamos nosso catolicismo dos portugueses, apesar de os costumes terem se modificado, e de darmos ao catolicismo uma maneira peculiar de vivenciá-lo, a data de Fátima é importante para nós. Basta pensar no número de igrejas dedicadas a Nossa Senhora de Fátima que existe pelo Brasil afora, enquanto só conhecemos uma consagrada a Nossa Senhora das Angústias (que é uma **devoção** espanhola).

Sem dia específico, mas ampliando-se para semana, e dentro da crescente preocupação com a saúde, temos a Semana da Enfermagem, que pode ser antes ou depois do **Dia do Enfermeiro**. O primeiro sábado de maio é o **Dia Mundial da Vacinação do Idoso**. No Brasil, apesar das áreas ainda carentes de melhor assistência médico-hospitalar básica, já existe a preocupação com a vacinação dos idosos: em maio, aproxima-se o inverno, quando eles são mais suscetíveis à gripe e à pneumonia. Como sempre, mais vale prevenir do que remediar. Uma internação por pneumonia pode prolongar-se por semanas a fio e, mesmo que nem sempre as vacinas mostrem a eficácia que delas se espera, poupam-se sofrimentos e despesas.

No primeiro domingo temos o **Dia Nacional do Ex-Combatente**. Trata-se daqueles que lutaram na Itália, incorporados à Força Expedicionária Brasileira, a partir do segundo semestre de 1944. Cerca de 25 mil soldados brasileiros foram enviados à Itália, dos quais quase 500 morreram em combates, acidentes ou por doença. Inicialmente foram sepultados no cemitério militar de Pistoia, na própria Itália; posteriormente, os restos mortais foram transferidos para o Rio de Janeiro, no memorial construído não só para a finalidade fúnebre mas também para exibir armas – dos soldados brasileiros e dos alemães, que combatemos, junto com soldados norte-americanos e outros (os "aliados"), artefatos militares – e documentos.

Estando no Rio de Janeiro, procure conhecer, perto do Museu de Arte Moderna e do aeroporto Santos Dumont, o local em que repousam nossos soldados. Da mesma forma, em São Paulo, conheça o obelisco e memorial do parque do Ibirapuera: lá repousam os restos dos soldados paulistas que lutaram na Revolução Constitucionalista (veja o mês de julho), que durou de julho a outubro de 1932. Ninguém quer guerras, mas a lembrança daqueles que – convocados ou voluntários – deixaram para trás sua casa, sua família, para lutar por uma causa justa, e não voltaram, ou retornaram mutilados, inválidos, nos faz pensar.

Existem muitos livros que tratam da participação dos "pracinhas" (como eram chamados nossos soldados) brasileiros na Segunda Guerra Mundial. Os escritores e jornalistas Rubem Braga e Joel Silveira escreveram sobre o que viram na Itália. Veja capas de alguns livros sobre o Brasil (especificamente, a FEB) e a Segunda Guerra Mundial.

Em termos de saúde pública, ganha divulgação na imprensa e na mídia em geral o dia 31, com o **Dia Internacional de Combate ao Fumo**, também chamado de **Dia Mundial sem Tabaco ou Dia Mundial de Combate ao Tabagismo**.

Não dá para perceber uma redução dos números de fumantes em função do muito que se diz e escreve nesse dia contra o fumo. Mas, pelo menos, podemos ter certeza de que as pessoas estão mais informadas sobre os males que o cigarro causa. Se estão mais conscientes, é outra história.

De qualquer forma, os números (as estatísticas, que muitas vezes são contraditórias ou até atrapalham, mas que nesse caso são bem expressivas) estão aí: 4 milhões de pessoas morrem anualmente no mundo por causa do fumo. A previsão da Organização Mundial da Saúde (que é um dos órgãos mais importantes e atuantes da ONU – Organização das Nações Unidas) é que, em 2020, 8,2 milhões de pessoas morrerão por causa do tabaco, número que em 2030 deverá ampliar-se para 10 milhões.

Todo mundo já sabe, mas não custa lembrar: de uns tempos para cá, passou a ser preocupação a questão dos fumantes passivos – as pessoas que convivem, em casa ou no trabalho, com fumantes. É um assunto ainda controvertido, mas já estão chegando aos tribunais queixas (ou seja, processos) de pessoas que alegam ter ficado com câncer, ou impossibilitadas de trabalhar e de levar uma vida sadia por conviver com fumantes (os processos são contra os fabricantes de cigarros).

Não faz parte deste livro, lógico, analisar os problemas jurídicos do **fumo**, mas há uma campanha mundial contra o vício, proibindo **fumar** em transportes coletivos, lojas, aviões, ônibus – e por aí vai. Diminuiu a propaganda de cigarros – antes tão popular. Era só sair de casa, lá estavam cartazes e *outdoors* estimulando o fumo, que era algo considerado elegante. Anúncios em jornais, revistas e na TV eram comuns.

Isso quase desapareceu, mas os fumantes estão aí. Muitos dos que tentam desistir acabam voltando, mesmo fumando menos. Então, é o momento de usarmos mais uma vez as estatísticas (bem recentes). Dados da OMS, do nosso Ministério da Saúde, do Instituto de Câncer e da Sociedade Brasileira de Cardiologia apontam o seguinte:

Podemos concluir dizendo que nunca se alcançará vitória total contra o fumo e que abandonar o vício, essa dependência, exige muita força de vontade. Mas o benefício não tem preço.

Para a Organização Pan-Americana de Saúde (este dia), "é uma data simbólica em que se pede aos fumantes que deixem o cigarro por pelo menos 24 horas".

Da mesma forma que ocorre com o fumo, em maio há outras datas cujo enfoque maior é a preocupação com o tema saúde. Há temas mais restritos e outros que são do interesse de muito mais pessoas. Observem:

Dia 6 **Dia do Instrumentador Cirúrgico**
Dia 7 **Dia do Oftalmologista**
Dia Nacional de Prevenção à Alergia
Dia Mundial de Combate à Asma
Dia 12 **Dia do Enfermeiro**
Dia 15 **Dia do Auxiliar de Enfermagem**
Dia 27 **Dia do Serviço de Saúde do Exército**

E três datas praticamente ignoradas pelos meios de comunicação são de maio:
Dia 3 **Dia do Solo**
Dia 22 **Dia Internacional da Diversidade Biológica**
Dia 27 **Dia da Mata Atlântica**

Na verdade, a questão da Mata Atlântica (ou do que sobrou dela) aparece nos jornais com frequência. Houve um progresso inegável: o processo de destruição foi contido, há vigilância (mesmo pequena, por falta de soldados e fiscais) da Polícia Florestal, o Ibama exerce uma atividade presente e contínua. Mas nos dói o coração ver nos mapas o que era a Mata Atlântica no século do descobrimento do Brasil e o que sobrou dela, após séculos de atuação dos seres humanos. Custou a surgir a preocupação organizada com relação à sua proteção. Hoje existem ONGs, uma ativa fundação – mas o que significa a preservação da Mata Atlântica para milhões de brasileiros que vivem nas cidades, que só a veem de longe, de um automóvel, de um ônibus ou de um avião?...

Nesse sentido, a escola, em todos os níveis, com os recursos dos textos, da informática, de um simples vídeo exibido, pode e deve fazer muito. Mostrar, debater, conscientizar que um simples cigarro mal apagado pode destruir hectares e mais hectares de mata e prejudicar os seres vivos – plantas, árvores, pássaros, animais de todos os tipos– que vivem nela. Isso vale para qualquer bosque, mata, área de proteção ambiental, reserva ecológica, parque nacional – é necessário expor, mostrar, e debater a questão. Uma mentalidade de preocupação com a preservação ambiental não se forma só com livros e fotografias.

O dia 8 de maio de 1945 foi a data final da Segunda Guerra Mundial. É o **Dia da Vitória**, muito mais celebrada na Europa e nos Estados Unidos do que aqui: fácil de compreender, pois a participação dos povos e dos militares europeus e norte-americanos naquele imenso conflito (que só terminou no Japão, em agosto) foi imensamente maior do que a nossa. Como já vimos, morreram cerca de 500 soldados brasileiros e cerca de 1.500 marinheiros e civis nos navios torpedeados em nosso litoral (fato que fez o Brasil entrar na guerra, em 1942). Na cidade de São Paulo, 8 de maio é também o **Dia da Recordação dos Heróis e Mártires da Segunda Guerra Mundial**. Nome comprido e justo: diz tudo.

Em nossa história pátria, 13 de maio foi o dia da "penada" (assinatura) final na questão da escravidão negra. A Lei dos Sexagenários e a Lei do Ventre Livre (procure se informar sobre elas) tinham sido os primeiros passos para acabar com a escravidão africana. Em relação a outros países da América, até que demorou. Mas aconteceu.

Atualmente, como as datas comemorativas (cívicas ou outras) também mudam de importância e de enfoque, percebe-se que o Dia da Consciência Negra (em novembro) tende a ter mais divulgação e importância que o 13 de maio. É natural que seja assim.

Não é mencionado na imprensa, mas 13 é também um dia de nome bonito: **o Dia da Fraternidade Brasileira**. Que ela seja uma realidade total um dia, com o fim dos preconceitos e das discriminações. É o melhor que podemos desejar.

A preocupação com temas importantes, mas pouco divulgados, é também o assunto de dois dias:

Dia 15 **Dia Internacional dos Objetores de Consciência**
Dia 18 **Dia Nacional de Combate ao Abuso e Exploração Sexual de Crianças e Adolescentes**

O tema dos objetores de consciência – aquelas pessoas que se recusam a prestar serviço militar, a exercer certas atividades ou a endossar certas atitudes, por exemplo – é delicado. Não podemos criticar alguém por pensar diferente, se ele apresenta como razão o fato de sua consciência lhe negar o direito de fazer ou proclamar determinada coisa.

Já o tema do dia 18 merece nosso vigoroso apoio e uma atitude prática e até drástica, sempre que soubermos de alguma coisa que se caracterize como o "abuso e exploração sexual" mencionados. Sem sombra de dúvida.

Outras datas de maio permitem longas considerações, que aqui não faremos. São datas bonitas, necessárias, que obrigam a um pensamento, a uma reflexão. O **Dia da Libertação da África** (ou simplesmente Dia da África), por exemplo. Nenhum continente enfrenta tantos problemas, com constantes guerras tribais, cobiça, epidemia de Aids, desertificação, fome e mutilações em tantos corpos...

E quantos de nós, brasileiros, descendemos, mesmo remotamente, de africanos! O Dia da África tem de ser algo mais que uma notícia (alguém noticia, no Brasil?!...) entre nós.

Para terminar, no dia 24 existem dois dias estranhos – ficamos nos perguntando o que estaria por trás de sua criação. Referimo-nos ao **Dia do Vestibulando** (e maio **não** é mês de vestibulares) e ao **Dia do Detento**.

Em nossas pesquisas, não conseguimos encontrar a explicação para esses dois dias, que elencamos, por ser o objetivo deste livro.

Para os paulistas, mais especificamente os paulistanos, dia 23 é o **Dia da Juventude Constitucionalista**. Em 23 de maio de 1932, quatro rapazes, em manifestação contra a ditadura de Getúlio Vargas – Miragaia, Martins, Dráusio e Camargo –, foram mortos em um tumulto. MMDC foi a sigla de honra para milhares de paulistas, que menos de dois meses depois, em 9 de julho, iniciaram a Revolução Constitucionalista. E a avenida 23 de maio é uma das mais importantes da cidade de São Paulo.

Teve destaque na imprensa, houve cartazes afixados em vários lugares, até mesmo em ônibus, o **Dia do Desafio**, que não é data fixa. Nesse dia, pessoas se propõem às atividades físicas – ginástica, dança, etc. – acima do que normalmente conseguem fazer. Esse dia, sim, tem tido destaque na imprensa.

Maio

1º São José Operário
Dia Mundial do Trabalho
Dia do Baile da Saudade
Dia da Literatura Brasileira
Dia Mundial do Combate ao Câncer de Pele
Celebração da 2ª missa no Brasil (1500)
Cerimônia de posse da terra por Cabral (1500)
Pero Vaz de Caminha, escrivão da esquadra de Cabral, envia carta ao

rei de Portugal, D. Manuel, dando notícia do "descobrimento" do Brasil (1500)
Príncipe regente D. João declara guerra à França, invadindo a Guiana Francesa (1808)
Nascimento de José de Alencar, romancista e político brasileiro, Messejana (CE) (1829)
Criado o Ministério da Previdência e Assistência Social (1947)
Criação do Estado-Maior das Forças Armadas (1974)
Morre Ayrton Senna da Silva (tricampeão mundial de automobilismo), Ímola – Itália (1994)
Dia do Trabalho
1º de maio – A Revolução Industrial, a partir de meados do século XVIII, modifica as relações de produção e impulsiona o desenvolvimento do capitalismo. No século XIX, intensifica-se a luta por melhores condições de trabalho e de vida. Trabalhadores fazem greves e são reprimidos, às vezes, violentamente. Em um desses movimentos, na cidade de Chicago, EUA, 30 mil pessoas abandonam as fábricas no dia 1º de maio de 1886 e se concentram na **Haymarket Square**. Reivindicam uma jornada de oito horas de trabalho por dia. A polícia atira: quatro trabalhadores morrem, vários são feridos. Em homenagem às vítimas, o Congresso Socialista, realizado em Paris em 1889, escolhe o 1º de maio como Dia Internacional do Trabalho.

2 Santo Atanásio (c. 296-373)
Cabral parte para a Índia (1500)
Nasce Ataulfo Alves de Souza, compositor e cantor brasileiro (1909)

3 São Filipe e São Tiago, Apóstolos e Mártires (séc. I)
Dia do Sertanejo
Dia do Legislador
Dia do Parlamento
Dia Mundial da Liberdade de Imprensa
Dia do Solo
Dia Mundial do Sol
Dia do Pequeno e Médio Empresário
Reunião da Assembleia Constituinte em cumprimento ao decreto de 3 de junho (1822)
D. Pedro abdica da Coroa de Portugal para a sua filha, a princesa Maria da Glória, depois rainha Maria II (1826)

4 São Floriano († 304) e Santa Mônica († 387)
Morte do escritor Paulo Setúbal, São Paulo (SP) (1937)

5 São Peregrino († 1345)
Dia da Comunidade

Dia do Expedicionário da FEB (Força Expedicionária Brasileira)
Dia do Pintor
Dia do Penitenciário
Chegada dos padres Manuel da Nóbrega e José de Anchieta a Iperoig (1563)
Criação da Escola Naval, Rio de Janeiro (RJ) (1808)
Abertura da primeira biblioteca pública do Brasil (1821)
Nascimento do Marechal Cândido Mariano da Silva Rondon, Mimoso (MT) (1865)
Dia Nacional das Comunicações – homenagem ao Marechal Rondon que estendeu as linhas de telégrafo até a Amazônia

6 São Leonardo († 1751)
Dia do Taquígrafo
Dia do Engenheiro Cartógrafo
Dia do Instrumentador Cirúrgico
Dia do Ex-Combatente
Nascimento de Sigmund Freud (1856)

7 Dia da Saúde Ocular
Dia do Oftalmologista
Dia do Silêncio
Dia Nacional de Prevenção à Alergia
Dia Mundial de Combate à Asma
Dia dos Mineradores de Prata da América Latina
Morte de Luiz Alves de Lima e Silva, o Duque de Caxias, Rio de Janeiro (1880)
Nascimento do escritor brasileiro Gilberto Amado (1887)

8 São João Miguel Arcanjo
Dia Internacional da Cruz Vermelha
Dia do Artista Plástico da recordação dos heróis e mártires da Segunda Guerra Mundial
Morte do Marquês de Pombal (1782)
Início da retirada de Laguna, episódio da Guerra do Paraguai (1867)
Dia da Vitória – Fim da Segunda Guerra Mundial (1945)
Morre Vital Brasil, sanitarista brasileiro, Niterói (RJ) (1950)

9 São Hermes (séc. II)
Dia Mundial do Congresso Mariano
Invasão holandesa em Salvador (BA) (1624)
Nascimento do educador brasileiro Álvaro Magalhães (1909)
Criado o advento do sistema numérico decimal (1971)

10 São João de Ávila (séc. XV)
Dia da Cozinheira
Dia da Cavalaria Militar

Dia do Guia de Turismo
Dia do Campo
Invasão da Bahia pelos holandeses (1624)
Prisão de Tiradentes em sua residência, na rua dos Toneleiros, no Rio de Janeiro (1789)
Nascimento do General Manoel Luiz Osório, Santo Antônio do Arroio (RS) (1808)
Instituição da Casa de Suplicação do Brasil, hoje Supremo Tribunal da Justiça (1808)
Início da Revolução Liberal em Sorocaba, chefiada pelo Brigadeiro Rafael Tobias de Aguiar e pelo padre Feijó (1842)
Morte do poeta Catulo da Paixão Cearense (1946)
Nelson Mandela assume a presidência da África do Sul, Pretória (1994)
Elevação de Curitiba à categoria de Arquidiocese pela bula do papa Pio XI
Nasce Buddha Sakyamuni (Calendário Budista)

11 Santo Evódio (séc. I) e São Tiago (séc. I)
Dia das Comunicações Sociais
Dia do Barbeiro
Inauguração do telégrafo elétrico no Rio de Janeiro, ligando o paço imperial aos arsenais da guerra (1852)
Início da travessia do Atlântico, de Gênova (Itália) a Santos (Brasil), feita pelo hidroavião Jaú, pilotado por João Ribeiro de Barros (1927)

12 São Nereu, Santo Aquiles e São Pancrácio (séc. IV)
Dia Mundial das Comunicações
Dia do Enfermeiro
Início da Semana da Enfermagem
Dia do Engenheiro Militar
Dia da Escrava Anastácia – símbolo das mulheres negras escravizadas e torturadas
Nascimento de Hermes Rodrigues da Fonseca, São Gabriel (RS) (1855)

13 Nossa Senhora de Fátima (1917)
Dia do "Preto Velho"
Dia da Fraternidade Brasileira
Dia Nacional do Zootecnista
Dia do Automóvel
Dia da Estrada de Rodagem
Nascimento de D. João VI, rei de Portugal, Brasil e Algarves (1767)
Criação da Imprensa Régia (1808)

Organização do Corpo da Guarda Real da Polícia da Corte, hoje Polícia Militar do Distrito Federal (1809)
Criação da Biblioteca Nacional, Rio de Janeiro (RJ) (1811)
Dia em que o Senado e a Câmara, incorporados, concederam a D. Pedro, Príncipe Regente, o título de Defensor Perpétuo do Brasil (1821)
Nascimento do poeta brasileiro Raimundo Correia (1860)
Abolição da escravatura pela Lei Áurea, apresentada pela Princesa Isabel (1888)

Abolição da Escravatura
13 de maio – A escravatura já está abolida, de fato, muito antes da assinatura da Lei Áurea em 13 de maio de 1888, data em que se comemora a libertação dos escravos. Em 1810, dom João VI promete à Inglaterra acabar com o comércio de escravos. Em 1850, o tráfico negreiro é extinto pela Lei Eusébio de Queirós. Alguns anos depois são promulgadas a Lei do Ventre Livre e a Lei do Sexagenário. A abolição, no entanto, não significa grande mudança para os negros. Eles continuam marginalizados na sociedade.

14 São Matias (séc. I)
Dia do Segurado
Gaspar de Lemos deixa Lisboa com pequena frota para explorar a costa do Brasil (1501)
Criação da Esquadrilha da Fumaça (1952)

15 Santo Isidoro (séc. XII) e São João Batista de la Salle († 1719)
Dia do Professor Aposentado
Dia do Assistente Social
Dia do Gerente de Banco
Dia Internacional da Família
Dia do Auxiliar de Enfermagem
Dia do Combate à Infecção Hospitalar
Instituição do cruzeiro – Cr$ (1970)
Dia Internacional dos Objetores de Consciência – aqueles que se recusam a prestar o serviço militar ou participar de conflitos armados

16 São Simão († 1265)
Dia do Gari e da Margarida
Dia do Faxineiro
Primeira colonização de alemães convidados por D. João VI em Nova Friburgo (RJ) (1818)

17 São Pascoal Bailão († 1592)
Dia Internacional das Telecomunicações
Dia Mundial das Comunicações
Dia da Constituição

Os presidentes Geisel e Stroessner assinam a construção da Usina. Hidroelétrica de Itaipu (1974)
Dia do Vesak – nascimento, iluminação e passagem de Buddha (calendário budista)

18 São João I
Dia das Raças Indígenas da América
Dia do Vidreiro
Dia Internacional dos Museus
Dia da Boa-vontade
Dia das Girafas
Dia de Luta contra os Manicômios
Dia Nacional de Combate ao Abuso e à Exploração Sexual de Crianças e Adolescentes
Nascimento de Eurico Gaspar Dutra, Cuiabá (MT) (1889)
Morte de Alfredo de Freitas Dias Gomes, escritor, dramaturgo e teatrólogo brasileiro, São Paulo (SP) (1999)

19 Santo Ivo († 1303) e São Leonardo Murialdo (1828-1900)
Dia do Defensor Público
Dia em que foi considerado ilegal o tráfico de escravos (1830)

20 São Bernardino de Sena (Siena) (1380-1444)
Dia do Comissário de Menores
Dia Nacional do Medicamento Genérico
Morte de Cristóvão Colombo, navegador, Valladolid – Espanha (1506)
Morte de Ana Nery, precursora da enfermagem no Brasil, Rio de Janeiro (RJ) (1880)
Visita de D. Pedro II e sua comitiva à cidade de Antonina, no Paraná (1880)
Morte do poeta brasileiro Luiz Guimarães Júnior (1893)
Início da construção de Palmas (TO)

21 Santo André Bóbola († 1657)
Dia da Língua Nacional
Dia Mundial do Desenvolvimento da Cultura (Unesco)
Dia do Motociclista
D. Pedro II e sua comitiva chegam a Curitiba, no Paraná (1880)

22 Santa Rita de Cássia (1381-1457)
Dia do Apicultor
Dia do Hóquei sobre Patins
Dia do Talento
Dia da Aviação de Patrulha
Dia Internacional da Diversidade Biológica
Dia das Comunidades Eclesiásticas de Base

Retorno do Conde Maurício de Nassau à Holanda (1644)

23 São Juliano (séc. VIII)
Nascimento de Epitácio da Silva Pessoa, Umbuzeiro (PB) (1865)
Dia da Juventude Constitucionalista em São Paulo (1932)
Dia Mundial das Comunidades Sociais
Dia Nacional da Radiofusão Livre e Comunitária

24 Nossa Senhora Auxiliadora (c. 1571)
Dia do Telegrafista
Dia do Datilógrafo
Dia Mundial da Propaganda
Dia da Infantaria do Exército
Dia do Vestibulando
Dia do Detento
Dia Nacional do Milho
Dia do Café
Batalha do Tuiuti (1866)
Visita de D. Pedro II e sua comitiva imperial à cidade de Campo Largo, no Paraná (1880)

25 São Beda (673-735)
Dia da Indústria
Dia Nacional da Adoção
Dia do Trabalhador Rural
Dia da Costureira (também comemorado em 17 de setembro)
Dia do Massagista
Criação do Museu Nacional (1818)
Visita de D. Pedro II e sua comitiva imperial à cidade de Palmeiras, no Paraná (1880)

26 São Filipe Néri (1515-1595)
Dia do Revendedor Lotérico
Dia em que os Estados Unidos reconheceram a independência do Brasil (1824)
Visita de D. Pedro II e sua comitiva imperial à cidade de Ponta Grossa, no Paraná (1880)

27 Santo Agostinho de Cantuária († c. 605)
Dia do Serviço de Saúde do Exército
Dia da Mata Atlântica
Dia do Profissional Liberal
Dia do Securitário

28 São Germano de Paris (496-576)

Dia do Ceramista
Dia Internacional do Desafio
Dia da bula do papa Paulo II contra a escravização dos índios (1537)
Visita de D. Pedro II e sua comitiva imperial à cidade de Castro, no Paraná (1880)

29 Dia do Geógrafo
Dia do Estatístico
Dia do Policial
Morte de João do Pulo, atleta brasileiro, recordista mundial do salto triplo, São Paulo (SP) (1999)

30 Santa Joana d'Arc (c. 1412-1431)
Dia do Geólogo
Dia do Decorador
Dia das Bandeirantes (equivalente feminino do Escotismo)
Chegada ao Rio de Janeiro da missão cultural alemã, com a qual veio o naturalista francês Augusto de Saint-Hilaire (1816)
Morte da escritora brasileira Julia Lopes de Almeida (1934)

31 Dia Mundial da Comissária de Bordo
Dia da Juventude Luterana
Dia Mundial de Combate ao Fumo
Dia do Enxadrista

Junho

Comentário

Lembrado antes de mais nada pelas festas juninas e pelo Dia dos Namorados, festas e dias que movimentam diferentes setores industriais, comerciais e de serviços, junho é um mês rico em comemorações.

Tão rico, que mudaremos a maneira de analisar: vamos distribuir muitas das comemorações de junho em 11 categorias. Na verdade, em todos os meses do ano temos praticamente as mesmas categorias. Mas escolhemos junho porque é um bonito modelo das antigas datas (lógico que estamos falando das festas juninas e de certos santos), de uma notável data comercial que, aliás, não enquadramos nas divisões a seguir – Namorados), de datas emergentes, de novas preocupações e responsabilidades e... de datas que existem, mas, se são comemoradas, deve ser em poucos lugares e por algumas pessoas. Aliás, isso é muito natural .

Eis as categorias:
– Datas relativas ao ambientalismo (ou meio ambiente)
– Datas (ou dias) ignorados
– Dias novos bem comemorados (ou seja, com boa repercussão)
– Esportes
– Datas militares
– Datas que homenageiam profissões ou atividades
– Santos
– Saúde
– Só uma vez (não houve repetição, mas a data merece ser mencionada)
– A preocupação social
– Grupos Humanos ou étnicos ou populacionais

1. A preocupação com o meio ambiente

De longe, a comemoração do dia 5, o **Dia Mundial do Meio Ambiente e da Ecologia** ganha cada vez mais importância. Fala-se tanto do assunto, que quase é desnecessário falar do porquê desse dia. Um bom resumo foi feito pelo professor José Goldemberg, ex-reitor da Universidade de São Paulo, ex-ministro federal, autor de importantes livros, ao afirmar, no jornal *O Estado de S. Paulo*, no suplemento a respeito da data, o seguinte:

"Não há muito o que comemorar neste Dia do Meio Ambiente, que marca também o 10º aniversário do ano em que se realizou a Conferência sobre o Meio Ambiente e Desenvolvimento no Rio de Janeiro, em 1992. Nessa histórica conferência foram assinadas a Convenção do Clima, a Convenção da Biodiversidade e a Agenda 21, um verdadeiro dicionário das medidas que deveriam ser tomadas para 'salvar o planeta'.

Poucas foram as consequências práticas da Conferência do Rio. (...)

O que mudou, então, e o que há para comemorar? A resposta é a seguinte: nestes últimos dez anos houve uma enorme conscientização em nível mundial e no Brasil sobre a importância da preservação do meio ambiente, preocupação esta que era considerada um estorvo pelos que desejavam um desenvolvimento a qualquer custo.

As agências ambientais e Ministérios do Meio Ambiente, sobretudo no Brasil, foram reforçados e a partir da Constituição de 1988 a legislação brasileira se aperfeiçoou, tornando-se muito abrangente.

Além disso, multiplicaram-se as organizações não governamentais nessa área, que também amadureceram, deixando para trás a síndrome infantil do protesto, para participar ativamente da procura de soluções. Além disso, o Ministério Público se tornou uma força considerável, complementando as ações das agências ambientais". (...)

E um dado positivo: a reciclagem (o reaproveitamento, portanto) de alumínio, papel e vidro tem atingido elevados índices no Brasil. Somos os campeões mundiais de reciclagem de latinhas de cerveja e refrigerantes.

Nem é preciso dizer que ainda há muito a fazer. Mas, como acontece nas campanhas de vacinação em massa e no ataque a certas doenças, hoje, na reciclagem, o Brasil é um exemplo mundial.

Dia 17 é o Dia Mundial de Combate à Desertificação e à Seca

Infelizmente, além do problema secular da seca – que já poderia ter sido em grande parte resolvido, se houvesse vontade política (esta é a verdade), aos poucos o Brasil começa a enfrentar o problema da desertificação. Terras produtivas se tornam perdidas para o plantio. Onde havia terra, plantas, árvores surge, aos poucos, o deserto – por problemas de mau uso do terreno, razões geológicas, desvio ou desaparecimento de rios.

Dia 21, na cidade de São Paulo, temos o Dia do Lixo

Os problemas do meio ambiente são culpa dos seres humanos. Vale lembrar as palavras de Ted Perry, inspiradas pelo que um grande cacique índio norte-americano, o chefe Seattle, mandou dizer a um presidente dos Estados Unidos (no século XIX) que queria se apossar de terras dos índios:

"Tudo o que acontece com a Terra, acontece com os filhos e filhas da Terra. O homem não tece a teia da vida; ele é apenas um fio. Tudo o que faz à teia (o homem) faz a si mesmo".

Não é preciso acrescentar nada ao que você acabou de ler, não é mesmo?

2. Dias ignorados

Existem outros dias assim ao longo do ano. Mas como nos propusemos a fazer essa classificação em junho, lá vai:

Dia 6 **Dia da Mulher Progressista** (cidade de São Paulo)
Dia 14 **Dia Universal de Deus**
Dia da Independência dos Povos Americanos. Claro que, em outros países da América do Sul, um nome como o do general José de San Martín é muito lembrado, pois ele libertou várias nações do domínio espanhol. É para lembrarmos que nossa independência de Portugal, apesar de reações contrárias de algumas tropas portuguesas, foi pacífica. San Martín guerreou anos a fio até conseguir a libertação da Argentina, do Chile, do Equador, da Colômbia. Nomes como Bolivar e O'Higgins também devem ser lembrados.

Dia 16 **Dia da Unidade Nacional**
Dia 24 **Dia Mundial dos Discos Voadores**. Sabemos que existem clubes, entidades, revistas, vídeos dedicados ao estudo dos discos voadores. Portanto, para todos eles não há dúvida de que existem e provêm de outros planetas. Mas essa data não tem visibilidade na imprensa brasileira.

Dia 27 **Dia Nacional do Progresso**

3. Dias novos bem comemorados

São o **Dia Nacional da Família na Escola** (em 2002 foi em 4 de junho) e o **Dia do Mídia** (21).

O objetivo do Dia Nacional da Família na Escola é um incentivo dos pais aos filhos, indo à escola em que seus filhos estudam, neste dia. Os colégios ficaram "abertos durante o dia inteiro para receber pais, irmãos e responsáveis pelas crianças e adolescentes" (jornal *O Estado de S.Paulo*, março de 2001, pois nesse ano a festa foi em março). Um dado interessante e importante, no final da mesma matéria jornalística: "... pesquisa feita nas favelas cariocas (...) constatou maior dificuldade de aprendizado entre crianças cujos pais tinham pouco contato com a escola".

Mídia é a pessoa que atua profissionalmente para veicular anúncios e informações comerciais nos veículos de comunicação de massa – a mídia. Logo, quem exerce essa atividade é **um** mídia, cuja data é 21.

4. Os esportes em junho

Dia 14 – **Dia do Futebol de Salão** (o popular *futsal*)
Dia 21 – **Dia Universal Olímpico**
Dia 23 – **Dia Nacional do Desporto; Dia do Futebol (amador) Varzeano** (o "amador" não tem, a nosso ver, cabimento)
Dia 27 – **Dia Nacional do Vôlei**
O vôlei está se tornando um esporte muito popular, em todo o Brasil. E nossos resultados internacionais aumentam o prestígio do vôlei masculino e feminino.

5. As datas militares

A mais conhecida é o **Dia da Marinha Brasileira** (de guerra), lembrando a Batalha do Riachuelo, travada em 11 de junho de 1865, na guerra do Paraguai. Foram 59 belonaves (isto é, navios de guerra) brasileiras contra 44 paraguaias, com vitória nossa. Veja o quadro abaixo, extraído do excelente livro de Hernani Donato, *Dicionário das batalhas brasileiras* (2ª edição, São Paulo, Ibrasa, 1996):

"No dia 10 temos o **Dia da Artilharia do Exército**; dia 12, o **Dia do Correio Aéreo Nacional** (até hoje ativo, levando correspondência a regiões de difícil acesso como a Amazônia) e, no dia 17, o **Dia do Veterinário Militar** (Dia do Serviço de Veterinária)".

6. As datas atinentes a profissões ou atividades

São várias. Temos atividades tão antigas como a humanidade (pescador) e outras bem de nossos tempos (os atores em dublagem e os economiários). Vamos lá:

Dia 3 **Dia do Administrador de Pessoal**
Dia 8 **Dia do Citricultor** (cada vez mais importante na balança comercial brasileira)
Dia 9 **Dia do Porteiro**
Dia 15 **Dia do Paleontólogo** (atividade limitada no Brasil)
Dia 18 **Dia do Químico**
Dia 19 **Dia do Revendedor e do Revendedor Porta a Porta**
Dia 29 **Dia da Telefonista**
Dia do Pescador (e **Dia do Papa**, pois o primeiro papa, São Pedro, antes de tornar-se apóstolo de Jesus, era pescador)
Dia dos Atores em Dublagem (você os ouve todos os dias, em sua casa, nos filmes estrangeiros dublados)
Dia 30 **Dia do Economiário** (funcionários da Caixa Econômica – não confundir com economista)
Dia do Caminhoneiro (figura nacional, pela enorme extensão do nosso país e por terem sido nossas ferrovias abandonadas durante anos a

fio – só nos últimos anos, com a privatização, as ferrovias começaram de novo a ser importantes escoadoras de safras, transportadoras de cargas no Brasil)

7. Santos

Talvez o mês mais importante, neste segmento comemorativo. Vejamos:

Dia 9 é o Dia de Anchieta, ou melhor, o agora Beato José de Anchieta, apóstolo do Brasil, bela figura da nossa história.

Dia 13 é o Dia de Santo Antônio, que é Santo Antônio de Lisboa (e de Pádua), muito querido e importante para o Brasil.

Dia 16 é o Dia de São Vito (mártir), importante na cidade de São Paulo, onde há uma imensa colônia italiana e de seus descendentes. Não é a única data "agitada" pela colônia italiana (e, hoje, por milhares de brasileiros) em São Paulo: há também a festa de San Genaro (Januário), em setembro, e a festa de N.S. Achiropita, em agosto.

24 é o Dia de São João Batista, um dos raros santos que têm comemorada sua morte e seu nascimento (é o que se comemora em 24 de junho).

26 passou a ser o dia de um dos mais novos santos: o espanhol Josemaría de Escrivá (1902-75), que esteve no Brasil e muitas pessoas conheceram. Ele fundou a (ou "o") Opus Dei, organização muito ativa no mundo, a serviço da Igreja Católica, até no Brasil.

E dia 29 é o Dia de São Pedro e São Paulo, encerramento das festas juninas, com suas alegres quermesses, comidas, bebidas, diversões, rojões, fogos de artifício e... (perigo!) balões.

8. Saúde

Praticamente desconhecidos: **Dia Mundial de Combate aos Ratos** – dia 10 – mas, na época ou na ocasião das inundações, a leptospirose nos lembra deles. Diz-se, estatisticamente, que em grandes cidades, nos esgotos, nos subterrâneos, há dez (sim: 10!) ratazanas para cada ser humano "em cima".

Desconhecido também: o **Dia do Educador Sanitário** (11). Mas, depois do que foi dito acima – e muitas coisas mais se pode dizer sobre a precária educação sanitária de grandes contingentes da população brasileira, e mais ainda em épocas de dengue –, o papel do educador sanitário é tão relevante que apoiá-lo(s) é uma questão de civismo e amor ao Brasil.

14 é o Dia do Doador Voluntário de Sangue

A questão da doação de sangue. Achamos um pouco esquisita a inclusão do adjetivo "voluntário" no nome da data, isso porque a doação dificilmente será compulsória ou imposta. Não basta querer doar, é preciso estar apto para isso. Procure informar-se, se você ainda não completou 60 anos. Acidentes, cirurgias, doenças... tudo requer transfusão de sangue. A doação é um belo gesto, faz bem ao doador e a quem necessita desse líquido vital.

Sem data fixa (pode não ser um dia, mas uma semana de combate), temos o **Dia Nacional do Combate ao Colesterol** (às vezes, dia 15). Agora que também no Brasil os excessos à mesa (obesidade, problemas cardíacos, colesterol elevado) representam o outro lado da moeda da fome, da insuficiência alimentar ou nutricional, é bom lembrar que uma alimentação saudável também pode ser saborosa. O limite recomendado pelos cardiologistas é de 300 miligramas diários de colesterol presente nos alimentos.

E o que é o colesterol, afinal? Herton Escobar, em *O Estado de S. Paulo*, 16 de junho de 2000, explicou:

"O colesterol é um tipo de gordura que circula pelo organismo por meio da corrente sanguínea. Quando alto, o colesterol deixa o indivíduo mais vulnerável aos enfartes. Para reduzir a taxa de colesterol no sangue, e assim reduzir o risco de enfarte, a primeira opção é mudar os hábitos alimentares. Isso significa diminuir a ingestão de alimentos gordurosos, principalmente os que contêm gordura saturada (presente na carne vermelha, no leite integral e na manteiga, por exemplo)".

26 é o significativo e cada vez mais dramático **Dia Internacional do Combate às Drogas** (ou: contra o abuso de drogas e o tráfico ilícito). Eis o grande flagelo da sociedade moderna. Todos sabemos que o narcotráfico movimenta anualmente bilhões (sim: *bilhões!*) de dólares no mundo todo. Cada um de nós – em família, no trabalho, na faculdade, no clube, na comunidade religiosa, etc. – é responsável pela informação, por um posto de combate. Dizia-se, quando a epidemia de Aids eclodiu, que ao final do século XX todas as famílias teriam pelo menos um aidético – não aconteceu. Mas você já reparou que praticamente não se passa uma semana sem que saiba de um filho ou parente de algum colega que mergulhou no inferno das drogas? Há algum dia da semana em que você abra o jornal e *não* encontre notícias de traficantes, apreensões, viciados fazendo loucuras? Difícil é o dia em que não se fala em drogas.

27 – **Dia Municipal de Prevenção ao Diabetes** – comemoração, segundo apuramos, restrita à cidade de São Paulo, mas de importância para todos. O diabetes às vezes demora para ser percebido; por isso, nesse dia, a informação é divulgada de diversas formas.

9. Uma vez só

Em 1998, pela única vez até agora, A FIFA determinou (dia 15) o **Dia Mundial do Jogo Limpo**, ou **Dia do *Fair Play***. De tanta violência que às vezes se vê nos jogos de futebol, vem a ideia de recomendar aos "fifeanos" a repetição do dia...

10. O social

São três datas pesadas que oprimem a gente só de saber que há motivos para serem inscritas no calendário comemorativo. No caso, são advertências, apelos – não há propriamente *comemoração*. Eis as datas (ou os fatos) que tristemente têm de ser lembrados:

Dia 4 **Dia Internacional das Crianças Vítimas de Agressão**
Dia 12 **Dia Mundial contra o Trabalho Infantil**
Dia 26 **Dia Internacional das Nações Unidas em Defesa das Vítimas da Tortura**

Que fale nossa consciência: alguma vez sacudimos os ombros? Estimulamos? Praticamos? Fingimos que não estávamos vendo ou ouvindo?...

E, por último,

11. Dias referentes a grupos humanos, étnicos ou populacionais

Dia 24 **Dia do Caboclo** (sem repercussão, ao que saibamos)
Dia 27 **Dia dos Ciganos** (municipal de São Paulo)
Dia 28 **Dia Nacional do Orgulho** *Gay* – que vem crescendo de importância, em diversos países e em várias cidades brasileiras, pela própria defesa de direitos humanos, contra a discriminação o preconceito.

Demos, pois, um "passeio" diferente por junho. É um panorama elucidativo que, como dissemos, representa o que, na verdade, acontece todos os meses do ano.

Junho

1º São Justino († 167)
Dia de Caxias
Dia do Hospital
Dia Internacional da Criança
Início do *Diário do Rio de Janeiro*, o primeiro jornal diário do Brasil (1821)
Visita de D. Pedro II e sua comitiva imperial à cidade da Lapa, Paraná, onde foi hóspede do Barão dos Campos Gerais (1880)
Primeira transmissão de televisão no Brasil (1950)
Criado o Conselho Nacional do Meio Ambiente (1983)

2 São Marcelino († c. 304)
Dia Internacional do Pólen
Dia da Comunidade Italiana (São Paulo)
Passagem de D. Pedro II e sua comitiva imperial por Tindiquera, Araucária, Paraná (1880)

Morte de Giuseppe Garibaldi, o herói da Guerra dos Farrapos. Em 1881, unificou os Ritos de Memphis e Misraim, formando o Rito de Memphis-Misraim. Maçonaria, Caprera – Itália (1882)
Nascimento do escritor brasileiro José Lins do Rego (1901)

3 São Carlos de Lwanga († 1886)
Dia Internacional do Administrador Pessoal (RH)
Dia da Comunidade Social
Dia do Divino
Dia do Escrevente
Príncipe D. Pedro convoca uma Assembleia Geral Constituinte e Legislativa, para tratar da separação brasileira (1822)

4 São Crispin (1668-1748) e São Saturnino (séc. III)
Dia Internacional das Crianças Vítimas de Agressão
Dia do Engenheiro Agrimensor
Dia Nacional da Família na Escola
Impressa a primeira Bíblia na América (1743)

5 São Bonifácio (c. 675-755)
Dia Mundial do Meio Ambiente e da Ecologia
Dia do Pedestre

6 São Norberto (c. 1080-1154)
Dia da Mulher Progressista
Dia do Acemista
Dia do Doador de Órgãos (São Paulo)
Criação do Museu Nacional do Rio de Janeiro por D. João VI (1818)
Inauguração do Colégio Militar do Rio de Janeiro (1889)
Morre Miguel Couto, professor, Rio de Janeiro (RJ) (1934)

7 Santa Maria Teresa de Soubirán († 1889)
Assinatura do Tratado de Tordesilhas (1494)
Nascimento do escritor brasileiro Dias Barreto (1848)
Nascimento do presidente Rodrigues Alves (1848)

8 São Guilherme de York (1154-1226) e Santo Efrém († 373)
Dia do Citricultor
Morte do herói brasileiro Henrique Dias; foi voluntário na luta contra os holandeses em Pernambuco (1662)
Nascimento do educador brasileiro Antônio Ferreira de Almeida Júnior (1892)

9 Morte do Pe. José de Anchieta (1597)
Dia Nacional de Anchieta, apóstolo do Brasil
Dia do Porteiro
Dia do Tenista

Dia do Pão
Dia Nacional da Imunização
Fundação da Sociedade Brasileira contra a Escravidão, por Joaquim
Nabuco (1880)

10 Santa Olívia († séc. IX)
Dia da Artilharia do Exército
Dia Mundial de Combate aos Ratos
Dia do Pastor
Dia da Artilharia
Dia da Língua Portuguesa
Possível morte de Luís de Camões (1580)
Início da Revolução em Barbacena (MG) (1842)
Nascimento da educadora Armanda Álvaro Alberto (1892)
Fundação da Sociedade Bíblica do Brasil (1948)

11 São Barnabé († séc. I)
Dia da Marinha Brasileira
Dia do Educador Sanitário
Início das obras da Estrada de Ferro Central do Brasil (1855)
Batalha Naval de Riachuelo (1865)
Morte do educador Álvaro Borges Vieira Pinto (1987)

12 Santo Onofre (séc. IV) e São João de Sahagun (1430-1479)
Dia dos Namorados
Dia do Correio Aéreo Nacional
Dia Mundial contra o Trabalho Infantil

13 Santo Antônio de Pádua (1195-1231)
Dia do Turista
Dia do Jornal de Bairro
Instituição da Província do Maranhão, independente das demais
capitanias (1621)
Posse do primeiro bispo do Rio de Janeiro, D. José de Barros Alarcão
(1682)
Nascimento de José Bonifácio de Andrada e Silva, patriarca da
Independência, Santos (SP) (1763)
Início da Insurreição Pernambucana (1817)
Inauguração da Escola de Belas Artes da Bahia (1880)
Criado o Jardim Botânico do Rio de Janeiro por D. João VI
Criação do Serviço Nacional de Informações (1964)

14 Santo Eliseu (séc. IX a.C.)
Dia Universal de Deus
Dia do Solista
Dia do Profissional de Relações Públicas

Dia do Futebol de Salão
Dia do Doador Voluntário de Sangue
Morte do presidente Afonso Penna (1909)
Posse do presidente Nilo Peçanha (1909)

15 Santa Micaela († 1865)
Dia do Paleontólogo
Dia Nacional do Combate ao Colesterol
Fundação do Acre (1962)
Introdução do Divórcio no Brasil (1977)

16 São Vito († 300)
Dia da Unidade Nacional
Naufrágio da nau *Nossa Senhora de Ajuda*, que seguia para Lisboa, com o primeiro bispo do Brasil, D. Pero Fernandes Sardinha (1556)

17 São Manuel
Dia do Veterinário Militar
Dia do Funcionário Público Aposentado
Dia Mundial de Combate à Desertificação e à Seca
Instalação no Brasil da Regência Trina Definitiva (1831)

18 São Gregório Barbarigo (1625-1697)
Dia do Químico
Dia do Imigrante Japonês

19 São Romualdo (c. 950-1027)
Dia do Vigilante
Dia do Imigrante
Dia Nacional do Luto
Carta régia de Portugal proibindo a cultura de cana-de-açúcar no Maranhão (1761)
Nascimento de Fernando Henrique Cardoso, Rio de Janeiro (RJ) (1931)

20 São Silvério († 537)
Dia Mundial do Refugiado
Dia do Revendedor
Dia do Combatente
Dia da Refrigeração
Criação por decreto do cargo de presidente do Conselho de Ministros em 1847 – equivale à oficialização do Parlamento brasileiro
Luiz Alves de Lima e Silva é agraciado com o título de Marquês de Caxias (1852)
Morte do Mal. Floriano Peixoto (1895)

21 São Luís Gonzaga (1568-1591)
Dia do Mídia
Dia do Lixo
Dia do Intelectual
Dia do Mel
Dia do Migrante
Dia Internacional da Música
Dia Nacional do Luto
Dia Universal Olímpico
Início do inverno no Hemisfério Sul
Início da permanência do padre José de Anchieta como refém dos índios em Iperoig (1563)
Em 1998, Dia Mundial do *Fair-Play* (jogo limpo), instituído pela FIFA
Nascimento de Machado de Assis, escritor brasileiro, Rio de Janeiro (RJ) (1839)
Nascimento do escritor brasileiro Graça Aranha (1868)
Brasil é tricampeão mundial de futebol, conquistando a *Taça Jules Rimet*, México (1970)

22 São Paulino de Nola (353-431), São João Fisher (1469-1535) e Santo Tomás More (ou Morus) (1478-1535)
Dia do Orquidófilo
Dia do Aeroviário
Chegada de D. Pero Fernandes Sardinha, primeiro bispo do Brasil (1552)
Inauguração do cabo submarino telegráfico entre o Brasil e a Europa (1874)
Execução da Constituição Provisória dos Estados Unidos do Brasil (1890)

23 São José Cafasse († 1860)
Dia Nacional do Desporto
Dia do Futebol Amador Varzeano
Dia do Lavrador
Dia do Atleta Brasileiro
Dia Internacional das Aldeias SOS

24 Nascimento de São João Batista
Festa de Xangô (deus do fogo e do trovão)
Dia do Caboclo
Dia Mundial dos Discos Voadores
Dia do Gráfico
Dia Internacional do Leite
Nasce Joaquim Manuel de Macedo, autor do romance brasileiro *A Moreninha*, Itaboraí (RJ) (1820)

Dia da Comunidade Britânica (1926)
Dia da Observação e Reconhecimento Aéreo

25 São Guilherme de Vercelli († 1070) e São Máximo de Turim (séc. V)
Dia do Quilo
Brasil e Cuba reatam relações diplomáticas (1986)
Ocupação da Fortaleza de Humaitá pelo General Osório (1869)

26 São Josemaría Escrivá (1902-1975)
Dia Internacional do Combate às Drogas
Dia Internacional das Nações Unidas em Defesa das Vítimas da Tortura
Dia da Aviação de Busca e Salvamento (militar)
Dia Ilícito
Dia da Meteorologista
Dia do Professor de Educação Física
Adoção no Brasil do Sistema Métrico Francês (1862)
Morte do escritor brasileiro Tobias Barreto (1889)

27 Nossa Senhora do Perpétuo Socorro e São Cirilo de Alexandria (c. 380-444)
Dia Nacional do Vôlei
Dia Nacional do Progresso
Dia Municipal de Prevenção ao Diabetes
Dia dos Ciganos
Nascimento do escritor brasileiro João Guimarães Rosa, Cordisburgo (MG) (1908)
Dia dos Artistas Líricos

28 Santo Irineu de Lyon (c. 130-202)
Dia Nacional do Orgulho *Gay*
Dia da Revolução Espiritual
Criação no Rio de Janeiro do Erário Régio e Conselho da Fazenda (1808)
Inauguração das barcas entre Rio de Janeiro e Niterói, na baía de Guanabara (1862)
Nascimento de Raul Santos Seixas (Raul Seixas) (1945)
Último dia da produção do Fusca no Brasil (1996)

29 Comemoração de São Pedro e São Paulo
Dia da Telefonista
Dia dos Atores em Dublagem
Dia do Escritor Paulista
Dia do Pescador
Dia do Papa
Dia do Guarda-Vidas
Morte do presidente Campos Salles (1913)

30 Dia do Caminhoneiro
Dia do Economiário
Parte de São Paulo a bandeira de Bartolomeu Bueno da Silva, fundador da cidade de Goiás (1722)
Início da 3ª Regência da Princesa Isabel (1887)
Primeira visita do papa João Paulo II ao Brasil (1980)
   Vamos ao 2º semestre!

Julho

Comentário

Primeira semana do mês: Semana de Prevenção contra Incêndios
1º domingo – Dia da Volta à Infância
   Dia do Voluntário Social
2º domingo – Dia do Esporte Amador
3º domingo – Dia da Avó

E começa o segundo semestre! Para muitas pessoas, é um mês de renovação de expectativas, de esperanças. O que não deu certo nos primeiros seis meses, ou não foi exatamente como se esperava, pode mudar, melhorar. Seja como for, o segundo semestre é o período de ativação de muitas atividades comerciais – mesmo já tendo passado o Dia das Mães, a Páscoa, o Carnaval e o Dia dos Namorados.

Julho é um mês fraco em termos de datas comemorativas. São algumas dezenas, mas nada que mereça promoções nas lojas. Em termos de profissões ou "lembretes" (às vezes, "puxões de orelhas", como é o caso da Semana de Prevenção de Incêndios), há datas significativas, sim.

Houve uma tentativa para promover as vendas, em julho, que não deu certo: o **Dia da Avó**, com escassa repercussão nas lojas, conforme vários depoimentos.

Uma comemoração histórica, restrita ao Estado da Bahia, é o 2 de julho: fim da luta contra as forças portuguesas, em 1823, que resistiam à independência do Brasil. É feriado, lá, como é feriado, no Estado de São Paulo, o 9 de julho. Nessa data, em 1932, iniciou-se a **Revolução Constitucionalista**, que terminou poucos meses depois, em outubro. Como diz o nome, o levante paulista era uma reação contra a demora de Getúlio Vargas, então presidente do Brasil, em dar ao país uma nova Constituição. Depois de distúrbios e protestos (ver o que aconteceu na capital paulista em 23 de maio do mesmo ano de 1932), os paulistas "pegaram em armas", como se dizia, e a luta começou. Esperavam os políticos paulistas e os militares (tanto do Exército como da Força Pública) a adesão de forças militares de outros Estados. A adesão foi pequena e, apesar do esforço do parque industrial paulista, no sentido de fabricarem armamentos, e depois de muitos combates e escaramuças, os paulistas e seus (poucos) aliados depuseram as armas em outubro. O dia 9 de julho é também o **Dia do Soldado Constitucionalista**. No Parque do Ibirapuera, na região sul da capital paulista, ergueram um obelisco e um mausoléu – belas construções que recordam a luta dos paulistas. No mausoléu, aberto à visitação pública, estão os restos mortais dos soldados que lutaram por São Paulo. Tanto podem ter morrido em combate como falecido anos depois: as urnas contêm seus despojos, seus restos.

Já que não temos no Brasil (ainda bem!) razão para os cemitérios militares (às vezes, enormes) que existem na Europa e nos Estados Unidos, conheça o monumento aos mortos da Segunda Guerra Mundial, no Rio de Janeiro (ver o mês de maio), e o mausoléu do Ibirapuera.

Esta belíssima poesia, de Guilherme de Almeida, grande poeta paulista (1890-1969), fala do obelisco do Ibirapuera:

A Espada de Pedra
Guilherme de Almeida

*De um plaino no Altiplano
verticalmente jorra
em tetraedro imenso,
rumo nadir-zênite,
petrificado jato.
Assim, no altivo aprumo,
é de que espectro prisma?
de que palmeira fuste?,
de que portal coluna?,
de que navio mastro?,
de que confins baliza?,
de que bandeira poste?
De que alto-mar farol?...
E ouviu-se: – Nem prisma,
nem fuste ou coluna,
nem mastro ou baliza,
nem poste ou farol.
Eu sou a espada
que a Madre Terra,
quando ao seu seio
se aconchegaram
os filhos mortos,
maternalmente
desembainhou.
Feita de pedra,*

*mas pedra feita
de ossos e cinzas
e calcinada
pela candência
do seu amor,
tornei-me a espada
da resistência.
Têmpera impertérrita
à intempérie avessa,
sou a refratária.
Contra mim nem mesmo
as adversas forças
dos Quatro Elementos
– Terra, Ar, Água, Fogo –
prevalecerão.
Não há chão que me corrompa,
não há vento que me vergue,
não há chuva que me oxide,
não há sol que me derreta.
Alçada sobre o silêncio
de eternizada trincheira,
– vigia de quatro séculos,
exposta às quatro estações
e aos quatro pontos cardeais –,
eu sou a espada de pedra
– pedra angular de uma Pátria,
pedra de toque da Raça,
pedra do Lar e do Altar –
que na quadrigúmea lâmina
traz a legenda que reza:*

"Aos épicos de julho de 32, que, fiéis cumpridores de sagrada promessa feita a seus maiores – os que houveram as terras e as gentes por sua força e fé –, na lei puseram sua força e em São Paulo sua fé".

Algumas pessoas podem argumentar que a revolução paulista de 1932 foi um movimento limitado, sem maiores repercussões na história do Brasil. Não foi bem assim. Embora tenha durado poucos meses (menos de três), ao contrário da Revolução Farroupilha, no Sul, ela foi um marco, um protesto com repercussões inegáveis. Sacudiu consciências, foi uma recusa a uma situação humilhante. Houve um período em que a data quase não era lembrada – sequer era feriado. Então, a memória dos fatos, das razões por que a revolução aconteceu, foi enfraquecendo. Até hoje, muita gente (e não só os jovens) estranha o feriado. Por isso, transcrevemos abaixo textos divulgados por ocasião do 9 de julho de 2001, no Jornal *O Estado de S.Paulo* e pela Associação Comercial de São Paulo em 2002. Resumem e informam, como se lerá.

Antônio Penteado Mendonça, em 2001, em artigo no jornal citado, diz o seguinte (selecionamos alguns trechos mais significativos):

Fé paulista

1932 foi um grito de amor. Um grito alto, rugindo nos canos dos canhões e das metralhadoras, mas, paradoxalmente, um grito de amor. Como foi por amor que o sangue paulista regou a terra paulista, escorrendo das feridas mal-curadas de centenas de soldados, para ser engolido, com amor, pela terra mãe.

1932 foi um gesto de amor. Uma explosão incontrolável de milhares de peitos anônimos irmanados na cruzada para fazer um Brasil melhor para todos os brasileiros. Por esse sonho milhares de mãos mal armadas se ergueram, empunhando armas velhas e descalibradas; por esse sonho milhares de peitos mal cobertos se ergueram, enfrentando o inverno úmido, como uma muralha de carne destinada a impedir os desmandos da ditadura e a manutenção de velhos privilégios que os paulistas há muito não mais aceitavam. (...) 1932 foi a revolta dos construtores de impérios contra as amarras que os prendiam às ruínas do passado. (...)

Nunca foi vontade de se separar. Nunca foi vontade de se impor. 1932 foi o povo de São Paulo exigindo para todos os brasileiros o que São Paulo já lhes dava.

Fatos importantes da Revolução

1930: uma revolução derrubava o governo das grandes elites de Minas Gerais e São Paulo. Getúlio Vargas assumia a presidência do Brasil em caráter provisório, mas com amplos poderes.

Maio de 1932: no dia 23 de maio é realizado um comício reivindicando uma nova Constituição para o Brasil. O comício termina em conflitos armados. Quatro estudantes morrem: Martins, Miragaia, Dráusio e Camargo. As iniciais de seus nomes formam a sigla MMDC, que se transforma no grande símbolo da Revolução.

Julho de 1932: explode em São Paulo uma revolta contra o presidente Getúlio Vargas. As forças paulistas lutaram durante três meses. O episódio fica conhecido como a Revolução Constitucionalista de 1932.

A imprensa paulista defende a causa dos revoltosos. Uma imensa campanha de mobilização é acionada.

Os revoltosos esperavam a adesão de outros Estados, o que não aconteceu. Em 2 de outubro de 1932, os paulistas se rendem. Prisões, cassações e deportações se seguem.

A Revolução Constitucionalista de 1932 foi o maior conflito militar interno do Brasil no século XX.

O 9 de Julho é uma data regional, mas inserida para sempre na história do Brasil, como a Revolução Farroupilha, como a Campanha do Contestado e a chamada Intentona Comunista de 1935, além do Movimento Militar de 31 de março de 1964.

O mundo mudou muito, o Brasil também, mas continua sendo verdade que a história é a mestra da vida – das pessoas e das nações. A alegria que os brasileiros sentiram quando foi promulgada a Constituição de 1988, livremente debatida pelos deputados e senadores constituintes, posta de ponta-cabeça, pode explicar a frustração que, em 1932, explodiu em um movimento armado.

Este cartaz foi um dos mais expressivos dos muitos que foram usados pelos paulistas durante o movimento de 1932. Ele dispensa comentários:

1º de julho é o **Dia da Vacina BCG**. BCG vem de Bacilo Calmette-Guerin. É a vacina usada contra a tuberculose. "No Brasil, a maioria das maternidades aplica BCG oral em todos os recém-nascidos" (*Grande Enciclopédia Larousse Cultural*). A vacina é preparada de um bacilo tuberculoso, variedade bovina, "da qual foi subtraída toda virulência, mas que conserva suas propriedades antigênicas e imunitárias" (*idem*).

Sabemos que o Brasil é um país em que a vacinação é universal, está ao alcance de todos, dos recém-nascidos aos idosos. Nisso, estamos à frente de muitos países.

E 2 de julho é o **Dia do Hospital**. Ninguém gosta de ir para um hospital – às vezes, até visitar algum amigo ou parente internado é penoso. Mas eles têm papel decisivo na recuperação da saúde no mundo moderno. Antigamente, quando não se sabia a causa das infecções, não havia remédios como os de hoje, saídos das fábricas e laboratórios, os hospitais nem sempre recuperavam as pessoas. Hoje, mesmo com a diminuição de muitas doenças e o aparecimento de outras que antes pouco se manifestavam, aumentou a importância dos hospitais. Médicos, enfermeiras e fisioterapeutas conjugam seus esforços para diminuir o sofrimento e curar cada doente.

Dia 10 é o **Dia da Saúde Ocular**. De um modo geral, o brasileiro é cuidadoso quanto à saúde de seus olhos. Crianças em fase de alfabetização, quando se percebe o problema de aprendizagem, ou olhos encostados na folha de papel em que escrevem, já são observadas e, em geral, recebem a devida atenção. Cirurgias de catarata e, mais recentemente, as de correção de miopia já fazem parte do cotidiano. Em geral, não há problemas de atendimento nessa área. Os problemas que continuam a incomodar são o número insuficiente de doadores de córnea e o descuido dos mais idosos com relação ao glaucoma. Ou seja, que o **Dia da Saúde Ocular**, além das campanhas de prevenção, exames e cirurgias, sirva para aumentar o número de doadores de córnea (informe-se!) e carinhosamente convencermos os idosos da necessidade de exames regulares para que o glaucoma não os atinja.

Três datas de julho assinalam a preocupação ambiental e social:
– o **Dia do Engenheiro Sanitarista** (isto é, de saneamento): dia 13;
– o **Dia da Proteção às Florestas**: dia 17; e
– o **Dia Nacional da Prevenção de Acidentes de Trabalho**: dia 27.

Cada uma dessas datas que acabamos de citar fala por si mesma. A mais importante quanto à conscientização, quanto à necessidade de sair do papel, é a última. Formar uma CIPA – Comissão Interna de Prevenção de Acidentes – é fácil. Pôr em prática as medidas é difícil. Quantos trabalhadores de construção civil você já não viu sem capacete, sem cinto de segurança? Quantos pedaços de madeira, quantos pregos, pedregulhos, você não viu despencando lá do alto? O Brasil é um dos campeões de acidentes de trabalho – se não for o campeão. Milhares de horas de trabalho perdidas, mutilações, mortes, valores astronômicos pagos a acidentados, a parentes de mortos em acidentes... Não precisamos nos estender, porque isso é do conhecimento de todos. E a responsabilidade é dos dois lados: de quem trabalha e de quem dá o trabalho. Esse é um campo em que o Brasil ainda tem muito a melhorar. Disciplina, manutenção dos equipamentos individuais e coletivos, cursos, treinamento – tudo se soma para diminuir os acidentes e o prejuízo do país.

Aliás, ligando-se ao **Dia da Proteção às Florestas** (17), temos, no dia 12, o **Dia do Engenheiro Florestal**, uma das modalidades novas de engenharia.

A propósito do **Dia da Proteção às Florestas**, convém lembrar que é principalmente na América do Sul e na África que as florestas estão ameaçadas. Na verdade, estão sendo destruídas, devastadas, nos últimos anos – e por razões diferentes. No caso da América do Sul – sobretudo do Brasil – é o avanço desordenado da ocupação humana, da agricultura ou da lavoura sem preocupação de preservação, de renovação do estoque de árvores. Simplesmente, derruba-se, corta-se (nossa madeira tem grande valor "lá fora") e o replantio fica por conta só de empresas conscientes, nem sempre na região Amazônica ou do Centro-Oeste. Na África, o problema não é a ocupação humana, mas a desertificação, o atraso cultural. Os satélites fotografam realidades terríveis de queimadas ou de destruição via motosserras. É o resultado da ambição, falta de amor à Natureza, cobiça, antipatriotismo: tudo se junta para justificar esse dia.

Comemorado só uma vez – em 2001 – tivemos em 6 de julho o **Dia Mundial contra Passageiros Indesejáveis**. Que passageiros? Os de aviões. Se em uma viagem de ônibus um passageiro que se embebeda ou fuma já é motivo de aborrecimentos, imagine o problema lá no alto, a milhares de metros de altura. Como explicou o presidente da Sociedade Brasileira de Medicina Aeroespacial, José Luís Madrigano, na ocasião, "a diminuição da pressão atmosférica potencializa o efeito do álcool, o que pode levar a essas (referia-se ao tumulto causado por um famoso ator a bordo de um avião) mudanças de comportamento". O objetivo dos aeroviários e aeronautas era a criação de uma lista internacional de indesejáveis, para criar obstáculos à venda de passagens a tais pessoas. Quem quiser ser inconveniente, grosseiro, pondo em risco o avião, seus passageiros e tripulantes, que viaje em seu próprio jatinho transcontinental...

Outro dia curioso, mencionado pela imprensa apenas em 2001, ao ser criado, nos Estados Unidos, foi o 9 de julho: **Dia Nacional das Loiras**, para dissipar o mito da loira burra.

Dos dias de indignação (passageiros inconvenientes e loiras burras), chegamos, no dia 10, ao **Dia Internacional da Pizza**. **Não tem nada de** comercial (come-se pizza o ano todo, em muitos países), **não tem nada de** cívico, e o consumo de pizzas decididamente não prejudica o meio ambiente.

Na cidade de São Paulo, estima-se que 30 milhões de pizzas sejam consumidas mensalmente. Fica aí a informação. Bom apetite!

O **Dia Mundial da Liberdade** (14) é lembrança da Tomada (ou queda) da Bastilha, em 14 de julho de 1789, em Paris. É o início da Era Contemporânea, para os historiadores. Sabe-se que não foi um acontecimento marcante no sentido de libertar centenas de presos: havia poucos, quando os revolucionários tomaram a Bastilha. Valeu o simbolismo, da rebelião contra a decadente monarquia, o protesto que brotou de diferentes setores do povo francês e que acabou mudando muita coisa do mundo. Como o Brasil recebeu muita influência francesa até a Segunda Guerra Mundial, a data era lembrada no Brasil. Hoje, apenas os diplomatas franceses e as empresas ou entidades de origem francesa celebram a data no país.

Na verdade, a história da liberdade é difícil, ainda hoje existem povos subjugados por outros, ou militarmente (os curdos; o Tibete, pela China, faz décadas) ou pelos mecanismos de domínio comercial ou bloqueio econômico.

Dia bonito é o **Dia da Amizade** (20) (às vezes chamado de Dia Mundial do Amigo). Ninguém pode viver sem amigos. Todos sabemos disso, mas não custa lembrar essa verdade. Há amizades mais sólidas, autênticas e duradouras do que certos laços de parentesco. Celebrada em prosa e verso, em fotografias e músicas, a amizade supõe – para se materializar – a convivência de amigos. Um lindo dia, o Dia da Amizade!

No Candomblé, 26 de julho é o **Dia de Nanã**, a deusa que rege a morte. Paira sobre as águas paradas: lagos, lagoas e pântanos. Significa o fim de um ciclo e o nascimento de outro. Sincretiza-se com Santa Ana.

25 de julho – Dia do Escritor

Embora esteja relacionado entre as datas comemorativas, não costuma ser mencionado na imprensa. O escritor inventa histórias, recria fatos verdadeiros, conta à sua maneira histórias ou lendas do folclore – sem escritor não há livro. E quem tem um livro na mão, no bolso, na pasta, na bolsa, nunca está sozinho. Quando menos se espera, precisamos aguardar em uma fila, numa sala de espera, num consultório... – o livro ensina, distrai, faz pensar, amplia nossos horizontes. Mesmo os jornais e revistas têm textos de bons escritores. Preste atenção, quando passar os olhos por um jornal ou revista.

Como você viu, dia 26 é dedicado a **São Joaquim** e a **Santa Ana**, **avós de Nosso Senhor**. Daí surgiu a ideia do **Dia dos Avós**, sendo o terceiro domingo reservado especificamente à avó (ou vovó – existem as duas denominações – **Dia da Avó e Dia da Vovó**).

Julho

1º Santo Aarão (séc. XIII a.C.) e São Marinho († 262)
Dia da Vacina BCG – tuberculose
Dia Nacional do Sesi
Dia do Bancário
Dia da Cidadania
Dia Mundial da Arquitetura
Instituição do real como unidade monetária (1994)
Fundação da Santa Casa de Misericórdia do Rio de Janeiro pelo Pe. José de Anchieta (1852)
Entra em execução no Brasil o Sistema Métrico Decimal (1873)

2 Dia Nacional do Bombeiro
Dia Nacional do Hospital
Na Bahia, comemoração da derrota final das últimas tropas portuguesas que resistiam à Independência do Brasil (1823)
Consolidação da Independência da Bahia (1823)
Início em Pernambuco da Confederação do Equador (1824)
Nascimento do educador brasileiro Antônio de Arruda Carneiro Leão (1887)

3 São Tomé Apóstolo († séc. I)
Dia do Fuzileiro Naval
Dia Nacional de Combate à Discriminação Racial, Lei Afonso Arinos

4 Santa Isabel de Portugal (1271-1336)
Dia do Telemarketing
Dia do Cooperativismo
Morte de Monteiro Lobato, escritor brasileiro, São Paulo (SP) (1948)

5 Santo Antônio Maria Zaccarias († 1539)
Fundação de Goiânia (GO)
Dia da fundação do Exército de Salvação (1865)
Dia do levante armado em São Paulo, sob o comando do general Isidoro Dias Lopes (1924)
Coluna Prestes começa a percorrer o Brasil (1924)

6 Santa Maria Goretti (1890-1902)
Aniversário de Dalai-Lama
Carta Régia proibindo a impressão de livros e jornais no Brasil (1647)
Nascimento do compositor brasileiro Alberto Nepomuceno (1864)
Morte do poeta épico da abolição, Castro Alves, Salvador (BA) (1871)
Dia da criação do IBGE (1934)
Dia Mundial contra Passageiros Indesejáveis (manifestação dos aeroviários, isto é, comissários de bordo, em 2001)

7 São Firmino († séc. IV) e São Ilídio
Dia do Voluntário Social
Inauguração da Estrada de Ferro Rio de Janeiro – São Paulo (1877)
Nascimento de Artur de Azevedo (1855)
Nascimento de Tobias Barreto (1839)
Nascimento do pintor Lasar Segall (1890)

8 Santo Eugênio († 657)
Dia do Panificador
Dia do Padeiro
Dia do Taxista
Morre Lampião – fim do cangaço no Nordeste (1938)
Primeira exibição de cinema no Rio de Janeiro (1897)
Aniversário da emancipação política do Estado do Sergipe

9 Santa Verônica (1445-1497) e Nossa Senhora da Graça
Dia da Juventude
Dia do Protético
Dia do Soldador
Dia Internacional do Desarmamento
Nascimento de Carlos Ribeiro Justiniano Chagas, cientista, Oliveira (MG) (1879)
Fundação de Boa Vista (RR) (1890)
Dia da Revolução Constitucionalista (1932)

Dia do Soldado Constitucionalista (ambas, comemorações do Estado
de São Paulo)
Revolução Constitucionalista
9 de julho – Martins, Miragaia, Dráusio e Camargo, estudantes
paulistas, morreram em choque contra forças do governo federal no
dia 23 de maio de 1932. As iniciais de seus nomes passaram a compor
a sigla da Revolução Constitucionalista, que explodiu em 9 de julho:
MMDC. O movimento foi liderado pelas oligarquias de São Paulo,
afastadas do poder central pela Revolução de 1930. Os paulistas
foram derrotados no combate armado, mas atingiram seu objetivo: a
convocação de eleições para a Assembleia Constituinte que, em 1934,
promulga nova Constituição.

10 Santo Olavo (995-1030) e Santo Adalberto († 981)
Dia Mundial da Lei
Dia da Saúde Ocular
Dia da Pizza
Dia do Truco
Embarque no Rio de Janeiro de D. Pedro II para Uruguaiana (RS)
durante a Guerra do Paraguai (1865)

11 São Bento (c. 480-547)
Dia Mundial da População
Dia do Rondonista
Dia do Mestre de Banda
Dia Nacional dos Trabalhadores em Serviços Telefônicos
Nascimento do compositor brasileiro Carlos Gomes (1836)
Morte de Guilherme de Almeida: advogado, jornalista, poeta, ensaísta
e tradutor brasileiro, São Paulo (SP) (1969)

12 São Gualter († 1099)
Dia do Engenheiro Florestal
Dia Internacional da Destruição das Armas (criado pela ONU)
Nascimento do educador brasileiro Anísio Spínola Teixeira (1900)

13 São Henrique III (973-1024)
Dia do Engenheiro Sanitarista
Dia dos Cantores e Compositores Sertanejos
Dia Mundial do Rock
Posse de Duarte da Costa, 2º governador-geral do Brasil (1553)
Chegada ao Brasil do Pe. José de Anchieta (1553)
Expulsão dos jesuítas de São Paulo pelo povo e pela municipalidade
(1640)

14 São Camilo de Lélis (1550-1614)
Dia da Liberdade de Pensamento

Dia do Propagandista de Laboratório
Dia do Automobilismo
Dia Nacional dos Povos Americanos

15 São Boaventura (1221-1274)
Descoberta da Foz do Iguaçu (1889)
Instalação do Congresso Republicano Brasileiro com legislatura ordinária (1890)
Dia Nacional dos Clubes
Dia Internacional do Homem

16 Nossa Senhora do Carmo
Dia do Comerciante
Dia do Futebol
Fundação de Minas Gerais
Dia da Alimentação
Morte de D. Pero Fernandes Sardinha, primeiro bispo do Brasil, pelas mãos dos índios caetés na costa do Ceará (1556)
Felipe dos Santos é enforcado e esquartejado em Vila Rica (MG) (1720)
Nascimento do Visconde de Cairu (1756)
D. Pedro II chega ao Rio Grande do Sul, em viagem para Uruguaiana, durante a Guerra do Paraguai (1865)
Promulgação da 3ª Constituição do Brasil (1934)
Desembarque do primeiro contingente da Força Expedicionária Brasileira (FEB) na Itália (1944)

17 Beato Inácio de Azevedo († 1570) e Santo Aleixo († c. 1216)
Dia do Protetor da Floresta
Expulsão dos jesuítas do Pará, entre eles, Pe. Antônio Vieira (1661)
Morte do escritor brasileiro Bento Gonçalves (1847)
O Brasil conquista o tetracampeonato de Futebol (1994)

18 São Frederico († 838)
Dia Nacional do Trovador
Dia Mundial dos Veteranos de Guerra
Dia do Levante Nacional
Morte do Pe. Antonio Vieira, missionário e diplomata português, Salvador (BA) (1697)
D. Pedro II é coroado imperador do Brasil (1841)
Morte do presidente Humberto de Alencar Castello Branco, Mondubim (CE) (1967)
Luiz Alves de Lima e Silva é agraciado com o título de Barão de Caxias

19 São Símaco († 514) e São Vicente de Paula († 1660)
Dia da Caridade
Dia da Junta Comercial
Dia do Basquete
D. Pedro II chega a Porto Alegre com destino a Uruguaiana (RS) (1865)
Ocorre a primeira filmagem da baía de Guanabara, exibida no Cine Paris (RJ) (1898)

20 Santo Elias († séc. IX a.C.) e São Jerônimo Emiliano († 1537)
Dia do Revendedor de Petróleo e Derivados
Dia Mundial do Amigo
Dia Pan-americano do Engenheiro
Nascimento de Santos Dumont, pai da aviação, em Minas Gerais (1873)
Aniversário da chegada dos primeiros homens à Lua (1969)

21 São Lourenço de Bríndisi (1559-1619)
Dia Internacional do Trabalho Doméstico
Morte de Martim Afonso de Souza, donatário da Capitania de São Vicente (1564)
Partida da bandeira de Fernão Dias Paes à procura de ouro e esmeraldas (1676)

22 Santa Maria Madalena (séc. I)
Morte de Baltazar Carrasco dos Reis, fundador de Curitiba (1697)
Criação do Ministério da Indústria e Comércio (1960)
Criação do Ministério das Minas e Energia (1960)
Início da Semana da Agricultura

23 Santo Apolinário (séc. I e II) e Santa Brígida (1302-1373)
Dia do Guarda Rodoviário
Nomeação de Mem de Sá como 3º governador-geral do Brasil (1558)
Proclamação da maioridade de D. Pedro II, aos 15 anos de idade (1840)
Início da colonização europeia em São Paulo (1840)
Assinatura em Viena do contrato de casamento de D. Pedro II com Tereza Cristina Maria de Bourbon (1842)
Fundação de Paranaguá (PR)
Inauguração do Instituto Oswaldo Cruz (1900)
Morte de Santos Dumont, Guarujá (SP) (1932)

24 Santa Luísa de Saboia (1462-1503) e Santa Cristina († 1224)
Organização do primeiro gabinete do reinado de D. Pedro II (1840)
Proclamação da República Catarinense na cidade de Juliana, hoje Laguna, que seria a capital da província (1840)

Nascimento do escritor brasileiro Guilherme de Almeida, Campinas (SP) (1890)

25 São Cristóvão
Dia do Motorista
Dia do Colono
Dia dos Viajantes
Dia do Carreteiro
Dia Nacional da Agricultura
Fundação do mais antigo clube de futebol (RS) (1900) (informação obtida junto à CBF)
Criação do Ministério da Saúde (1953)

26 São Joaquim e Santa Ana – Pais da Santíssima Virgem
Dia das Avós
Dia de Nanã Buruque – orixá feminino – Candomblé
Dia do Detetive Particular
Assassinato no Recife (PE) de João Pessoa Cavalcanti de Albuquerque (1930)
Chegada ao Maranhão da expedição francesa chefiada por Daniel de la Touche, senhor da La Ravardière (1642)
Curitiba é elevada à capital da Província do Paraná (1845)

27 São Pantaleão († c. 303)
Dia do Despachante
Dia Nacional da Prevenção de Acidentes de Trabalho

28 São Celestino I († 432) e Santo Acácio (c.† 1584)
Dia do Agricultor
Criação do Ministério da Marinha com o nome de Secretaria dos Negócios da Marinha (1736)
Posse de Epitácio da Silva Pessoa, presidente do Brasil (1919)

29 Santa Marta (séc. I)
Dia do Hoteleiro
Nascimento da Princesa Isabel, Rio de Janeiro (RJ) (1846)

30 São Pedro Crisólogo (c. 400-450)

31 Santo Inácio de Loyola (c. 1491-1556)
Dia Nacional do *Outdoor*
Dia de Congadas em Araguari (MG)
Libertação dos indígenas do Brasil (1609)
Posse de D. Frei Gregório dos Anjos, primeiro bispo do Maranhão (1680)
Incorporação do Uruguai ao Brasil, sob o nome de Província Cisplatina (1821)

Agosto

Comentário

2º domingo – Dia dos Pais

Assunção de Nossa Senhora – dia 15, mas se cair em dia de semana, a comemoração é transferida para o domingo seguinte (no Brasil), como acontece com Santos Reis e Todos os Santos.

1º sábado e domingo (cidade de São Paulo): Nossa Senhora das Neves.

De 20 a 27 – Semana da Maçonaria, Lei Estadual nº 11.623, de 7 de janeiro de 2004.

Dia 1º é o **Dia do Selo Postal Brasileiro**. Eles começaram a ser usados na Inglaterra, em 6 de maio de 1840. Três anos depois, em 1º de agosto de 1843, o **selo** de correio, isto é, o **selo** postal, começou a ser usado no nosso país. Os primeiros **selos** brasileiros formaram a série chamada de **olho-de-boi**. Quem os coleciona é o **filatelista**. Nos últimos anos surgiram máquinas que os correios usam para cobrar o valor para remeter cartas, objetos, pacotes –, mas os selos continuam necessários e bonitos.

No dia 4, comemora-se o **Dia do Padre**, aproveitando a festa de São João Maria Vianney, um padre francês do século XIX, conhecido como o cura (vigário, responsável por uma igreja de um povoado, antigamente) d'Ars. Foi uma bela vida, humilde e intensa, tanto que é o padroeiro (protetor, patrono) dos padres católicos.

No mundo moderno, os padres não têm mais a participação na vida das famílias e do país (em termos políticos), que chegaram a ter até mais ou menos 1950. Hoje, sua importância está nas comunidades, nas universidades, nas atividades sociais, na condução da juventude e da infância. O padre é o guia espiritual dos católicos.

Agosto tem algumas datas de saúde, incluindo o **Dia Nacional da Saúde** (5), o **Dia Municipal de Prevenção à Sífilis** (5), o **Dia Nacional das Santas Casas de Misericórdia**. O mais importante é o dia 21: **Dia Mundial da Doença de Alzheimer**, que afeta pessoas idosas. Como diz o jornalista Julio Abramczyk (*Folha de S.Paulo*, 4/8/02):

Uma doença leva o idoso a esquecer que ele existe

O aumento da população idosa em todo o mundo aumenta a importância de dar atenção para a saúde mental da população com mais de 65 anos. A partir dessa idade, surgem afecções próprias dos idosos, e uma das mais devastadoras é a doença de Alzheimer.

Os médicos ainda não sabem o que provoca a doença. Mas ela tem como característica a morte dos neurônios (a unidade funcional do sistema nervoso) e a diminuição da síntese de mediadores químicos, o que impede a transmissão de informações pelo cérebro.

Um cérebro sem neurônios fica sem memória e tudo o que uma pessoa aprendeu em toda a sua vida desaparece. É como se retornasse à fase de bebê, em que até a comida é dada na boca."

Ainda segundo a notícia, a doença afeta cerca de 500 mil brasileiros. É uma data nova, que mostra a preocupação de fazer as pessoas conhecerem até aspectos jurídicos decorrentes da doença. É uma evolução do conceito de datas comemorativas, muito bem-vinda.

Por falar em data bem-vinda, no dia 28 temos o **Dia Nacional do Voluntariado**. Para nosso orgulho, o Brasil é um dos países líderes do mundo em voluntariado. Em todo o território brasileiro, multiplica-se a atividade deles – nas áreas de saúde, educação, recreação, captação de recursos e outros setores. Povo solidário, embora com alguns traços individualistas em sua personalidade, o brasileiro sabe a importância do gesto de amparo, de colaboração, provando que nem tudo se faz só por dinheiro.

O Dia Nacional do Voluntariado ratifica uma das mais bonitas e necessárias qualidades do brasileiro. São muitos dando um exemplo de colaboração espontânea para os que precisam dessa ajuda.

Na cidade de São Paulo, dia 3, temos o **Dia do Skate**. Cresceu tanto essa atividade física, esportiva, que hoje o *skate* é considerado um dos esportes mais praticados no Brasil, chegando a 2 milhões de adeptos – inclusive meninas e moças. É cada vez mais comum vermos nas ruas e praças de São Paulo, quando não em locais especiais para isso, crianças e adolescentes praticando *o esporte*. Movimentos ágeis, acrobáticos, arriscados, numa ousada movimentação que já tem rendido ao Brasil títulos em competições internacionais.

Em agosto temos o **Dia do Rosa-Cruz** e o **Dia do Maçom**. Oportunidade para nos informarmos sobre esses movimentos, com muitos adeptos no Brasil, seus ensinamentos, sua proposta de conhecimentos místicos e de serviço aos semelhantes.

Não há dias relativos à Marinha nem à Força Aérea – em compensação, temos uma importante comemoração do Exército – o **Dia do Soldado**, em 25 de agosto (Luís Alves de Lima e Silva, o Duque de Caxias, nasceu nessa data, em 1803). Caxias não deve ser lembrado apenas pelas vitórias que conquistou nos campos de batalha (principalmente na Guerra do Paraguai), mas também pela sua atuação como pacificador de revoltas regionais e pela sua atuação política. Foi um dos maiores brasileiros de todos os tempos. Não é à toa que tantas cidades brasileiras têm ruas, praças e avenidas com o nome de Duque de Caxias.

Melhor do que nossas palavras, fala o texto que transcrevemos a seguir, parte da manifestação do comandante do Exército, general de exército Gleuber Vieira, no Dia do Soldado, 2001 (o texto, ou a ordem do dia, é mais longo – dele extraímos o que nos pareceu oportuno para este livro).

"Caxias. Assim foi chamado Luís Alves de Lima e Silva quando, no Maranhão, pacificou a Balaiada. Duque de Caxias foi a titulação que recebeu quando retornou da Campanha da Tríplice Aliança. Por três vezes presidente do Conselho de Ministros, presidente de duas províncias e senador do Império, Caxias, marechal do Exército Brasileiro, não foi um personagem eventual e transitório em nossa história. Honrado cidadão, notável chefe militar e acatado estadista, transcendeu todos os títulos justamente recebidos. Personificou o Pacificador e Unificador da Pátria. Encarnou o herói do Império. Projetou sua luminosa presença à República por nascer.

Praticou coragem e prudência revestidas de bondade. Galvanizou pelo exemplo. Austero e simples, inspirou e demonstrou lealdade, desprendimento, disciplina e responsabilidade. Sua espada invencível brilhou na altivez da autoridade que não constrange, na temperança que permeia graves decisões e na disposição férrea para, fiel a si mesmo, não transigir com a indisciplina. Conclamou e corrigiu, compreendeu, orientou e perdoou. Chefiou, liderou e conquistou sem possuir, desviando-se das luzes do sucesso e do poder que seduzem o homem comum. Seus ensinamentos sobrevivem para os cidadãos de todos os tempos.

(...)

O soldado sabe quanto custa ser um Caxias, que, por força de lei e dever de ofício, se necessário dispõe da própria vida para sobrepor os interesses maiores da Pátria às pequenas vontades e ambições pessoais. Custa exercitar lealdade, ética, espírito público, dignidade e amor incondicional ao Brasil, virtudes tão escassas nos dias que correm.

(...)

Para ser Caxias é necessário, realmente, amar a Pátria brasileira, estar moralmente amparado, corajosamente disposto e fraternalmente envolvido com o próximo e com a sociedade. Porque é preciso zelar e manter, com honradez e dignidade, em sua esfera de atribuições, a ordem, a segurança e a paz – obrigação de todos."

No dia 9, temos o **Dia Internacional dos Povos Indígenas**. Embora sem repercussão na imprensa falada ou escrita, nem nas escolas, é um dia significativo. Milhares de anos antes de os europeus chegarem, o continente americano já era habitado. A cultura indígena de praticamente todos os países americanos foi destruída pelo homem branco. Foi uma das tragédias da Era Moderna, que antecedeu a Era Contemporânea. De certa forma, foi um genocídio, embora a palavra não existisse na época, nem os colonizadores tivessem consciência disso (com raras exceções, como certos padres).

Hoje em dia, felizmente, valoriza-se cada vez mais o que sobrou da cultura indígena, seus valores e crenças. Não esqueçamos também do papel que desempenharam em nossa formação nacional, coisa visível nos traços físicos de nossos amigos ou até parentes.

O dia 11, **Dia do Advogado**, lembra a criação dos primeiros cursos jurídicos, isto é, de Direito no Brasil. Hoje existem centenas de faculdades de Direito, e os advogados têm papel fundamental em nossa sociedade. Recorrendo às leis, buscam resolver problemas das pessoas, das empresas. A decisão final cabe aos juízes, que analisam os processos, a argumentação dos advogados das partes e dão sua decisão.

Dia 12 é o **Dia Internacional da Juventude**. É um dia que começa a ter certa visibilidade pública. Não se trata de presentes nem de reivindicações, mas de atender à necessidade de preparar a juventude para assumir a vida adulta. É uma época de dúvidas, ansiedades, expectativas. Um período também de desafios que os jovens enfrentam. Grande consumidora, a juventude é alvo de intenso trabalho de *marketing*, que muitas vezes leva a uma deturpação dos verdadeiros valores. O diálogo dos pais e dos professores, dos adultos incumbidos do atendimento religioso e de outras pessoas com os jovens é a melhor maneira de evitar problemas. Etretanto, o diálogo não resolve tudo – o exemplo é fundamental também. Quem impede o diálogo com os jovens abre as portas para o erro. Por isso, embora o Dia da Juventude seja pouco "falado", que ele seja vivido em nosso dia a dia com os jovens. O que eles serão amanhã – para a família, para si mesmos, para o Brasil – depende dos valores que percebem e recebem.

Dia 12 é o **Dia Nacional das Artes**. Arte não é só lazer ou preenchimento de horas vazias entre uma atividade e outra. Arte é criação, é trabalho individual e também representação da coletividade. A pintura, a música, a escultura, a dança – e outras formas de expressão artística – têm um valor pessoal e cultural identificado com o modo de ser de um povo, suas tradições e aspirações – por um lado. E valores permanentes e universais – busca, integração, expansão –, por outro.

Na cidade de São Paulo, que há tantas datas comemorativas, uma das mais recentes é, em 13 de agosto, o **Dia dos Vampiros:** vampiros às avessas. Segundo o vereador autor do projeto, o objetivo é incentivar a doação de sangue. Se os vampiros (se existissem...) tiram sangue, o vampiro às avessas doa sangue. Existe o Dia Nacional do Doador Voluntário de Sangue; mas a quantidade disponível nos hospitais, prontos-socorros e bancos de sangue nem sempre é suficiente para atender quem vai ser operado, as vítimas de acidentes e crimes. Logo, doar sangue é uma necessidade permanente.

Comemoração moderna é o **Dia da Informática** (15). Dia impensável no tempo de nossos pais – e hoje a informática envolve o mundo. Poucos são os setores de atividade que podem dispensar a informática hoje em dia.

A informática mudou a vida das pessoas, das empresas, da medicina e de muitas outras coisas, sem a menor dúvida.

19 de agosto é o **Dia Mundial da Fotografia**. Assim como a televisão e o automóvel, a fotografia é relativamente recente na história da humanidade: não tem 200 anos. Mas já produziu grandes fotógrafos, verdadeiros artistas da imagem. São milhões de fotos, de profissionais e amadores, tiradas todos os dias, em todas as partes da Terra – até no fundo do mar, de dentro de uma sonda espacial ou de um ônibus espacial, à beira de um vulcão. Câmaras automáticas acopladas a veículos em movimento registram imagens incríveis. Mesmo com a televisão, o vídeo, a fotografia continua – e como! As modernas câmaras digitais permitem armazenar as imagens em um CD, que é levado para um computador em que a foto é processada, impressa. Revistas, jornais, livros se apoiam muitas vezes no trabalho fotográfico. A expressão "ensaio fotográfico" faz parte do vocabulário da mídia impressa. Novas lentes, novos recursos, filmes melhores – tudo é acrescentado regularmente ao equipamento de fotografia.

Não encontramos em nossas fontes mais informações sobre onde e como teria surgido o **Dia da Habitação**, que é no dia 21. A habitação – para os seres humanos e certas espécies de animais – é morada, proteção, repouso. É tão antiga quanto a humanidade. Nossos antepassados, milhares de anos atrás, moravam em cavernas. Surgiram as cabanas rústicas e as palafitas. Hoje, em modernos edifícios ou conjuntos habitacionais, nos tristes cortiços ou nas favelas, improvisadas com pedaços de madeira, papelão e metais, os seres humanos buscam os mesmos ideais: a residência, a proteção, o descanso. A história das habitações é um dos mais interessantes aspectos das diferentes civilizações, ao longo dos séculos.

Dia 22 é o **Dia Mundial do Folclore**. Folclore é o estudo das tradições, lendas e conhecimentos do povo. Seu estudo começou na Europa já no século XVI, mas foi no século XIX, na Alemanha e na Inglaterra, que ele se consolidou. Os irmãos Grimm, no início do século XIX, na Alemanha, percorreram o país (que, na verdade, ainda não era a Alemanha unificada), falaram com muitas pessoas, sobretudo as vovós, e foram escrevendo as histórias (de fadas e outras) que elas narravam a seus netos. Esse foi o fato fundamental da história inicial do folclore. Embora haja até hoje divergências sobre qual deve ser exatamente o objetivo do folclore, o fato é que folcloristas conseguiram registrar e documentar usos, costumes, lendas, contos, danças, alimentos, artesanato, superstições, etc. No Brasil, os principais estudiosos foram Luís da Câmara Cascudo e Alceu Maynard de Araújo. Mas é indiscutível que grandes escritores, como Monteiro Lobato e Mário de Andrade, mergulharam nesse mundo e em seus livros registraram também nosso folclore. E é inegável que muitas tradições, festividades vão se perdendo. Quanto mais pessoas deixam a zona rural e se transferem para as cidades, mais as manifestações folclóricas perdem sua força. As gerações mais novas deixaram de ter contato com as festas e tradições. A Folia de Reis, por exemplo, tem poucos praticantes nas cidades onde antes centenas de pessoas se preparavam, vestiam-se com roupas próprias para os folguedos, etc.

Mas, em compensação, a indústria do turismo e as modernas secretarias de cultura (municipais, estaduais) estão contribuindo para reviver ou manter certas manifestações folclóricas. No fundo, a globalização exerce aqui uma influência negativa. A entrada no "circuito" cultural brasileiro do Dia das Bruxas é uma prova. Há uma comercialização excessiva, forçada (as festas juninas nas escolinhas ou colégios das cidades, hoje em dia, são um bom exemplo de carência de espontaneidade). O folclore sobreviverá? Sim, se apoiarmos as manifestações populares.

Duas atividades no âmbito universitário, de importância cada vez maior no mundo moderno, estão presentes no mês de agosto e merecem nossa atenção:

Dia 27 – **Dia do Psicólogo**
Dia 31 – **Dia do Nutricionista**

Desempenhada principalmente por mulheres, a atividade do nutricionista responsabiliza-se pela preparação equilibrada de alimentos em locais como fábricas e hospitais, para dar dois exemplos. A nutricionista busca o equilíbrio de que nosso organismo precisa para o crescimento e a reposição das perdas na atividade diária. Também em colégios, asilos, quartéis, centros de treinamento esportivo, a profissional busca garantir alimentação sadia, bem preparada. Nos hospitais, conforme a doença ou a cirurgia por que a pessoa internada passou, ela elabora um cardápio diferenciado.

Quanto ao psicólogo, ele exerce um papel importante na sociedade moderna. Ele orienta pessoas – de crianças a idosos, mas sobretudo jovens e adultos – a enfrentar os seus problemas e desajustes psicológicos. Confidente, amigo e conselheiro, o psicólogo é um profissional que atua em um campo cada vez mais amplo. Muitas empresas e colégios contam com psicólogos para atender os seus funcionários ou alunos. A assistência psicológica não é um luxo, muito menos supérflua. Não existe, ao que saibamos, dia do psicoterapeuta nem do psiquiatra, outros profissionais que atuam no campo da saúde mental.

Dia 29 é cada vez mais lembrado e comentado: é o Dia Nacional de Combate ao Fumo (ou contra o tabagismo). Só para lembrar: cerca de 80 mil brasileiros morrem todo ano por causa do fumo. A luta contra o fumo tem conseguido vitórias, em muitos países. E o Brasil é o segundo maior consumidor de cigarros do mundo – embora nosso número de fumantes tenha diminuído, nos últimos anos.

E a grande comemoração comercial do mês é o Dia dos Pais, no segundo domingo. Convém lembrar não o óbvio (o carinho, o reconhecimento que devemos a nossos pais), mas que na sociedade tão modificada em que estamos vivendo, nem sempre quem está presente é o pai biológico, mas um padrasto, alguém que assumiu as funções do pai, por causa de um divórcio, de uma separação, de um falecimento. E, aspecto mais moderno, mas estatisticamente significativo **em todas as classes sociais**, passamos a ter o pai que cuida sozinho de seu filho ou filhos, sem a presença, a cooperação de uma mulher. A esses pais, nossa homenagem, nosso reconhecimento. E, como acontece com as mães, é preito para ser vivido todos os dias do ano.

Agosto

1º Santo Afonso Maria de Ligório (1696-1787)
Dia do Selo Postal Brasileiro
Publicação do primeiro selo brasileiro – Olho-de-Boi (1843)
Dia do Rosa-Cruz
Dia do Cerealista
Dia Mundial da Amamentação
Nascimento do pintor brasileiro Vitor Meireles (1832)
Instituição do cruzeiro real (CR$) (1993)

2 Santo Eusébio de Vercelas († 370)
Nossa Senhora dos Anjos
Publicação do primeiro número da *Gazeta de Notícias*, RJ (1875)

3 São Pedro Julião Eymard († 1868) e Santa Lídia
Dia da Capoeira
Dia do Pároco
Dia do *Skate*
Dia do Tintureiro
Dia Internacional em Memória da Escravidão e da Abolição
Dia da batalha do Monte das Tabocas – Guerra Holandesa (1645)
Nascimento do presidente Ernesto Geisel (1908)

4 São João Maria Vianney, cura D'Ars (1786-1859)
Dia da Campanha Educativa de Combate ao Câncer
Dia do Padre
Morte de Anita Garibaldi (1849)

Raquel de Queiroz é a primeira mulher a ser eleita para a Academia Brasileira de Letras (1977)

5 Dia Nacional da Saúde
Dia da Seicho-No-Ie – Movimento Internacional da Paz pela Fé
Dia do Retirante
Dia de Prevenção à Sífilis
Dia da Farmácia
Fundação de João Pessoa (PB) (1585)
Nascimento do Marechal Deodoro da Fonseca (1827)
Nascimento do cientista Oswaldo Cruz (1872)
Explosão da primeira bomba atômica em Hiroshima, Japão (1945)

6 Fundação de São Luiz (MA) (1612)
Primeira experiência em balão pelo padre Bartolomeu de Gusmão (1709)
Revolução Acreana, chefiada por Plácido de Castro (1902)
Morte de Jorge Amado (2001)

7 São Caetano (c. 1480-1547) e São Jacinto († 1257)
Dia da Independência de São Vicente e Granadinas

8 São Domingos (1170-1231)
Morte do Almirante Barroso (1882)
Criação da Cruz Vermelha (1864)
Nascimento de Arthur Bernardes (1875)
1º Grande Prêmio no Hipódromo da Gávea, RJ (1933)

9 São Lourenço († 258)
Dia Internacional dos Povos Indígenas
Dia do Profissional de Informática
Nascimento do padre Antônio Feijó (1784)

10 Santa Paula e São Jacó
Nascimento do poeta brasileiro Antônio Gonçalves Dias (1823)
Nascimento de Jorge Amado (1912)

11 Santa Clara (c. 1194-1255)
Dia do Advogado
Dia do Jurista
Dia do Magistrado
Dia do Direito
Dia do Estudante
Dia do Garçom
Dia do Eletricista de Autos
Dia da Consciência Nacional
Dia da Pintura
Dia da "Pendura"

Dia Internacional da Logosofia, doutrina ético-filosófica fundada pelo pensador argentino González Pecotche
Introdução dos Cursos Jurídicos no Brasil (1852)

12 São João Berchmans (1599-1621) e Santa Clara de Assis (1193-1253)
Dia Internacional da Juventude
Dia Nacional das Artes
Dia do Cortador de Cana
Dia dos Escoteiros do Mar
Criação da Academia Nacional de Belas Artes por D. João VI (1816)
Nascimento de Fernando Collor de Mello (1949)

13 São Ponciano († 235) e Santo Hipólito (160-235)
Dia do Economista
Dia da Bandeirante
Dia do Azar
Dia do Encarcerado
Dia do Pensamento
Dia Internacional dos Canhotos
Dia dos Vampiros – incentivo à doação de sangue

14 São Maximiliano Kolbe († 1941)
Dia da Unidade Humana
Dia do Frevo
Dia do Controle da Poluição Industrial
Dia do Protesto
Independência do Paquistão (1956)
Morte do educador brasileiro Alceu Amoroso Lima (1983)

15 Nossa Senhora da Glória e São Tarcísio (séc. III)
Dia da Assunção de Nossa Senhora
Dia da Informática
Dia dos Solteiros
Dia Nacional das Santas Casas de Misericórdia
Adesão do Pará à Independência do Brasil
Nascimento do escritor brasileiro Bernardo Guimarães (1827)
Morte do jornalista e escritor brasileiro Euclides da Cunha (1909)

16 Santo Estêvão da Hungria (c. 975-1038)
Dia de Obaluaiê
Chegada da expedição de Gaspar de Lemos e Américo Vespúcio (1501)
Descoberta do Cabo de São Roque (1501)
Tratado de paz entre o Brasil e a Holanda, assinado em Haia (1661)
Nascimento de Joaquim José da Silva Xavier, o Tiradentes (1746)

Nascimento de Dom João Bosco, profeta da civilização no interior do Brasil, Becchi – Itália (1815)
Fundação de Teresina, Piauí (1852)

17 São Roque († 628) e Santa Clara de Monte Falco (1275-1308)
Dia do Patrimônio Histórico
Nascimento do poeta brasileiro Fagundes Varela

18 Santa Helena (c. 225-330)
Dia da Faixa do Cidadão
Início da Semana do Exército
Morte do escritor brasileiro Franklin Távora (1888)
Criação do Instituto Histórico e Geográfico do Brasil, Rio de Janeiro (RJ) (1838)

19 São João Eudes (1601-1680) e Santo Ezequiel Moreno (1848-1906)
Dia Mundial da Fotografia
Dia do Artista de Teatro
Início da Semana do Livro Escolar
Nascimento de Joaquim Nabuco (1849)

20 São Bernard de Claraval (1090-1153)
Dia do Maçom
Maria Quitéria recebe de Dom Pedro I a Medalha da Ordem do Cruzeiro (1833)

21 São Pio X (1835-1914)
Dia da Habitação
Dia do Representante Comercial
Dia Mundial da Doença de Alzheimer
Início da Semana do Excepcional
Publicação da primeira Geografia do Brasil, por Ayres de Casal (1817)
Morte de Maria Quitéria de Jesus Medeiros, primeira mulher soldado brasileira (1823)
Morte de Raul Santos Seixas (Raul Seixas) (1989)

22 Nossa Senhora Rainha
Dia do Folclore
Dia do Supervisor Educacional
Dia do Excepcional
Dia do Religioso
Brasil declara guerra ao Eixo (1942)
Morte de Juscelino Kubitschek em acidente automobilístico (1976)

23 Santa Rosa de Lima (1586-1617)
Dia do Artista
Dia da Injustiça
Dia da Intendência da Aeronáutica
Dia do Aviador Naval
Morte do Marechal Deodoro da Fonseca (1892)

24 Festa de Oxumaré (São Bartolomeu)
Dia da Infância
Morte de Antônio Felipe Camarão, historiador brasileiro (1648)
Morte do ator João Caetano (1863)
Posse de João Café Filho, vice-presidente da República do Brasil, após o suicídio de Getúlio Vargas (1954)

25 São Luís, rei da França (1214-1270) e São José de Calazans
Dia do Feirante
Dia do Soldado
Dia do Exército Brasileiro
Nascimento de Duque de Caxias (1803)
Dia do Catequista
Chegada a São Paulo do príncipe D. Pedro, onde proclamaria a Independência do Brasil (1822)
Posse do deputado Ranieri Mazilli como presidente da República (1961)
Renúncia do presidente Jânio Quadros (1961)
Dia do Soldado
25 de agosto – O Dia do Soldado é instituído em homenagem a Luís Alves de Lima e Silva, patrono do Exército brasileiro, nascido em 25 de agosto de 1803. Com pouco mais de 20 anos já era capitão e, aos 40, marechal de campo. Entra na História como "o pacificador" e sufoca muitas rebeliões contra o Império. Comanda as forças brasileiras na Guerra do Paraguai, vencida pela aliança Brasil-Argentina-Uruguai em janeiro de 1869, com um saldo de mais de 1 milhão de paraguaios mortos (cerca de 80% da população). Depois da guerra, Lima e Silva foi elevado à condição de Duque de Caxias – o mais alto título de nobreza concedido pelo imperador.

26 Santa Teresa Jornet (1843-1897)
Dia Internacional da Igualdade Feminina
Dia da Declaração dos Direitos do Homem e do Cidadão, que surgiu em meio à Revolução Francesa (1789)
Fundação de Campo Grande (MS) (1899)

27 Santa Mônica (331-387)
Dia do Psicólogo

Dia do Corretor de Imóveis (1960)
Dia do Peão de Boiadeiro
Morte do escritor brasileiro Gilberto Amado (1969)

28 Santo Agostinho (354-430)
Dia do Avicultor
Dia Nacional do Voluntariado
Dia do Filósofo
Dia do Legionário
Dia das Obras Pontificiais
Dia da Marcha pelos Direitos Cívicos
Nascimento do poeta brasileiro Hermes Fontes (1888)
Criação do Museu Paulista, com sede no Monumento do Ipiranga (1893)
Fundação da Legião Brasileira de Assistência por D. Darcy Vargas, Rio de Janeiro (RJ) (1942)
Processo de *impeachment* do presidente Fernando Collor de Mello é aprovado pela Câmara dos Deputados (1992)

29 Martírio de São João Batista
Dia Nacional de Combate ao Fumo (ou contra o tabagismo)
Assinatura por D. João VI da convenção em que era reconhecida a independência do Brasil (1825)
Desmembramento do Paraná da província de São Paulo (1853)
Elevação de Curitiba à categoria de Província, com a denominação de Província do Paraná, pela Lei nº 704, de 19/12/1853
Início da construção da estrada de ferro Mauá, a primeira do Brasil (1852)
Nascimento de "Aleijadinho", um dos maiores nomes do período Barroco no Brasil (1730)

30 São Cesário de Arles (470-543)
Dia do Vendedor Lojista
Nascimento de Anita Garibaldi (1821)

31 São Raimundo Nonato
Dia do Nutricionista
Criação da primeira escola para crianças abandonadas no Brasil (1740)
Dia em que, por Carta Régia, Portugal transfere a capital do vice-reino do Brasil para o Rio de Janeiro (1767)
O presidente Arthur da Costa e Silva deixa o cargo, em virtude de uma trombose cerebral (1969)

Setembro

Comentário

Último domingo: Dia da Bíblia (para os católicos)
Último domingo: Dia do Surdo*
Sempre lembrado pela Semana da Pátria, cujo ponto máximo é o dia 7, o mês de setembro de uns anos para cá começou também a se distinguir por uma porção de datas que marcam novas preocupações – sobretudo sociais e ambientais.

É também um mês com grande número de datas lembrando profissões ou atividades, de nível superior ou não. Não é preciso "filosofar" muito para chegar à conclusão de que o mundo necessita de todas elas. Precisamos dos trabalhos humildes, braçais (às vezes, penosos, como os de limpeza, ou arriscados, como os de manutenção de certos equipamentos industriais ou de serviços públicos) e dos que exigem anos de faculdade. E mais: muitas vezes atividades ou profissões só são bem desempenhadas com mestrado e doutorado, ou estágio(s) em outros países. Setembro tem uma boa amostragem de coisas que as pessoas fazem para ganhar a vida – e ajudar a vida dos outros.

Há também, como veremos, dias bem "específicos", um dia... curioso, um dia "antipático" e dias da flora e da fauna.

Reiniciamos nosso passeio pelas datas começando com as que tratam de problemas contemporâneos. São elas:

Dia 1º (na cidade de São Paulo) – **Dia Metropolitano de Prevenção à Violência** (aparentemente, celebrado só em 2001)
Dia 3 – **Dia das Organizações Populares**
Dia 11 – **Dia Internacional da Paz**
Dia 17 – **Dia da Compreensão Mundial**
Dia 25 – **Dia Nacional do Trânsito**
Dia 27 – **Dia da Descriminação do Aborto na América Latina e Caribe**

Embora seja assunto difícil, controvertido, extremamente pessoal, o tema – deixar de considerar crime o aborto livremente decidido pela mulher grávida que não quer ter aquela criança – mostra a importância do

---
*Já houve comemoração, em outros anos, em 23 de setembro.

debate público sobre o assunto, por mais melindroso que ele seja. Se é uma realidade e afeta milhares de mulheres, nada mais natural que as próprias mulheres, médicos, juristas e líderes religiosos discutam o tema que começa a ter presença na mídia. Até porque existem organizações femininas (ou feministas) em vários países, defendendo o que o citado dia propõe.

A questão ambiental, com o tema poluição, é a tônica dos três dias a enfeixar em um grupo só: **Dia da Amazônia** (5), **Dia Mundial de Limpeza dos Mares e Oceanos** (15) e o **Dia Internacional para a Preservação da Camada de Ozônio (ou Dia Internacional do Ozônio)** (16).

Ou seja, o dia 15 nos lembra a poluição nas praias ou no mar, e o dia 16, a poluição no ar (pois o buraco na camada de ozônio é o resultado da emissão de gases que a destroem).

Quanto ao Dia da Amazônia: essa vasta região não faz parte só do território brasileiro, mas a maior parte da Amazônia está no Brasil. A Amazônia já foi definida como o "pulmão do planeta." E todos nós sabemos das agressões que a Amazônia sofre, com o desmatamento, as queimadas, a exploração irresponsável dos recursos naturais.

O *Clean-up Day* foi criado pela Padi, organização dos Estados Unidos que regulamenta as escolas de mergulho. É uma autêntica faxina... submarina.

Centenas de escolas ou cursos "organizaram equipes para coletar o lixo de mares e praias". Conforme informou em 2001 o jornal *O Estado de S.Paulo*, 15 escolas brasileiras também participaram. "Munidos de sacos plásticos, mergulhadores esperam livrar o litoral de detritos. O mergulhador Roberto Parola, responsável por uma das escolas brasileiras de mergulho que participam da limpeza, diz que o que mais se encontra são latas de cerveja e refrigerante, além de garrafas plásticas." É a poluição, como sempre criada pelo homem, ultrapassando o horizonte visual das ruas, estradas e campos e ocultando-se no fundo do mar. O assunto é tão grave que pelo menos dois aquários brasileiros já substituíram um dos tanques de peixes, enchendo-os com lixo coletado no fundo do mar, para que os visitantes desses mesmos aquários vejam o que de errado vai da superfície para o fundo.

As mais recentes notícias sobre a "famosa" camada de ozônio são melhores: o buraco, causado pela emissão de gases poluentes, diminuiu – ou, pelo menos, parou de aumentar. Significa que as radiações solares perigosas ao nosso organismo "atingirão" menos o seu alvo – nós, os humanos.

Fauna e flora compõem o próximo grupo (pequeno) de datas sobre as quais vamos nos deter um pouco.

Dia 2 é o **Dia do Florista**. Por trás de toda floricultura ou simples banca de flores está uma ampla organização de plantio, coleta, compra e distribuição das flores. Em um país tropical como o nosso, é imensa a variedade de flores, que alegram qualquer ambiente com suas cores, perfumes e formatos. Não é preciso ser poeta para lembrar que as flores nos acompanham do nascimento à morte. Nossas mães ganharam flores quando as primeiras visitas para nós (e para elas) chegaram. E não faltarão flores em nosso velório, a menos que haja aquele aviso: "A família pede que não sejam enviadas flores nem coroas". É a vida, é a morte.

22 é o **Dia Nacional da Fauna (ou da defesa da fauna)**. Espécies de animais – quanto maiores, pior – estão há séculos desaparecendo da face da Terra. Mas o fenômeno assumiu proporções tristes, alarmantes, no século XX. A ocupação dos terrenos naturais – matas, florestas, campos – a caça cruel, exagerada e muitas vezes totalmente injustificável, acabaram com muitas espécies de mamíferos, aves, roedores. Há uma conscientização crescente, leis severas, levantamentos constantes no mundo inteiro sobre espécies ameaçadas. Já se consegue até aumentar – em cativeiro – o número de exemplares de certas espécies praticamente extintas. É uma vitória.

Por fim, o **Dia da Árvore** – nas regiões Sul e Sudeste, pois no Norte e Nordeste é em março. É a comemoração do início da primavera. É uma homenagem a uma das mais formosas manifestações da Natureza, fonte de alimentos e bem-estar para todos os seres humanos. Sem árvores, praticamente não há vida ao redor dela – é o caso dos desertos e dos polos.

Segundo informa a pesquisadora Cristina Charão, foi por um decreto federal de 1965 que a data de comemoração foi mudada para 21 de setembro (nas regiões Sul, Sudeste e Centro-Oeste) e para a última semana de março no Norte e Nordeste, data escolhida por ser lá o início do período das chuvas.

Esclarece a mesma autora que "a primeira comemoração do Dia da Árvore no Brasil foi em 7 de junho de 1902".

Profissões

Nada menos de 27 profissões, ocupações ou atividades profissionais são lembradas nesse agitado setembro.

São destacadas atividades mais conhecidas, mais populares e aquelas restritas (como tradutor e profissional de imprensa de bairro).

E há profissões antigas e outras mais atuais. Vamos lá.

1 – **Caixeiro Viajante**
3 – **Guarda-civil; Biólogo**
6 – **Cabeleireiro; Alfaiate**
9 – **Veterinário; Administrador de Empresas**
10 – **Profissional de Imprensa de Bairro**
11 – **Árbitro Esportivo; Jornalista**
17 – **Transportador Rodoviário de Carga** (notar que já tivemos o Dia do Caminhoneiro); **Costureira** (exemplo de dia em duplicata: já houve o nacional, este é o da cidade de São Paulo – não é o único caso)

20 – **Balconista; Treinador Esportivo**
21 – **Fazendeiro; Radialista**
22 – **Técnico Agropecuário**
24 – **Soldador; Técnico Industrial e de Edificações**
27 – **Encanador; Cantor**
29 – **Policial; Professor de Educação Física**
30 – **Secretária; Tradutor; Jornaleiro**

Iniciando com a letra **t** temos três profissões que merecem algumas palavras. No atual estágio da economia brasileira, o **técnico agropecuário** assume um papel relevante na modernização, produtividade e qualidade da produção brasileira. Grandes produtores de grãos e de gado, com a correlação das exportações, deixamos de ser – fácil de ver – os meros exportadores de café, algodão, banana e laranja. A exportação de vinhos e flores é uma realidade que prova o progresso do Brasil no campo. O **técnico industrial e de edificações** é também uma garantia de produtividade e segurança. Por fim, o **tradutor** – a mais antiga das profissões – de setembro. É no dia de São Jerônimo, que traduziu os textos do Novo e do Antigo Testamentos, da língua hebraica e da grega para o latim. Assim surgiu a *Vulgata* – a Bíblia em latim. São Jerônimo contou com colaboradores (escribas), mas o trabalho foi dele – segundo as fontes de que dispomos, não só de tradução mas de redação do texto em função do latim. O longo trabalho terminou em 404. São Jerônimo, com toda a justiça, é o padroeiro dos tradutores, as pessoas que passam textos de uma língua para outra. Os tempos modernos viram surgir novas atividades de tradução: os que, dentro da redação dos jornais, vertem rapidamente os textos que vêm de outros países e que serão publicados no dia seguinte ou logo após; os tradutores de filmes; os tradutores-intérpretes, cada vez mais requisitados pela política internacional e pelo vasto comércio entre os países; até chegarmos aos tradutores e adaptadores de CR-ROMs (para computadores). Grandes escritores brasileiros também foram tradutores: Érico Veríssimo, Mário Quintana, Carlos Drummond de Andrade, Rachel de Queiroz, Manuel Bandeira e outros.

Uma data cívica fundamental, em todos os sentidos – **a Independência**. E uma quase esquecida: o **Dia dos Símbolos Nacionais** (18).

A Independência, ou melhor, a declaração de Independência, em 7 de setembro de 1822, pode até não ter acontecido exatamente como inúmeros livros já a descreveram, ou o famoso quadro que todos conhecemos. Um fato é certo – e isso as escolas dificilmente ensinam, e nem sempre os livros didáticos mencionam: a independência foi um processo lento e gradual. Aos poucos, D. Pedro I e seus conselheiros e assessores foram percebendo que não dava mais para manter o Brasil "amarrado" a Portugal. Razões políticas, econômicas e até militares impunham uma separação, que acabou sendo, de um modo geral, amigável. Foi um processo que passou pelo Dia do Fico (que já vimos), pelas repreensões que de Portugal vinham para D. Pedro, culminando nas cartas que ele recebeu no Ipiranga, já na cidade de São Paulo, voltando de uma viagem a Santos.

Mas a independência não termina aí, não acaba nunca. Palavras mais novas, como soberania, autodeterminação, são a face moderna da independência. Embora até se fale disso nas escolas, são os meios de comunicação, os líderes, os políticos, os verdadeiros patriotas que falam, que proclamam.

Em um mundo cada vez mais interdependente, globalizado, com tudo que isso tem de bom, ou de inevitável ou negativo, que a Semana da Pátria seja uma reflexão. Afirmar a soberania, a maturidade de um país, não é sair por aí berrando "Não vou comprar mais nada importado!" ou "Só vou falar palavras da língua portuguesa". Não. Por mais difícil que seja o processo de independência, por mais que pessoas, empresas, diplomatas, tenham de transigir, o Brasil tem razões de autoafirmação. Aí está nossa tecnologia de ponta; aí estão nossos aviões voando em diversos países; aí estão nossas conquistas na vacinação, nos alimentos, nos filmes, nos esportes, na maravilhosa arquitetura...

Independência e vida. Independência e liberdade. Independência com reais motivos para se orgulhar de ser brasileiro. O Brasil não é o único país do mundo que está passando por dificuldades. Mas poucos países têm tanta possibilidade de se sair bem dessa situação como o Brasil. Semana da Pátria, semana do Brasil. Que não seja só comemorada nas escolas ou nas praias lotadas de gente. Pense nisso!

Os símbolos nacionais (dia 18) são o Hino Nacional, a Bandeira Nacional, as Armas Nacionais (ou da República) e o Selo Nacional.

Publicado no *Diário Oficial* de 2/9/1971 (Seção I – Parte I), Suplemento – anexo nº 6.

Os símbolos nacionais já foram mais divulgados, mais "estimados" do que o são hoje, com exceção – é claro – do Hino Nacional e nossa Bandeira (impossível não gostar deles!).

Encontramos em setembro duas datas bem específicas, que não deixamos de mencionar: o **Dia do Pombo da Paz** (20) e o **Dia das Crianças** nos terreiros de Umbanda e Candomblé (26). Não sabemos de onde surgiu o Dia do Pombo da Paz; o fato é que nem os melhores dicionários de símbolos que consultamos mencionam isso. A outra data, pelo contrário, é bem viva nos costumes dos que frequentam os terreiros.

Uma afinidade comercial se estabelece entre as "lembranças" dos dias 19 (**Dia do Comprador ou Dia do Cliente**), 20 (**Dia do Balconista**) e 29 (**Dia do Anunciante**).

Entre os temas novos presentes em setembro, temos:
12 – **Dia Nacional da Recreação e da Seresta**
15 – **Dia da Guarda Civil Metropolitana** (no caso, grafa-se sem hífen: Guarda Civil)

29 é o Dia do Petróleo Brasileiro. Há muito a comemorar. Nossa produção aumenta a cada ano e regularmente são descobertas novas jazidas, novas reservas, quase sempre no mar, ao longo de nosso extenso litoral. É uma vitória da tecnologia, da persistência e da eficiência da prospecção, é uma conquista da técnica de trazer diariamente, dos poços de terra e do mar, petróleo em uma quantidade que já superou 566 milhões de barris por ano. O Brasil ainda não é autossuficiente em petróleo, mas parte da produção é exportada. Em 1998, a dependência do Brasil de petróleo importado era de 25% (contra 44% em 1995).

Portanto, entre os dias comemorativos não só de setembro, mas do ano, o Dia do Petróleo Brasileiro é cada vez mais importante.

Única vez neste livro em que usaremos o adjetivo *antipático*: ele cabe bem para a infeliz comemoração (do quê?) inventada para o dia 25 – Dia da Solteirona. Registramos o dia porque ele consta de uma das listas que utilizamos, mas não merece adesão.

Algumas outras datas de setembro:

8 – Dia Mundial da Alfabetização

Na maioria dos países do planeta – excetuando as nações europeias, os Estados Unidos e Canadá – ainda há analfabetos. No Brasil, desde a década de 1970, a situação melhorou – mas muito resta a fazer. Ser alfabetizado não é apenas saber ler e assinar o nome: é uma formação contínua que tem de ser estimulada desde as primeiras letras – lidas e escritas.

21 – Dia do Rádio

O rádio antecedeu a televisão como veículo muito popular de diversão, de conhecimento, de informação e de música. Continua sendo indispensável em nossas vidas, mesmo competindo com outros aparelhos pelos quais também podemos ouvir música. Há também programas educativos.

28 – Dia da Bíblia

A Bíblia deve ser lida, e não apenas exposta em um lugar bonito, em casa ou no escritório. É a história do povo de Israel, com a sua sabedoria (Antigo Testamento), e a história da vida e da mensagem de Jesus Cristo, base do Cristianismo (Novo Testamento). Seja você católico ou evangélico, a leitura da Bíblia é importante e gratificante.

Por fim, um dia curioso: o **Dia do Surfe**, comemorado em São Paulo no dia 15. Sendo São Paulo cidade sem praia, a comemoração nos parece curiosa – no mínimo. Mas, como alguns dos melhores surfistas (homens e mulheres) do mundo são brasileiros, e inexistindo (ao que saibamos) Dia Nacional do Surfe, salve o Dia... municipal!

Setembro

1º Dia do Caixeiro Viajante
Dia do Profissional de Educação Física
Dia Metropolitano de Prevenção à Violência (São Paulo, 2001)
Publicação da Lei nº 5.770 que dispõe sobre a forma e apresentação dos símbolos nacionais (1971)
Início da Segunda Guerra Mundial (1939)
Início da Semana da Pátria

2 Santo Antonino (†1459)
Dia do Florista
Dia do Repórter Fotográfico
Dia Internacional do Livro Infantil
Ouro Preto (MG) é considerada pela Unesco Patrimônio Histórico da Humanidade (1980)

3 São Gregório Magno (c. 540-604)
Dia do Biólogo
Dia das Organizações Populares
Dia da Polícia Militar
Dia do Guarda Civil
Expulsão dos jesuítas do Brasil e de todos os territórios portugueses (1759)
Chegada ao Brasil de D. Tereza Cristina Maria de Bourbon, noiva de D. Pedro II (1843)

4 Nossa Senhora da Consolação
Dia do Serventuário
Dia da Lei Eusébio de Queiroz, proibindo o tráfico de escravos (1850)
Nascimento do padre José Joaquim de Campos da Costa Medeiros e Albuquerque, autor da letra do *Hino da Proclamação da República* (1867)

5 São Lourenço Justiniano (1381-1455)
Dia da Amazônia
Dia do Oficial de Justiça
Criação da Província do Amazonas, com o nome de São José do Rio Negro (1850)

6 São Canhoaldo († c. 635)
Dia do Cabeleireiro
Dia do Barbeiro
Dia do Alfaiate
Dia do Técnico de Laboratório de Análises Clínicas
Oficialização do *Hino Nacional Brasileiro*, de autoria de Joaquim Osório Duque Estrada (1922)

7 São Clodoaldo (c. 520-560) e Santa Regina
Dia da Independência do Brasil (1822)
Dia da Dedicação
Primeira transmissão de rádio no Brasil (1922)
Independência
7 de setembro – A abertura dos portos em 1808, logo depois da chegada de D. João VI, é o primeiro passo para a independência do Brasil. Ela marca o rompimento definitivo do monopólio mercantil do sistema colonial. O comércio sofre intensas modificações. Chegam ao país produtos estrangeiros, principalmente ingleses. Em 1815, o Brasil é elevado à condição de Reino Unido. A ruptura oficial acontece em 7 de setembro de 1822 com a proclamação de Dom Pedro I. As Províncias não aceitam imediatamente a decisão. A do Maranhão leva mais de dez meses (28/7/1823) para reconhecer a Independência.

8 Dia Mundial da Alfabetização
Dia Internacional da Administração
Dia Nacional da Luta por Medicamentos
Dia Internacional da Literatura (Unesco)
Início da festa do Círio de Nazaré, Belém (PA) (1793)
Fundação de Vitória (ES) (1551)
Fundação de São Luís (MA) (1612)

9 São Pedro Clever (1580-1654) e São Severino (410-482)
Dia do Veterinário
Dia do Administrador de Empresas
Dia do Técnico de Administração
Dia da Velocidade
Dia Nacional e Latino-americano da Epilepsia
Nascimento do educador brasileiro Abílio César Borges, Barão de Macaúbas (1824)
Nascimento de Leopoldo Américo Miguez, autor da música do *Hino da Proclamação da República* (1850)
Primeiro recenseamento da população do Brasil (1870)
Posse de João Belchior Marques Goulart (João Goulart), presidente do Brasil (1961)

10 São Nicolau de Tolentino (c. 1245-1305)
Dia do Profissional de Imprensa de Bairro
Dia do Gordo
Circula a *Gazeta do Rio de Janeiro*, primeiro jornal editado no Brasil (1808)

11 São Pafúncio († c. 350)
Dia do Árbitro Esportivo
Morre Hipólito José da Costa, jornalista e diplomata, fundador do *Correio Braziliense*, Londres (1823)
Chegada de D. Pedro II a Uruguaiana (RS), durante os conflitos da Guerra do Paraguai (1865)

12 São Guido de Anderlecht (c. 950-1012) e São Silvino
Dia Nacional da Recreação
Dia Nacional da Seresta
Criação dos Territórios do Amapá, Rio Branco, Ponta-Porã, Iguaçu e Guaporé (1943)
Nascimento do escritor brasileiro Álvares de Azevedo (1831)
Nascimento de Juscelino Kubitschek de Oliveira, Diamantina (MG) (1902)

13 São João Crisóstomo (c. 347-407)
Dia do Agrônomo
Morte de Alexandre Herculano de Carvalho e Araújo, escritor brasileiro (1877)

14 Dia do Surfe
Dia da Cruz – passou a ser considerada símbolo do Cristianismo por volta do ano 350
Eleição dos deputados da Assembleia Constituinte (1890)
Morte do poeta brasileiro Raimundo Correia (1911)

15 Nossa Senhora das Dores
Dia Mundial de Limpeza dos Mares e Oceanos (ou *Coastal Clean...*)
Dia da Guarda Civil Metropolitana
Dia do Musicoterapeuta

16 São Cipriano (c. 200-258) e São Cornélio († 253)
Dia Internacional da Preservação da Camada de Ozônio
Criação da Capitania de Alagoas (1817)
Morte de Carlos Gomes, compositor brasileiro, Belém (PA) (1896)

17 São Roberto Belarmino (1542-1621)
Dia Nacional do Transportador Rodoviário de Cargas
Dia da Compreensão Mundial
Dia da Costureira
Nascimento do engenheiro Paulo de Frontin (1860)

18 São José de Copertino (1603-1663)
Dia dos Símbolos Nacionais (Bandeira, Selo e Brasão do Brasil)
Dia do Perdão
Criação do Escudo Real do Brasil Império por D. Pedro I (1822)
Rendição das forças paraguaias em Uruguaiana (RS) (1865)
Publicação da 5ª Constituição da República (1946)
Início da Semana da Comunidade

19 São Januário (São Genaro) († 305)
Dia do Comprador
Morre Kodama Kyoishi, símbolo da imigração japonesa no Brasil, presidente Prudente (SP) (1990)
Início da Semana do Trânsito
Dia da Escola Bíblica

20 Santo André Kim Taegón, São Paulo Chong e São Cândido
Dia do Pombo da Paz
Dia do Balconista
Dia do Treinador Esportivo
Dia do Funcionário Público Municipal
Dia do Papeleiro
Início da Revolução Farroupilha
Criação da Casa da Moeda por Carta Régia (1703)

21 São Mateus Apóstolo (séc. I)
Dia da Árvore
Dia do Fazendeiro
Dia do Radialista
Dia Nacional da Radiodifusão
Dia da Agricultura
Dia da Preservação da Flora
Dia da Tia
Dia Nacional de Luta dos Portadores de Deficiência
Aclamação de D. Pedro I, pelo Senado e pela Câmara, como Imperador Constitucional do Brasil (1822)

22 Dia do Técnico Agropecuário
Dia da Banana
Dia da Defesa da Fauna
Dia do Amante
Nascimento do compositor padre José Maurício (1767)
Derrota das tropas aliadas em Curupaiti, durante a Guerra do Paraguai (1866)
Início da primavera no Hemisfério Sul

23 Nossa Senhora das Mercês (séc. XII) e São Lino (séc. I)
Dia do Técnico Industrial e de Edificações
Dia da Comunidade
Dia da Internet
Dia Olímpico
Nascimento de Bento Gonçalves, chefe da Revolução Farroupilha (1788)
Nascimento do Almirante Barroso, o Barão do Amazonas, Lisboa – Portugal (1804)
Aprovação do texto da 8ª Constituição do Brasil (1988)

24 São Geraldo (c. 980-1046)
Dia Mundial do Coração
Dia do Soldador
Morte de D. Pedro I, Lisboa – Portugal (1834)
Inauguração do primeiro metrô brasileiro em São Paulo, com 17 km de extensão (1975)
Nascimento da escritora brasileira Júlia Lopes de Almeida (1862)
Início da Semana dos Bons Dentes

25 Santa Amélia e Santa Aurélia
Dia Nacional do Trânsito
Dia da Tia Solteirona
Dia do Sapateiro
Nascimento de Roquette Pinto, médico e antropólogo, Rio de Janeiro (RJ) (1884)

26 Dia Interamericano de Relações Públicas, data de fundação da Federação de Associações de Relações Públicas – Fiarp (1961)

27 São Cosme e São Damião
Dia das Crianças (nos terreiros de Umbanda e Candomblé)
Dia do Encanador
Dia do Cantor
Dia da Música Popular Brasileira
Dia da Terceira Idade
Dia Nacional do Idoso
Dia da Descriminação do Aborto na América Latina e Caribe
Chegada a Curitiba de D. José de Camargo Barros, primeiro bispo do Paraná (1894)
Início da Semana de Proteção aos Animais

28 São Venceslau (c. 907-929)
Dia da Mulher Negra
Dia da Mãe Preta, em homenagem à Lei do Ventre Livre
Dia do Hidrógrafo
Dia Nacional da Liberdade de Expressão

Dia da Lei dos Sexagenários – libertava os escravos com mais de 65 anos, decisão de pouco efeito, pela expectativa de vida do escravo, de 40 anos (1885)
Lei do Ventre Livre é sancionada pela Princesa Isabel, dava liberdade aos filhos de escravos, mas deixava-os sob a tutela dos senhores até 21 anos de idade
Divisão do Brasil em capitanias hereditárias pelo rei D. João III (1532)

29 São Ciríaco, o Eremita (449-557)
Dia do Petróleo Brasileiro
Dia do Anunciante
Dia Mundial do Coração
Morte de Machado de Assis, Rio de Janeiro (RJ) (1908)
Nascimento do Almirante Barroso (1804)
Nascimento do pintor brasileiro Cândido Portinari (1903)

30 São Jerônimo (c. 342-420)
Dia de Xangô-Agogô
Dia Mundial da Navegação
Dia do Jornaleiro
Dia do Diário Oficial
Dia do Tuberculoso
Dia da Secretária (homenagem ao nascimento de Liliam Sholes, a primeira mulher a datilografar em público) (1872)
Dia Mundial do Tradutor
Impeachment de Fernando Afonso Collor de Mello, presidente do Brasil (1992)

Outubro

Comentário

1º domingo – Dia do Município e do Prefeito
Em algumas fontes, dá-se 6/10 como Dia do Prefeito; outrossim, dá-se 1º/1 como Dia do Município.
3º domingo – Dia do Servidor da Limpeza Pública
23-29/10 – Semana Nacional do Livro e da Biblioteca
Primeira e Segunda-feira – Dia Nacional do Hábitat
Outubro é o mês com o maior número de datas comemorativas. Dos 31 dias, apenas 4 têm uma única comemoração ou festa. Talvez um levantamento mais atualizado ou feito em outras fontes possa até apontar mais datas – tanto para o mês como para certos dias. Seja como for, é o mês recordista. Passaram já o Dia das Mães, o dos Namorados, o dos Pais, a Semana da Pátria, etc., mas os três últimos meses do ano reservam para estudo e análise várias datas significativas, numericamente maiores em outubro. Aliás, o último trimestre tem um declínio bem caracterizado: menos datas em novembro do que em outubro e menos em dezembro do que em novembro.

Os feriados prolongados, que nem sempre acontecem, podem ocorrer muito bem em outubro e novembro, antecipando as férias de dezembro e janeiro. Assim, o feriado de 12 de outubro (Nossa Senhora Aparecida, padroeira do Brasil), conforme o dia da semana em que ocorrer (ou "cair", como é mais comum dizer), poderá ser emendado com o Dia do Professor. E, em novembro, temos Finados e o 15 de novembro, aniversário da Proclamação da República. Parece um treino, uma preparação para as festas de fim de ano, que na cultura brasileira de hoje incluem muitas festas de formatura, casamentos (dezembro passou a ser o mês com maior número de casamentos, superando o tradicional maio – "mês das noivas" –, lembram-se?). Dezembro é o mês das festas de fim de ano das firmas, das entregas de presentes de amigo secreto, as férias coletivas ganharam força em muitos setores, de modo que, de certa forma, outubro é um *trailer* do que vem pela frente.

Como temos dado atenção às datas relativas ao ambiente, outubro nos oferece uma porção delas. Cinco datas no dia 4: **Dia da Ecologia, Dia** da **Natureza, Dia de São Francisco de Assis, Dia Mundial dos Animais e Dia do Cão.** Companheiros de jornada dos seres humanos em nosso planeta, os animais têm significativa participação na vida das pessoas e dos países. Tratá-los com respeito, cuidar deles, é uma prova de respeito pela Criação.

Logo no dia seguinte vem o **Dia da Ave.** O Brasil é um dos países com maior variedade de aves. Com cores, plumagens e cantos diferentes, elas representam uma parcela importante (e bonita) de nossa riquíssima Natureza.

O **Dia do Mar** é celebrado no dia 12. No Brasil, está ganhando força o costume de levar animais para ser benzidos em igrejas. Dias sem maior repercussão, tornamos a dizer. A primeira segunda-feira é o **Dia Mundial do Hábitat.**

A aviação e temas correlatos têm a maioria de suas comemorações em outubro. Todas estão na segunda quinzena.

Dia 17 – **Dia da Indústria Aeronáutica Brasileira**
Dia 20 – **Dia Internacional do Controlador de Tráfego Aéreo**
Dia 22 – **Dia do Paraquedista**
Dia 23 – **Dia da Força Aérea Brasileira (FAB)**
           Dia do Aviador
           Dia de Santos Dumont

Dia 31 – Dia Mundial do Comissário de Bordo

Mesmo não havendo comemorações populares, duas grandes datas são o Dia da Indústria Aeronáutica Brasileira e o Dia do Aviador, indiscutivelmente. A indústria brasileira de aviões, sediada em São José dos Campos, no Estado de São Paulo, tem o nome de Embraer. Hoje, aviões brasileiros de carga e, sobretudo, de passageiros, voam em muitos países. Não chegam a ser do tamanho dos grandes aparelhos produzidos em outros países, próprios para os voos internacionais com centenas de passageiros. Mas são aviões confiáveis (se não, não seriam comprados por tantas empresas estrangeiras para os chamados voos domésticos ou internos – dentro das fronteiras de um país), confortáveis e dotados dos mais modernos equipamentos. Tanto, que alguns aviões militares já são fabricados e está sendo feito um consórcio com uma grande empresa chinesa, de forma que a Embraer passará a ser multinacional – ou, pelo menos, binacional.

É mais um fato que comprova que, havendo condições financeiras, estímulo, a criatividade brasileira alça voos, para o bem do país e da humanidade.

Procure conhecer a vida de Santos Dumont (1873-1932). Ele foi um dos mais importantes brasileiros de todos os tempos. Filho de pai rico, em vez de dissipar a fortuna, aproveitou seus anos na Europa para pesquisar. Espírito inquieto, acabou inventando o "mais pesado que o ar" – o avião. Consta que foi Santos Dumont o inventor, também, do relógio de pulso. Mas, claro, o que o consagrou foi o avião. Como sabemos, os norte-americanos contestam até hoje a primazia de Santos Dumont, quer dizer, o fato de ter sido o primeiro, na questão da invenção do avião. Dizem que foram os irmãos Wright, que, uns dois anos antes de Santos Dumont, praticamente sem testemunhas, teriam feito o primeiro voo em um primitivo avião.

Há razões de sobra para acreditar na primazia de Alberto Santos Dumont. Ele viu, alguns anos depois, seu invento ser usado como arma, na Primeira Guerra Mundial, que foi de 1914 a 1918, inaugurando a guerra aérea. Isso o desgostou. Voltando ao Brasil, durante a Revolução Constitucionalista, que já estudamos, acabou se matando, dizem que por saber que aviões também estavam sendo usados pelos paulistas e pelos governistas.

Quem visita a cidade de Petrópolis, no Estado do Rio de Janeiro, onde está o célebre Museu Imperial, e outros lugares importantes, não pode deixar de ir à casa de Santos Dumont – simples, mas curiosa (como casa e pelo que está dentro).

A Força Aérea Brasileira, equipada com aviões americanos, tornou-se conhecida por sua participação nos combates no espaço aéreo italiano, em 1944 e 1945, nos meses finais da Segunda Guerra Mundial, combatendo a aviação militar alemã.

Ser oficial da aeronáutica, ou seja, piloto de aviões de guerra, é uma especialização que exige anos de estudo, de prática em terra e, claro, sobretudo em voo, disciplina e dedicação. Assim como existe uma academia que prepara os futuros oficiais do Exército, e outra para a Marinha, há também uma escola superior que prepara os futuros aviadores de guerra. Como o Brasil não tem se envolvido em guerras, que exigiriam combates aéreos, o papel da FAB é importante – muito importante – sob outro aspecto: a vigilância das nossas fronteiras, do nosso espaço aéreo. Em diversos aeroportos militares (bases) espalhados pelo vasto território brasileiro, pilotos estão sempre prontos para decolar e interferir em caso de algo estranho – um avião que não se identificou, verificação de pistas clandestinas de aviões que trazem contrabando e outras missões.

O paraquedismo, civil e militar, é uma atividade empolgante, corajosa, quase tão antiga quanto a aviação. Não há repercussão na mídia (dia 22), mas é o tipo da opção (profissional, no caso militar) ou de desafio físico (no caso dos civis) que também exige as virtudes da coragem, ótimo preparo físico e psicológico, disciplina e audácia. Não é uma atividade a ser exercida a vida toda, mas, enquanto se é paraquedista, há regras que não podem ser abandonadas, inclusive um intervalo mínimo entre cada salto. As revistas e os jornais, além das estações de televisão, costumam mostrar, de vez em quando, saltos coletivos, com dezenas de paraquedistas se dando as mãos no ar, formando belas configurações. Mais uma razão para falarmos de coragem, disciplina, preparo físico e... sincronismo de movimentos.

Um mês de muitas profissões ou atividades profissionais celebradas, o de outubro. Mais uma vez, lado a lado, o antigo e o novo. Profissões ou atividades humildes (mas como são necessárias!) como a dos boias-frias, os servidores da limpeza pública, as que requerem formação universitária (engenheiro agrônomo, anestesista, dentista), atividades antigas (compositor, estivador, comerciário e outras) e recentes, nascidas nos últimos anos ou décadas do século passado, como o contato publicitário, o fisioterapeuta ou o profissional dos serviços de atendimento ao consumidor (o SAC, cada vez mais presente na era do consumo).

Algumas datas (veja a relação do mês) são específicas da cidade de São Paulo, fonte de várias datas que só são oficialmente comemoradas nesta cidade. E o fato de serem oficiais não significa que muita gente fique sabendo, que haja cerimônias públicas muito visíveis ou... audíveis. Nada disso. Passar em branco não devem passar – sempre em algum sindicato, entidade ou associação alguém se lembrará e provocará uma festa ou um discurso, inauguração de retratos. Ou, no caso de certos esportes ou atividades ao ar livre, a data será lembrada com algum evento.

A boa quantidade de datas dá ensejo a comemorações no mesmo dia, pois há datas que guardam "vizinhança" profissional, semelhança de atividades ou de objetivos. Eis alguns exemplos: **Dia (nacional) do Professor e Dia da Normalista** (dia 15); **Dia do Dentista e Dia da Saúde Dentária** (25). Em matéria de saúde dentária ou cuidados com os dentes, o brasileiro ainda deixa a desejar. Descuida-se, não se incomoda com uma aparência bucal sofrível, além de ser um dos campeões do mundo em número de cáries (você sabia disso?). Em nossa opinião, apesar da melhoria das condições, das fotos e vídeos de crianças em escolas, creches, orfanatos, etc., escovando (ou aprendendo a escovar) os dentes, maior divulgação é necessária. Por que não aproveitar as embalagens de dentifrício ou de escovas de dentes para dar informações, por exemplo?

No mesmo dia 25, outra "junção": é o **Dia do Macarrão e Dia dos Cozinheiros de *Pizza*** (os *pizzaiolos*).

Na preocupação social, há em outubro uma bonita comemoração: o **Dia Internacional para a Erradicação da Pobreza**. Pouco destaque tem esse dia, cuja solução – se é que um dia virá – depende do indivíduo e da coletividade, do particular e do poder público. Mas não se pode deixar de fazer o registro, esperando que um dia essa data seja mais lembrada, pois, pelo jeito, haverá sempre pobreza.

Dois dias que reputamos estranhos, por não encontrarmos nem sua origem, nem manifestação pública, apenas referência, em fontes que consultamos:

Dia 4 – **Dia do Convidado**
Dia 24 – **Dia Mundial da Informação sobre o Desenvolvimento**
(que aparece também como Dia da Informação).

Houve em 2000, no abarrotado dia 12, o **Dia dos Seis Bilhões de Pessoas**, criado pela Organização das Nações Unidas. Estatisticamente, comentou a imprensa na época, embora crianças nasçam na mesma hora, em vários pontos do planeta, deve ter sido uma criança nascida em um país subdesenvolvido, que terá dificuldades de alfabetização, de saúde, de moradia. Um quadro sombrio, que exige nossa reflexão e um estender de mão – pelo menos para os que estão ao nosso alcance.

Veja a repercussão, no jornal *O Estado de S.Paulo*:
"*Bebê bósnio simboliza desafio da superpopulação
Criança escolhida para marcar os 6 bilhões de habitantes na Terra nasceu em Sarajevo*

O bebê escolhido para simbolizar a chegada da população mundial à marca dos 6 bilhões foi saudado ontem por Kofi Annan, secretário-geral da Organização das Nações Unidas (ONU), em uma maternidade da capital da Bósnia. O bebê, que nasceu aos dois minutos do dia 12, pesando 3,5 quilos, é filho de uma família de muçulmanos bósnios e recebeu o nome de Adnan Nevic. Foi o primeiro filho de Helac Fátima, de 29 anos. Pelos cálculos da ONU, outras 370 crianças nasceram ontem em todo o mundo – a maior parte delas em países pobres.

A escolha de um bebê bósnio, segundo Annan, teve como objetivo chamar a atenção para os desafios que a humanidade enfrentará no próximo milênio para garantir às crianças um futuro melhor. O secretário da ONU disse que o nascimento de uma criança tão bonita e forte, 'em uma cidade que retorna à vida, no meio de um povo que reconstrói suas casas, em uma região que restabelece uma cultura de coexistência, depois de uma década de guerras, deveria servir de luz para um caminho de tolerância e compreensão entre todos'.

Annan deu a Adnan uma medalha da paz, de prata, e doou US$ 50 mil à maternidade de Kosevo, onde ele nasceu.

A Bósnia é um país que simboliza boa parte dos problemas enfrentados pela humanidade. Seu território ainda está repleto de minas terrestres, o governo é marcado pela corrupção e os índices de desemprego são bastante altos".

A cidade de São Paulo, que tem fiéis de numerosas religiões, inclusive de denominações novas, tem pelo menos quatro datas dedicadas aos evangélicos, todas quase no final do mês (na verdade, há outras, mas relacionamos apenas as mais dignas de destaque):

– **Dia do Pastor Evangélico** (26)
– **Dia do Obreiro Evangélico** (28)
– **Dia da Literatura Evangélica** (29)
– **Dia da Reforma Protestante** (31)

Datas católicas importantes:

– **Santa Teresinha do Menino Jesus** (1º)
– **São Francisco de Assis** (4)
Esse santo foi grande amigo dos animais, da Natureza e do Universo. Grande espírito, seu exemplo de caridade e simplicidade perdura até hoje.
– **São Benedito** (também padroeiro dos Pretos-Velhos) (5)
– **Nossa Senhora do Rosário** (7)
– **Nossa Senhora Aparecida** (12)
Como sabemos, inúmeras são as devoções ou denominações com que Nossa Senhora é conhecida. É sempre a mesma pessoa, Maria de Nazaré, mãe de Jesus. No Brasil, a imagem encontrada – aparecida – no rio Paraíba está na basílica de Aparecida, no Estado de São Paulo.
– **Santa Edwiges** (padroeira dos endividados) (16)
– **São Judas Tadeu** (28) (na verdade, é o dia "oficial", mas todo dia 28 ele é venerado).

A grande data comercial é o **Dia da Criança**, no dia 12. Assim, o último trimestre agita as vendas de brinquedos, pois dois meses depois temos o Natal, outra época de muitos presentes para crianças.

Esperança do futuro de nossa nação, a criança deve ter seus direitos respeitados e ser preparada para suas responsabilidades futuras. Nesse dia, pensemos em nossa responsabilidade para com elas.

Não deixa de haver uma correlação entre ensino e livro. E, de fato, o livro, a biblioteca e o professor (além da normalista) são celebrados em outubro. O livro e a biblioteca têm uma semana – de 23 a 29.

Ainda são lembradas aquelas duas célebres frases, de Castro Alves e Monteiro Lobato, já não muito conhecidas das novas gerações ("Bendito aquele que semeia livros a mancheias" e "Um país se faz com homens e livros"). Apesar da televisão, dos *videogames*, da Internet, do lazer fora de casa, o livro está sendo mais lido, do que nunca no Brasil. Em relação há algumas décadas, a situação melhorou. Ainda existem (e sempre haverá – não adianta ter ilusões ou querer forçar a natureza) pessoas que não gostam de ler, que não têm paciência, que não se habituaram a ler, que não tiveram estímulo ou condições para a leitura. Para muitas pessoas, até ler uma "revistinha" é difícil, elas não conseguem a concentração que torna possível entender o texto, fazer associações, tirar conclusões – enfim, aproveitar a leitura. Esse é o lado triste da questão.

O lado bom – conhecido por muitos jovens, muitas crianças, muitos adultos – é o fornecimento de livros pelo governo às escolas, a ampliação do número de bibliotecas, as rodas de leitura, as palestras de escritores em escolas, bibliotecas, lugares públicos. O livro brasileiro hoje é tão bonito e bem feito quanto o de qualquer outro país. Mas ainda não lemos muito e não temos as inúmeras e enormes bibliotecas públicas que muitos países desenvolvidos possuem; não temos o hábito sistemático de entrarmos em livrarias. Em resumo: melhorou muito o panorama do livro no Brasil. Já não são só uns poucos escritores superfamosos que vivem dos direitos autorais. A tradução de livros brasileiros para outros idiomas ainda é pequena, mas já aparecemos "lá fora".

Já dissemos em outra parte desta obra: quem tem um livro na mão, no bolso, na sacola, nunca está sozinho. E, a menos que seja necessário para um exame, uma prova, um vestibular, ninguém é obrigado a ler até o fim uma obra que não lhe está agradando, que é difícil, tediosa. Há tantos livros bons para ler! E, dizemos mais uma vez, não é só ler livros – não, nada disso. Há muito prazer e proveito na leitura de um jornal, de uma boa revista e até ao folhearmos um dicionário ou uma enciclopédia.

Assim, não há ensino sem livros. Daí a correlação de que falávamos ao iniciarmos esta parte do mês de outubro. Outubro é o mês do **Dia Mundial** (5) **e Nacional** (15) **do Professor**. **Dia da Normalista** (15) (diz-se da normalista, mas há também rapazes que optam pelo magistério).

Em um país em que uma das maiores ambições das pessoas é ter seu automóvel, vale lembrar que dia 16 é o **Dia do Instrutor de Autoescola**. Antes do automóvel, é importante adquirir a carta de habilitação.

E, mais uma vez, uma comemoração nos Estados Unidos chega ao Brasil e começa a ganhar fôlego: o **Dia das Bruxas** (última sexta-feira). Este livro não é... palco para dissertações sociológicas ou sobre as razões da influência da civilização norte-americana sobre praticamente o mundo todo – aliás, pensando bem, precisa explicar?...

Logo, ao Dia das Mães, Dia dos Namorados, Dia de Ação de Graças vem se somar o **Dia das Bruxas**. Lógico que está restrito a uma parcela muito pequena da classe média alta e da classe rica, e só poucas grandes cidades. A verdade, porém, é que o Dia das Bruxas está crescendo, principalmente em São Paulo e no Rio de Janeiro, com resultados comerciais (para quem vende fantasias, peças avulsas, etc.) expressivos. No fundo, mais um aspecto da globalização – talvez. Ou a mania de imitar coisas lá do lado de cima da linha do Equador.

Outras datas de outubro

Lembramos também que em outubro (4) temos o **Dia Mundial da Anistia**, que se preocupa com os prisioneiros por razões políticas ou religiosas (logo, não são presos por delitos comuns).

Há muitos deles, em todo o mundo. A Anistia lembra a libertação necessária, a tolerância para com ideias diferentes.

4 – Lembrança do lançamento do primeiro satélite artificial – o russo *Sputnik* (esta data não consta da relação geral do mês)

Em 1957, uma notícia eletrizante chegou aos jornais e estações de rádio e TV: um foguete colocara em órbita um satélite fabricado pelos cientistas e engenheiros da então URSS – União das Repúblicas Socialistas Soviéticas.

A humanidade entrava na era espacial. Hoje, quase 50 anos depois, já houve milhares de lançamentos, inclusive tripulados, e não param de chegar do infinito espaço sideral imagens enviadas pelo telescópio espacial Hubble, por exemplo. Tudo começou em 4 de outubro de 1957!

11 – Dia do Deficiente Físico

Por problema congênito – isto é, a pessoa já nasceu com ele –, por acidentes ou doenças, os deficientes físicos estão ao nosso redor. Ajudá-los, ampará-los, dar-lhes oportunidades profissionais compatíveis com suas limitações, são tarefas necessárias, humanas e patrióticas.

12 – Comemoração do Descobrimento da América (1492)

Chegando à América Central (sem saber exatamente onde estava aportando), Cristóvão Colombo abriu aos europeus as portas do Novo Mundo. Muitos erros foram cometidos na colonização, mas o Novo Mundo tornou-se forte e independente.

12 – Dia do Mar

Os oceanos e mares ocupam a maior parte da superfície do nosso planeta. O Brasil possui extenso litoral (mais de 8.000 quilômetros), e do mar é extraída uma enorme quantidade de peixes e outros animais para alimentação. O litoral brasileiro também é rico em jazidas de petróleo.

16 – Dia Mundial da Alimentação

Não é uma data comemorada nos jornais, nos meios de comunicação – mas devemos nos lembrar de que centenas de milhões de pessoas passam fome no mundo todo e que a distribuição desigual dos recursos é uma injustiça. É uma data que pode servir para debates em grupos.

24 – Dia Mundial das Nações Unidas (ONU)

Fundada no fim da Segunda Guerra Mundial, a ONU não tem conseguido evitar todos os conflitos internacionais. Mas, de uma forma ou de outra, com seus organismos, como a OMS e o Unicef, vem cumprindo sua missão de organizar e "consertar" muitas coisas erradas pelo mundo afora.

31 – Dia do Saci

A Câmara de São Paulo sancionou a Lei nº 13.795 que estabelece essa data como o Dia do Saci, que passa a integrar o Calendário Oficial de Datas e Eventos da Prefeitura de São Paulo. A ideia é valorizar a cultura nacional e combater o *Halloween*, uma festividade norte-americana que ganhou força em nosso país. O projeto de lei era da vereadora Tita Dias (PT) e tem como objetivo a realização de vários eventos nesse dia, reforçando as figuras do folclore brasileiro, como o curupira, a iara e o boitatá. Com essa iniciativa, espera-se reforçar a cultura nas escolas e fazer o resgate das lendas nacionais e comemorar uma festa que é nossa. O governo do Estado também aprovou as Leis nº 11.699 e 11.670, de autoria do padre Afonso Lobato, as quais dispõem acerca da comemoração e da inclusão do Dia do Saci no calendário turístico do Estado.

História do Saci

Jô Amado, jornalista e um dos fundadores da Sociedade dos Observadores de Saci (Sosaci), diz que o perneta é, "dentre todos os mitos e lendas do nosso folclore, a essência da brasilidade". Isso porque ele integra as diversas raízes do povo brasileiro – a indígena, africana e europeia. "O mito do saci nasceu entre os indígenas da região de Missões. Era, então, um curumim meio endiabrado, mas tinha duas pernas e um rabo. Era de cor morena, como os indígenas", diz Amado.

"Quando o mito entrou em contato com a mitologia africana, ele virou um negrinho que perdeu uma perna lutando capoeira e herdou também dos costumes africanos o inseparável pito", disserta. E, finalmente, ele encontra a mitologia europeia, quando herda o gorrinho vermelho chamado píleo, que os romanos davam aos escravos libertos. "Portanto, o saci também é símbolo do Homem Livre, o que tem tudo a ver com resistência cultural", afirma Amado. (Fonte: *Agência Brasil*)

Outubro

1º Santa Teresinha do Menino Jesus (Teresa de Lisieux – 1873-1897)
Dia do Vendedor
Dia Nacional do Vereador
Dia Internacional das Pessoas da Terceira Idade
Dia da Armada Militar
Criação da Imprensa Nacional
Início da Semana de Proteção aos Animais
Fundação do jornal carioca *Jornal do Comércio* (1827)
Publicação do primeiro número do *Diário Oficial*, anteriormente chamado *Gazeta do Rio de Janeiro* (1862)
Dia do estabelecimento de Florianópolis como novo nome da capital

da Província de Santa Catarina, Lei nº 111 (1894)
É conferido ao presidente de Portugal, Bernardino Machado, o título de Grão-Mestre Grande Comendador Honorário do Grande Oriente do Brasil, Maçonaria (1898)
Dia da instituição do Grande Oriente do Estado de São Paulo. Já havendo desaparecido o Grande Oriente do Estado de São Paulo, independente (1901)
Morte de Hermes Lima, ensaísta, jornalista, jurista, memorialista, político e professor brasileiro, eleito em 1968 para a Cadeira nº 7 da Academia Brasileira de Letras, em sucessão a Afonso Penna Junior (1978)
Dia do fim da Revolução Constitucionalista. Derrota de São Paulo (1932)
Nascimento de Ricardo L. Hoffmann, escritor e literato brasileiro, autor do romance *A Superfície* (1937)
A cidade de Rio Branco passa a ser a capital do Território de Roraima (1962)
Obra da pintora brasileira Sônia Menna Barreto passa a integrar a Royal Collection, Inglaterra (2002)
Sancionamento do Estatuto do Idoso, Lei nº 10.741, pelo presidente Luiz Inácio Lula da Silva (2003)

2 Dia dos Santos Anjos da Guarda
Dia do Quadro Complementar de Oficiais do Exército
Dia Nacional do Hábitat
Nascimento do presidente Nilo Procópio Peçanha, Campos (RJ) (1847)
Fundação de Porto Velho (RO) (1914)

3 São Francisco (de) Borja (1510-1572) e Santa Maria Josefa Rossello (1811-1880)
Fundação do Grande Oriente Unido, de Saldanha Marinho, o Grande Capítulo dos Cavaleiros Noaquitas, do Rito Adonhiramita. Maçonaria (1872)
Nascimento do presidente Artur da Costa e Silva, Taquari (RS) (1902)
Dia das Abelhas
Dia da Apicultura – Criação de abelhas
Dia do Latino-americano
Dia Mundial do Dentista
Criação da Petrobras

4 São Francisco de Assis (c. 1181-1226)
Dia Mundial dos Animais
Dia da Ecologia
Dia Mundial da Anistia

Dia do Convidado
Dia da Natureza
Dia do Cão
Dia do Lobinho
Dia Internacional do Poeta
Dia do Pantaneiro
Dia do Rádio Interamericano
Dia do *Barman*
Descoberta do rio São Francisco (1501)
Nascimento do presidente Prudente José de Moraes e Barros (Prudente de Morais), Itu (SP) (1841)
Morte do General Osório (1879)
Instituição do cruzeiro como moeda nacional brasileira (1942)

5 São Benedito (†1589)
Festa de Ossain (feriado Candomblé)
Dia Mundial do Professor
Dia da Micro, Pequena e Média Empresa
Dia da Ave
Dia do Boia-Fria
Dia da Cruz Vermelha (Estado de São Paulo)
Dia Universal da Criança
Morte de Caramuru (1558)
Dia da promulgação do calendário gregoriano (Papa Gregório XIII), em substituição ao calendário juliano (1582)
Príncipe Dom Pedro toma posse como Grão-Mestre do Grande Oriente do Brasil (1822)
Montezuma é demitido do cargo de Soberano Grande Comendador do Supremo Conselho do Brasil para o Rito Escocês Antigo e Aceito (1835)
Nascimento de Assis Chateaubriand, Umbuzeiro (PB) (1892)
Promulgação da 8ª Constituição do Brasil (1988)
Fundação de Roraima
Fundação de Tocantins

6 São Bruno (c. 1033-1101)
Dia do Tecnólogo
Dia do Acordo de Cooperação Turística entre Brasil e México
Dia da Carta Régia de doação da Capitania de São Vicente a Martin Afonso de Sousa. A confirmação formal data de 20/1/1535
Nascimento de José Antônio da Silva Maia, estadista e magistrado brasileiro. Foi desembargador, senador do Império, procurador da Coroa, da Fazenda e da Soberania Nacional (1789)
Domingos de Andrade Figueira, administrador, advogado e político

brasileiro; figura que muito agitou o país com sua atuação (1833)
Morte de Domingos Olímpio Braga Cavalcanti, advogado, diplomata, escritor, jornalista e romancista brasileiro. Autor de diversas obras literárias entre as quais o romance *Luzia-Homem, O Almirante* (1850)
Morte de Manuel Ferreira Garcia Redondo (Garcia Redondo), contista, engenheiro, jornalista, professor e teatrólogo brasileiro. Titular da Cadeira nº 24 da ABL, cujo patrono é Júlio Ribeiro (1854)
Nascimento de Olegário Dias Maciel, engenheiro e político brasileiro. Na presidência de Minas Gerais, chegou a romper com o Governo Federal pela luta da renovação política do Brasil (1855)
Nascimento de Gustavo Rodrigues Pereira Dutra, agrônomo e professor brasileiro. Diretor do Instituto Agronômico de Campinas, em 1897. Teve enorme influência na história da agronomia brasileira (1859)
Chegada de D. Pedro II a Alegrete (RS), em sua viagem para Uruguaiana (1865)
Nascimento de Antônio Cardoso Fontes, médico brasileiro – diretor do Instituto Osvaldo Cruz. Sua obra repercutiu em todo o Brasil na área de saúde pública (1872)
Nascimento de Bruno Henrique de Almeida Seabra, poeta brasileiro, autor de *Flores e Frutos*, verdadeiro ponto de junção entre a poesia erudita e a inspiração do povo (1872)
Nascimento de José Carlos de Macedo Soares, advogado, diplomata, ensaísta, industrial, político e professor brasileiro. Eleito em 1937 para a Cadeira nº 12 da Academia Brasileira de Letras (1883)
Dia da Iniciação de Hermes da Fonseca, presidente do Brasil, na Maçonaria (1886)
Morte de Duarte Paranhos Schutel, médico brasileiro. Dá nome a uma das 40 Cadeiras da Academia Catarinense de Letras (1901)
Dia do tratado de limites entre Brasil e Argentina. Passa a vigorar em 26/5/1900 (1898)
Nascimento de José Brito Broca, autodidata, jornalista e pesquisador brasileiro. Estudioso da história cultural e da literatura brasileiras sobre a qual escreveu mais de mil artigos (1903)
Morte de Álvaro Magalhães, educador e pedagogo brasileiro. Sua maior contribuição foi na formação do professor (1909)
Nascimento de Ulisses da Silveira Guimarães (Ulysses Guimarães), um dos maiores políticos brasileiros. Em 1987, o parlamentar comandou a Assembleia Constituinte (1914)
Nascimento de Zé Keti (José Flores de Jesus), compositor brasileiro, autor de *A Voz do Morro*, 1955, tema do filme *Rio 40 Graus* (1921)
Morte de Antônio Bandeira, desenhista e pintor, pioneiro do abstracionismo formal na pintura brasileira (1922)
Fundação da Grande Loja de Pernambuco, Maçonaria (1932)

Nascimento de Altemar Dutra, cantor brasileiro (1940)
Morte de Adolpho Lutz, cientista (1940)
Nascimento de José Carlos Pace, piloto brasileiro de Fórmula 1. Seu nome foi dado ao circuito de Interlagos. Venceu o Grande Prêmio do Brasil de 1975 (1944)
Morte de Francisco José Freire Junior, compositor, dentista, jornalista e pianista brasileiro. Foi diretor da Odeon no momento histórico em que Francisco Alves lá gravou (1956)
Dia da inauguração da Rede Nacional de Televisão por Satélite no Brasil (1982)
Morte do educador brasileiro Álvaro Magalhães (1983)
Dia da instituição do Programa Silêncio Urbano (PSIU), em São Paulo (1994)

7 Nossa Senhora do Rosário
Dia Internacional da Prevenção das Catástrofes Naturais
Dia das Congadas em Minas Gerais
Dia Interamericano da Água
Dia Mundial do Direito à Habitação
Dia do Prefeito
Nascimento de José Antônio Marinho (Cônego Marinho), professor brasileiro, um dos chefes mais entusiásticos e ativos do movimento revolucionário de 1842, em Minas Gerais (1803)
Filia-se ao Grande Oriente do Brasil a Loja Seis de Março, ex-Guatimozin, fundada em 1816, Maçonaria (1817)
Morte de Jesuíno Marcondes de Oliveira e Sá (Jesuíno Marcondes), político brasileiro, presidente da Província do Paraná em diversas gestões (1827)
Nascimento de Venâncio José de Oliveira Lisboa, político brasileiro, presidente da Província do Paraná de 1870 a 1873 (1834)
Posse de Pedro Araújo Lima, segundo regente do Brasil (1838)
Morte de Luís Tarquínio, administrador brasileiro. Instituidor do que hoje se intitula Justiça Social (1844)
Morte de Rafael Tobias de Aguiar (Brigadeiro Tobias), político brasileiro, um dos chefes da Revolução de 1842, com o Regente Feijó (1857)
Morte de Almir Rodrigues Madeira (Almir Madeira), médico brasileiro. Um batalhador em prol da preservação da infância contra a tuberculose. Promoveu a instituição do Dia da Criança no Brasil (1884)
Morte de José Vanderley de Araújo Pinho, historiador, político e sociólogo brasileiro. Protetor e difusor das letras e da cultura (1890)
Morte de Pedro Américo, artista, desenhista e escritor, considerado um dos principais expoentes da pintura histórica brasileira oitocentista (1905)

Nascimento de José Vicente de Faria Lima (Faria Lima), administrador e político brasileiro. Foi prefeito de São Paulo e criador do corpo de baile do Teatro Municipal (1909)
Criação da Ação Integralista Brasileira por Plínio Salgado, ao publicar o Manifesto de Outubro (1932)
Morte de Aloísio de Castro, compositor, médico, orador, poeta e professor brasileiro. Eleito, em 1917, para a Cadeira nº 5 da Academia Brasileira de Letras (1959)
Reconhecimento da Universidade Estadual de Londrina, Paraná, fundada em 28/1/1970 (1971)
Fundação da Grande Loja do Estado de Mato Grosso, Maçonaria (1978)
Criação do Sistema de Proteção ao Programa Nuclear Brasileiro. Decreto-lei nº 1.809 (1980)
Nascimento do primeiro bebê de proveta no Brasil (1984)
Fundação do Sindicato Nacional dos Auditores Fiscais do Trabalho (1988)

8 Santa Pelágia (séc. IV), São Luís Bertrán († 1581)
Dia Municipal da Luta pela Dignidade e Honestidade
Dia da América Latina
Dia do Nordestino
Dia do Direito à Vida
Dia do Asfaltador
Dia de Confúcio
Dia Mundial do Lions Club
Nascimento de Evaristo Pereira da Veiga e Barros (Evaristo da Veiga), autor da letra do *Hino da Independência do Brasil*. Patrono da Cadeira nº 10 da Academia Brasileira de Letras, por escolha do fundador Rui Barbosa (1799)
Dia da criação do segundo Banco do Brasil (1833)
É feito o acordo para incorporação, ao Grande Oriente do Brasil, do Grande Oriente de São Nascimento de Catulo da Paixão Cearense, músico brasileiro (1863)
Inauguração da primeira linha de bondes do Brasil, no Rio de Janeiro (1892)
Manaus é bombardeada – militares exigem a renúncia de Antônio Clemente Bittencourt (1910)
Nascimento de Eduardo Portella, conferencista, crítico literário, ensaísta e professor brasileiro (1932)
Fundação da Associação Brasileira de Comunicação Empresarial (1967)
Fundação da Sociedade Brasileira de Biotecnologia (1999)

9 São Dionísio (†c. 258) e São João Leonardo († 1609)
Dia Mundial dos Correios
Dia do Atletismo
Dia Nacional do Profissional de Consórcio
Dia Internacional da Prevenção dos Desastres Naturais
Dia Nacional de Anchieta, apóstolo do Brasil, considerado o fundador da Literatura Brasileira
Nascimento de José do Patrocínio, abolicionista, Campos (RJ) (1853)
Morte do poeta pernambucano João Cabral de Melo Neto (1999)

10 Santo Tomás de Vilanova (1488-1555)
Dia Mundial da Saúde Mental
Dia do Empresário Brasileiro
Dia Nacional de Combate à Violência contra a Mulher
Dia da Maçonaria
Dia da instituição da Irmandade de Nossa Senhora da Glória (1739)
Dia da criação do Corpo de Guardas Municipais Permanentes do Rio de Janeiro (1831)
Dia do reconhecimento do Supremo Conselho do Brasil pelo *Supreme Council of England*, Wales (1866)
Dia da Iniciação de Nilo Procópio Peçanha, presidente do Brasil, na Maçonaria, Loja Ganganelli, Rio de Janeiro (1901)
Dia da criação dos Tribunais Rurais, os primeiros tribunais trabalhistas do Brasil. Lei nº 1.869, São Paulo (1922)
Lançamento do primeiro número do jornal *Diário da Paraíba* (1929)
Os submarinos *Tamoio*, *Timbira* e *Tupi* são entregues ao governo brasileiro (1937)
A Força Expedicionária Brasileira (FEB) entra em combate pela primeira vez (1944)
Associação Interamericana de Imprensa critica a falta de liberdade de imprensa no Brasil (1972)
Dia do primeiro voo do Embraer EMB 121 Xingu (1976)
Fundação da Associação Brasileira de Águas Subterrâneas (1978)
Criação da Associação Brasileira das Instituições de Pesquisa Tecnológica (1980)
Fundação da União Nacional dos Dirigentes Municipais de Educação, Undime (1986)
Início da segunda visita do papa João Paulo II ao Brasil (1991)
Fundação da Associação Brasileira das Empresas de Utilidades e Presentes (1995)
Inauguração do Telecentro de Cangaíba, São Paulo (2003)
Marquês de Caxias é nomeado para comandar a guerra contra o Paraguai

11 São Gotardo (c. 960-1038)
Dia do Deficiente Físico
Dia do Teatro Municipal
Lançamento da primeira revista em quadrinhos brasileira (1905)
Nascimento do educador brasileiro Álvaro Borges Vieira Pinto (1909)
Primeira apresentação da Orquestra Sinfônica Brasileira (1940)

12 Nossa Senhora Aparecida
Dia da Criança
Dia do Mar
Dia do Corretor de Seguros
Dia dos Seis Bilhões de Pessoas (comemorado só em 2000)
Dia da Cirurgia Infantil
Dia da Hispanidade
Dia do Descobrimento da América (1492)
Dia da Aclamação de Dom Pedro I como Imperador Constitucional e Defensor Perpétuo do Brasil (1822)
Inauguração do Cristo Redentor, Rio de Janeiro (RJ) (1931)

Descobrimento da América
12 de outubro – O genovês Cristóvão Colombo morre em 1506, com 55 anos, sem saber que tinha descoberto a América. Pensou que chegara às Índias, destino traçado de sua expedição, que parte do porto de Palos, Andaluzia, e desembarca na ilha Guanahani (São Salvador), em 12 de outubro de 1492. Em 1483, os portugueses recusaram seu plano de chegar ao Oriente navegando em direção ao Ocidente. Já tinham escolhido contornar a costa oeste da África. Em 1487, o português Bartolomeu Dias comprovara que isso era possível ao dobrar o cabo da Boa Esperança e atingir o oceano Índico. Colombo viaja, então, com o financiamento da Coroa espanhola. Na volta, é aclamado "almirante do mar oceano".

13 São Venâncio (530-600) e Santo Eduardo III (1003-1066)
Dia do Fisioterapeuta
Dia da Terapia Ocupacional
Dia da Vida
Dia do Dinheiro
Dia do Plantio
Dia Mundial do Escritor
Fundação do Banco do Brasil (1808)
Hipólito da Costa, pai do jornalismo brasileiro, torna-se Grão-Mestre Provincial do Condado de Ruthland, Inglaterra (1819)
Nascimento de João Teixeira Soares (Teixeira Soares), engenheiro brasileiro, responsável técnico pela construção do trecho ferroviário

Curitiba-Paranaguá (PR) (1848)
Início da circulação do *Compilador Mineiro*, em Ouro Preto, primeiro periódico do Estado de Minas Gerais (1823)
Luís Alves de Lima e Silva, o Duque de Caxias, assume cadeira de Senador vitalício pelo Rio Grande do Sul (1846)
Morte de Francisco de Paula Nei (Paula Nei), orador de renome e repórter brasileiro, tanto do Parlamento como da polícia (1858)
Morte de Nestor Vítor dos Santos (Nestor Vitor), abolicionista, crítico literário, escritor, jornalista, poeta e republicano brasileiro (1868)
Dia da adoção do regime de funcionamento dos portos do Império, Lei nº 1.746 (1869)
Barão de Drumond cria o jogo do bicho com a finalidade de ajudar o Jardim Zoológico, Rio de Janeiro (RJ) (1890)
Nascimento de Mário Kroeff, cirurgião cancerologista brasileiro, fundador do Serviço Nacional do Câncer, membro efetivo da Academia Nacional de Medicina (1891)
Nascimento de Eduardo Nadruz (Edu da Gaita), músico brasileiro. Participou de apresentações de grandes orquestras sinfônicas (1916)
Nascimento de Gilberto Mendes, compositor e músico brasileiro, um líder da música contemporânea no Brasil (1922)
Morte de Gustavo Peckolt, botânico, geólogo, mineralogista, químico e zoólogo brasileiro. Químico dos mais notáveis, produziu milhares de trabalhos na área, muito apreciados e divulgados na Alemanha (1923)
Nascimento de Murilo Melo Filho, jornalista brasileiro, eleito em 1999 para a Cadeira nº 20 da Academia Brasileira de Letras (1928)
Fundação da Escola Superior de Guerra (1936)
Estrada de Ferro Santos-Jundiaí é incorporada ao patrimônio da União (1946)
Fundação da Cooperativa Agropecuária Castrolanda, Castro (PR) (1951)
Morte de Manuel Carneiro de Sousa Bandeira Filho (Manuel Bandeira), crítico, cronista, historiador literário e professor brasileiro. Um dos nomes mais importantes do Modernismo, considerado um clássico da Literatura Brasileira no século XX (1968)
Brasil entrega no Rio de Janeiro o *Omnium Pride*, o primeiro navio graneleiro fabricado no país (1971)
Emissão do selo comemorativo aos 200 anos de nascimento de Dom Pedro I (1998)
Frei Beto lança a Semana Solidária (2003)

14 São Calisto I († c. 222)
Dia Nacional da Pecuária

Dia do Engenheiro de Segurança do Trabalho
Nascimento de frei José Mariano da Conceição Veloso, botânico, desenhista, ornitólogo, padre, pintor, professor e zoólogo brasileiro. Deve-se a ele a incorporação à ciência de centenas de formas novas de vegetais (1742)
Dia do estabelecimento da primeira linha postal por via marítima entre Santos (SP) e Paranaguá (PR) (1800)
Nascimento de Cândido Mendes de Almeida (Cândido Mendes), geógrafo, historiador, jurista, pesquisador e político. Uma das maiores expressões da cultura jurídica brasileira por sua erudição posta a serviço dos estudiosos com a publicação do *Código Filipino*, em 1870 (1818)
Dia da primeira circulação das barcas a vapor, Rio de Janeiro-Niterói (1835)
Morte de Manoel de Melo Cardoso Barata (Manoel Barata), advogado, bibliófilo, colecionador, historiador e político brasileiro. Sua biblioteca particular foi uma das mais ricas do Brasil (1841)
Morte de Júlio César Ribeiro de Sousa, jornalista, militar e professor brasileiro. Grande estudioso do voo dos pássaros e da ciência aerostática (1843)
Nascimento de Benedito Calisto de Jesus, pintor brasileiro. Sua grande produção pictórica girou em torno da paisagem, de temas históricos ou sacros (1853)
Nascimento de Rodolfo Epifânio de Sousa Dantas (Rodolfo Dantas), advogado e político brasileiro, fundador do *Jornal do Brasil*, Rio de Janeiro (1854)
Nascimento de Calixto Cordeiro (K. Lixto), caricaturista e desenhista brasileiro. Desenhou o primeiro selo de imposto de consumo impresso no Brasil (1877)
Inauguração do Theatro Eldorado, no Rio de Janeiro (1882)
Regulamentação da concessão de patentes aos autores de invenção ou descoberta industrial, Lei nº 3.129 (1882)
Nascimento de Alcebíades Delamare Nogueira da Gama (Alcebíades Delamare), biógrafo, escritor e professor brasileiro. Fomentou o plano de elevar a imagem do Cristo Redentor no Corcovado (1888)
Nascimento de Armando Vieira Marçal, compositor, lustrador de móveis e ritmista brasileiro. Vice-presidente da Escola de Samba Recreio de Ramos (1902)
Fundação do Aeroclube do Brasil, no Rio de Janeiro (1911)
Fundação da Sociedade Brasileira de Farmacologia e Terapêutica Experimental (1966)

15 Santa Teresa de Ávila (1515-1582)
Dia do Professor
Dia da Normalista
Dia do Juiz de Casamento
Dia do Educador Ambiental
Dia da Educação Nacional
Dia do Caçador
Dia do Securitário
Dia da Prevenção das Doenças do Coração
Dia do Calendário
Criação do Observatório Nacional no Rio de Janeiro (1827)
Casamento da princesa Isabel com o conde D'Eu (1864)

16 Santa Edwiges (1174-1243)
Dia Mundial da Alimentação (ONU)
Dia do Anestesista
Dia do Instrutor de Autoescola
Dia Internacional do Pão
Dia da Ciência e da Tecnologia
O Barão de São Félix, sucessor de Saldanha Marinho no Grande Oriente Unido, anuncia sua dissolução e fusão com o Grande Oriente do Brasil, Maçonaria (1882)

17 Santo Inácio de Antioquia († c. 107)
Dia Internacional para a Erradicação da Pobreza (ONU)
Dia do Eletricista
Dia da Indústria Aeronáutica Brasileira
Dia do Orientador
Dia do Maquinista
Dia Nacional da Vacinação
Início da Semana da Asa
Casamento do imperador D. Pedro I com a princesa Amélia de Leuchtenberg (1829)
Decreto do Grande Oriente do Brasil reconhece, consagra, autoriza e incorpora o Rito Brasileiro, Maçonaria (1916)
Dia da Iniciação de Victor Brecheret, escultor do Monumento às Bandeiras, na Maçonaria – Loja América, São Paulo (1920)
Morte do músico brasileiro Heitor Villa-Lobos (1959)
Promulgação da Constituição do Brasil (1969)

18 São Lucas (séc. I)
Dia do Estivador
Dia do Desarmamento Infantil
Dia do Médico (homenagem a São Lucas, que foi médico)
Dia do Pensamento Infantil

Dia da Liderança Social
Dia do Pintor (de carros, paredes)
Dia Internacional do Controlador de Voo
Morte do padre Manuel da Nóbrega (1570)
Nascimento de Manuel da Costa Ataíde, pintor brasileiro. Do período colonial, acredita-se que tenha sido um dos últimos artistas rococós do mundo ibérico (1762)
Dia do reconhecimento da Independência brasileira pela Inglaterra (1830)
Nascimento de Benjamin Constant, militar e político brasileiro (1836)
Morte de Casimiro de Abreu, poeta, patrono da Cadeira nº 6 da Academia Brasileira de Letras, Indaiaçu (RJ) (1860)
Dia da edição do Boletim do Grande Oriente do Brasil, sendo seu primeiro redator Alexandrino Freire do Amaral (1871)
Nascimento de Carlos Oswald, gravador, pintor e professor brasileiro (1882)
Nascimento de Joracy Camargo (João Moreno), dramaturgo e radialista brasileiro. Até 1927, escreveu para o teatro de revista (1898)
Nascimento de Sebastião Prata (Grande Otelo), ator brasileiro (1915)
Nascimento de José Pedro de Freitas (Zé Arigó), médium brasileiro (1921)
Morte de Edgar Roquete-Pinto, antropólogo, ensaísta, etnólogo, médico legista e professor brasileiro (1954)
Dia da beatificação de Madre Paulina pelo papa João Paulo II, em Florianópolis (SC) (1991)

19 São Paulo da Cruz (1694-1775)
Dia do Arquivista
Dia do Guarda-Noturno
Fundação do Estado de Piauí
Nascimento de Bento Gonçalves da Silva, militar e chefe da Revolução Farroupilha, Freguesia do Triunfo (1788)
Nascimento de Pedro de Alcântara Bourbon e Bragança, D. Pedro I, futuro imperador do Brasil, Lisboa – Portugal (1798)
Cidade de Porto Alegre recebe o título de Leal e Valorosa (1841)
Alberto Santos Dumont dá a volta em torno da torre Eiffel em Paris, percorrendo 11 km (1901)
Dia do término da segunda visita do papa João Paulo II ao Brasil (1991)
Jornalista Roberto Marinho entra para a Academia Brasileira de Letras (1993)

20 São Pedro de Alcântara (1499-1562) e São Cotardo Ferrini
Dia Mundial de Combate à Osteoporose
Rivalidades entre os grupos de José Bonifácio e Gonçalves Ledo

levam Dom Pedro I a suspender as atividades do Grande Oriente do
Brasil, Maçonaria (1822)
Instituição do Arquivo Público no Brasil, Projeto da Constituinte
(1823)
Revogação da lei que criou o Conselho de Procuradores-Gerais das
Províncias do Brasil (1823)
Revogação do alvará sobre as sociedades secretas. As Lojas Maçônicas brasileiras encontram-se em franco declínio por terem perdido o alcance político primitivo, funcionando apenas como associações filantrópicas ou humanitárias (1823)
Criação dos Conselhos de Governo, Lei imperial de 20/10/1823
Nascimento de Florêncio Carlos de Abreu e Silva (Florêncio de
Abreu), jornalista, orador e político brasileiro (1839)
Nascimento de Íria Cândida Correia, primeira pintora brasileira (1839)
Dia de posse do primeiro chefe de polícia do Paraná, doutor Antônio
Fernandes de Barros, nomeado pelo imperador (1853)
Nascimento de Cláudio de Sousa (Cláudio Justiniano de Sousa),
ensaísta, médico, orador, romancista e teatrólogo brasileiro. Eleito em
1924 para a Cadeira nº 29 da Academia Brasileira de Letras (1876)
Nascimento de Paulo Tapajós Gomes, historiador e musicólogo brasileiro. Organizou um dos mais completos arquivos sobre música, história, folclore e costumes do Brasil (1913)
Término da Guerra do Contestado, com acordo de limites entre os
Estados do Paraná e de Santa Catarina (1916)
Nascimento de Eloisa Biasotto Mano, cientista brasileira (1924)
Morte de José Xavier Carvalho de Mendonça, advogado e jurista
brasileiro. Grande destaque por suas contribuições ao Direito Comercial brasileiro (1930)
Morte de Dolores Duran (Adélia Silva da Rocha), cantora e compositora brasileira, com atuação vitoriosa nos palcos do Brasil e do exterior (1959)
Criação da Associação Brasileira de Compositores e Autores (1938)
Inauguração do cais do porto de Maceió (AL) (1940)
Ayrton Senna conquista o tricampeonato de Fórmula 1 (1991)
Lançamento do Programa Bolsa-Família (2003)

21 São Geraldo Majella (1726-1755)
Dia do Contato Publicitário
Dia da Homeopatia
Dia da Iluminação – de áreas profissionais ligadas ao setor
Morte do Visconde de Mauá (1889)
Criação da Esquadrilha da Fumaça

22 Santa Josefina Leroux
Morte do escritor brasileiro Artur de Azevedo (1908)
Início da Guerra do Contestado (1912)

Dia Internacional do Radioamador
Dia do Protesto Mundial contra o uso do Eletrochoque

23 São João de Capistrano (1386-1456)
Dia da Força Aérea Brasileira (FAB)
Dia da Aviação
Dia do primeiro voo em avião por Santos Dumont, em Paris (1906)
Início da Semana Nacional do Livro

24 Santo Antônio Maria Claret (1807-1870)
Dia da Organização das Nações Unidas, ONU (1945)
Dia Internacional das Missões
Dia Mundial do Desenvolvimento, ONU
Dia dos Clubes de Serviço
Fundação de Goiânia (GO) (1934)
Fundação de Manaus (AM) (1848)

25 São Gaudêncio de Brescia († c. 410)
Dia do Cirurgião Dentista
Dia da Saúde Dentária
Dia da Construção Civil
Dia da Democracia
Dia do Sapateiro
Dia Mundial do Macarrão
Dia Mundial dos *Pizzaiolos*
Dia Internacional contra a Exploração da Mulher
Dia das Missões
Nascimento do escritor brasileiro Humberto de Campos (1886)
Morte de José Bonifácio, o Patriarca da Independência (1886)

26 Santa Flora (séc. IX)
Dia do Pastor Evangélico
Nascimento do presidente Washington Luís Pereira de Souza, Macaé (RJ) (1869)
Entrada do Brasil na Primeira Guerra Mundial (1917)
Dia Oficial do Músico
Dia do Trabalhador da Construção Civil

27 São Florêncio
Dia Mundial de Oração pela Paz
Nascimento do escritor brasileiro Graciliano Ramos (1892)
Eleição pelo Congresso Nacional do General Emílio G. Médici como presidente da República (1969)

28 São Judas Tadeu (séc. I)
Dia do Funcionário Público

Dia do Obreiro Evangélico
Retorno de Uruguaiana de D. Pedro II e chegada em Porto Alegre (RS) (1865)

29 São Simeão († 459) e São Euzébio
Dia da Literatura Evangélica
Dia Nacional do Livro
Dia da Vacina
Dia das Flores
Dia da Universidade Católica
Criação da Biblioteca Nacional do Rio de Janeiro (1810)
Posse de José Linhares como presidente da República (1945)

30 Santo Afonso Rodrigues (1531-1617)
Dia Mundial de Combate à Doença Reumática
Dia do Profissional de Serviços de Atendimento ao Consumidor (SAC)
Dia do Quadro de Material Bélico (Exército)
Dia do Protestante
Dia da Decoração

31 São Wolfgang (c. 925-994)
Dia da Dona de casa
Dia do Repórter Policial
Dia da Reforma Protestante
Dia das Bruxas
Dia do Saci
Dia Mundial da Poupança
Nascimento de Carlos Drummond de Andrade, Itabira (MG) (1902)
Morte do educador brasileiro Antônio de Arruda Carneiro Leão (1966)

Novembro

Comentário

Penúltimo sábado – Dia Nacional de Combate à Dengue (a partir de 2002)
Última semana do mês – Prevenção de Acidentes no Trabalho
Quarta quinta-feira do mês – Dia Nacional de Ação de Graças
Última quinta-feira do mês – Dia de Ação de Graças
Mês que antigamente era importante do ponto de vista das festas cívicas – no caso, Proclamação da República e Dia da Bandeira –, novembro já não tem mais esse caráter, mesmo porque o feriado do dia 15 muitas vezes se emenda com um fim de semana e então não há como as escolas reunirem alunos para algum discurso ou hasteamento da bandeira – essa é a realidade. Em compensação, surgiram nos últimos anos algumas datas significativas, que merecem toda a atenção. É o caso do **Dia Nacional da Consciência Negra** (20), do **Dia Internacional da Luta contra o Câncer** (24), o **Dia da Reforma Agrária** ("combinado" com o **Dia do Estatuto da Terra**) (30) (estão tentando, mas decididamente "não pegou" para 99% da população). E acabou sendo determinado – por força das circunstâncias – o **Dia Nacional de Mobilização Contra a Dengue (20)**.

Como se vê, novembro é um bom exemplo da dinâmica das datas comemorativas. Celebrações antigas continuam valendo (incluindo as duas grandes datas católicas do mês – Todos os Santos e Finados, mesmo perdendo sua importância, ou ganhando uma conotação... turística) e novos problemas, novas realidades se apresentam, que tanto podem ser específicas do Brasil como obedecerem a fatos mundiais. Assim, o recém-mencionado problema da dengue é "nosso"; a luta contra o câncer é de todos.

Três temas novos chamam a nossa atenção e, pelo menos um deles, têm tido presença, repercussão nos meios de comunicação. São eles:
– O **Dia Internacional da Convenção sobre os Direitos da Criança** (de 1989) (20),
– O **Dia Internacional contra a Exploração da Mulher** (25), e o
– **Dia Internacional da Solidariedade com o Povo Palestino** (29).
São sete datas – em âmbitos municipal, brasileiro e internacional –

referentes à saúde humana (já houve datas que falam da saúde ambiental, digamos assim, em meses anteriores):
Dia do Técnico e Auxiliar em Radiologia (8) (cidade de São Paulo);
Dia do Não Fumar (16) (*idem*)
Dia da Campanha Nacional de Prevenção ao Câncer de Pele (24)
Dia Nacional do Doador Voluntário de Sangue (25)
Dia Internacional de Luta contra o Câncer (27)
Dia Nacional de Combate ao Câncer de Próstata (27)
Dia Nacional de Combate à Dengue (penúltimo sábado)

Percebe-se logo que os meios de comunicação são os grandes parceiros do Poder Público e das entidades médicas na divulgação das datas e do porquê delas. Mais uma vez, ressaltamos, é louvável que essas datas estejam sendo estabelecidas e enfatizadas. Não se trata apenas de diminuir a probabilidade de muitas pessoas contraírem essa ou aquela doença, não é só uma questão de diminuir a dor, de aliviar ou prevenir sofrimentos físicos e psicológicos (dos doentes e de seus familiares). É também uma questão de não lotar hospitais ou ambulatórios, de diminuir os gastos do governo, os gastos da Previdência, os gastos das empresas com funcionários parados. É tudo uma questão de saúde pública. No mínimo, as pessoas não poderão alegar que nunca ouviram dizer que também existe câncer de pele e que pensavam que câncer de próstata é só problema de uns poucos homens idosos, etc.

É bom que se fale de tudo isso, na TV, nas rádios, nos jornais, cada vez mais presente na imprensa de bairro. Lógico que continuam existindo milhões de brasileiros à volta com as mais elementares questões de sobrevivência – um prato de comida, um copo de leite, uma lata de água para as necessidades mínimas... Mas, hoje, em um país tropical como o nosso, de enorme exposição ao sol por parte da maioria da população, nas praias, nas ruas, nos clubes, falar do perigo do câncer de pele é uma necessidade. E atacar de frente as maneiras de prevenir os diferentes tipos de câncer – mama, estômago, pulmão e outros – é permitir vida mais longa e sadia.

Patriotismo, amor ao Brasil, também é isso: ensinar, prevenir, divulgar, informar, estimular as pessoas a saber sobre doenças. Mesmo aquelas sobre as quais não se gosta de falar. E falar também do problema nacional que a dengue se tornou e que pode diminuir sensivelmente a partir da luta nas casas, nas escolas, nas oficinas.

Uma palavra sobre...

O Dia Mundial da Luta contra o Câncer: o câncer não é uma única doença, mas muitas. E o melhor remédio é a prevenção. Há diferentes tipos de exames que se podem fazer regularmente para detectar o câncer (de mama e de próstata, por exemplo) em suas fases iniciais e, assim, se curarem.

E outra sobre...

Os outros dias mencionados inicialmente, que reputamos importantes temas novos, serão examinados a seguir.

O **Dia Internacional da Convenção sobre os Direitos da Criança** celebra e lembra um texto ainda insuficientemente divulgado, assinado em 1989. Só dois países – os Estados Unidos e a Somália – não ratificaram a Convenção, ao que fomos informados. É um documento muito importante, por ser o "instrumento internacional assinado pelo maior número de países, até hoje", relativo às crianças, nas palavras de alta funcionária da ONU. Considerando-se as inúmeras violências domésticas ou não praticadas diariamente contra as crianças também no Brasil, é o caso de maior divulgação da Convenção. Temos o Estatuto da Criança e do Adolescente, do qual podemos nos orgulhar, apesar de tantas vezes descumprido, mas o outro texto também merece divulgação e implementação.

Tivesse a humanidade evoluído nos direitos humanos, como já o fez no plano científico, em tantos setores, não haveria a necessidade do **Dia Internacional contra a Exploração da Mulher**.

No caso do Brasil, uma evolução foi a criação das Delegacias da Mulher. Mas é no lar e na escola, desde muito cedo, que a igualdade dos sexos deve ser vivida, conscientizada e praticada. Homens que espancam mulheres são fruto de lares desajustados. Isso qualquer pessoa sabe; o que se precisa é de uma prática rigorosa de punições e de ensino, até nos meios de comunicação. Um programa (qualquer um) que mostre a mulher inferiorizada, desconsiderada, está estimulando uma futura violência por parte de meninos e rapazes (ou homens) que estejam aceitando sem espírito crítico o que a TV mostra.

Por último, com escassa repercussão entre nós, temos o **Dia Internacional da Solidariedade com o Povo Palestino**. Entre nós, representantes dos dois povos (ou "raças", como querem alguns) convivem bem. Lá no Oriente Médio é a tragédia milenar que se intensificou de alguns anos para cá. Como este não é um livro de política internacional, só resta pedir ao bom senso de ambos os lados que a solução chegue – e deve ser a criação de um Estado palestino.

As duas datas cívicas – **Proclamação da República e Dia da Bandeira** – são populares, embora hoje o segundo esteja um tanto esquecido. A propósito, já que nem sempre eles são lembrados, veja as letras dos respectivos hinos no Apêndice I. O *Hino à Bandeira Nacional* é querido, fácil de lembrar. Já o solene *Hino da Proclamação da República* é menos conhecido – mas bonito também.

Existem gravações – cantadas ou apenas instrumentais – de todos os nossos quatro hinos. Tê-los em casa e tocá-los de vez em quando é bonito, agrada e estimula nas crianças outra forma de amar o Brasil. Ou, pelo menos, de conhecer todos os hinos, dos quais só o *Nacional* é considerado símbolo nacional, pela Lei nº 5.700, de 1º de setembro de 1971.

Conhecer os antecedentes da Proclamação da República é mergulhar em um período rico de acontecimentos da história do Brasil. Procure se informar sobre como fatos aparentemente tão diferentes, como
- a guerra do Paraguai
- a abolição da escravidão
- a questão religiosa e a
- questão militar

foram se juntando, entrelaçando-se, conduzindo a um clima de descontentamento com a monarquia e levando o Brasil a ser uma República. A campanha abolicionista, as duras lutas da guerra do Paraguai, as transformações que a nascente sociedade urbana ia exigindo no Brasil, tudo isso está bem retratado nos livros didáticos e em muitos outros. Você também conhecerá a sociedade brasileira – do interior do país e das cidades – lendo livros como os de José de Alencar, Machado de Assis, Aluísio Azevedo, Joaquim Manuel de Macedo e Castro Alves – além de outros.

Existem livros específicos, que explicam como e por que se chegou ao 15 de novembro de 1889.

No Rio de Janeiro, visite o Forte de Copacabana e seu Museu Histórico – nele você encontrará ambientes (as cenografias) reconstituindo a Campanha da Tríplice Aliança, o Duque de Caxias e a Queda da Monarquia e a Proclamação da República. São figuras que parecem vivas, vestidas com roupas da época, junto de móveis, armas e peças todas autênticas. Percorrer o Forte de Copacabana é reviver cenas da história brasileira. Mas, para quem não pode ir até lá, existem outras maneiras de saber, de se informar sobre a Proclamação da República.

O Dia da Bandeira é comemorado em 19 de novembro porque foi nesse dia, em 1889, que ela foi adotada, logo após a Proclamação da República. Era preciso trocar a bandeira do Brasil Império, já que tinha mudado a forma de governo. O marechal Deodoro da Fonseca quis que fossem mantidos o desenho em losango e as cores verde e amarela da antiga bandeira. Foram, evidentemente, substituídos os símbolos do Brasil Império (o brasão e a coroa) por uma esfera azul estrelada, atravessada por uma faixa com o lema "Ordem e Progresso". Quem criou a bandeira republicana foi Raimundo Teixeira Mendes, junto com Miguel Lemos e a frase expressa as ideias do positivismo, corrente filosófica do francês Auguste (Augusto) Comte, que exerceu muita influência sobre os republicanos – os políticos, fazendeiros, sacerdotes, jornalistas e outros patriotas que queriam o fim da monarquia.

Quando surgiu a República, o Brasil tinha 19 Províncias e a Capital Federal. Tornaram-se 22 em 1962 e passaram a 26 em 1992, mais o Distrito Federal, hoje no Planalto Central (em 1889 era no Rio de Janeiro).

Algumas regras relativas ao uso correto da Bandeira Nacional, um de

nossos símbolos (os outros, é bom lembrar, são o Hino Nacional, as Armas Nacionais e o Selo Nacional):
– a bandeira deve ficar hasteada permanentemente na Praça dos Três Poderes, em Brasília;
– ela deve ser hasteada todos os dias no palácio da presidência da República e na residência do presidente;
– deve também ser hasteada nos ministérios, no Congresso Nacional, no Supremo Tribunal Federal, nos tribunais superiores e federais, nos edifícios que sejam sede dos Poderes Executivo, Legislativo e Judiciário, nas missões diplomáticas (embaixadas, consulados) e delegações do Brasil junto a organismos internacionais, nas repartições federais e estaduais, nas repartições municipais localizadas na faixa da fronteira e em unidades da Marinha Mercante brasileira.

Normalmente, o hasteamento e o arriamento (descida) de nossa bandeira podem ser feitos a qualquer hora do dia ou da noite. A tradição, porém, faz com que a bandeira seja hasteada às 8 da manhã e arriada às 6 da tarde. Se ficar exposta à noite, a Bandeira Nacional tem de permanecer iluminada.

Conheça os detalhes de nossa atual bandeira (dizemos **atual**, pois, caso sejam criados novos Estados, pelo desmembramento de algum ou de alguns dos existentes, ou caso voltem a ser criados territórios, aumentará o número de estrelas):

Bandeira Nacional

Projetada, em 1889, por Raimundo Teixeira Mendes e Miguel Lemos e desenhada por Décio Vilares. O verde simboliza as matas e o amarelo, a riqueza nacional. A esfera, com divisa positivista, retrata o céu do Rio de Janeiro no Dia da Proclamação da República, e cada estrela representa um Estado.

E conheça todas as nossas bandeiras, antes da republicana, no capítulo "Um pouquinho da História do Brasil ".

Quanto às datas católicas mais significativas, ambas no início do mês:

A exemplo do Dia de Reis e da Festa da Assunção, também a festa (ou comemoração) de Todos os Santos vai para o domingo seguinte, se coincidir com dia de semana.

Não é assim em outros países em que se celebram as grandes datas católicas. Ou seja, se modernamente ganhamos a "emenda" (Finados ou 15 de novembro em sexta ou segunda-feira), antigamente mesmo os não católicos tinham dois feriados no começo do mês: 1º e 2. Mudam os tempos, mudam os costumes. Quanto ao **Dia de Finados**:

Os finados, como sabemos, são os falecidos. Em um país sobretudo de população católica, como o nosso, é um feriado importante. As visitas aos cemitérios, a recordação dos mortos – tudo isso tem sentido, não é um ritual imposto: é espontâneo e mostra a religiosidade e a solidariedade do povo brasileiro.

Na Umbanda, também no dia 2, temos o Dia das Almas.

Outras datas de novembro:

4 – Dia do Inventor

Quem inventou a roda? Impossível saber. Mas, desde milhares de anos, as invenções vão mostrando a criatividade do ser humano, vão diminuindo dificuldades. Lógico que a gente sempre se lembra também das invenções "negativas": armas, meios de destruição... E todo ano novos inventos surgem, a ponto de existir... o Dia do Inventor!

5 – Dia Nacional da Cultura e da Ciência

Nessa data, no ano de 1849, nasceu Rui Barbosa, um brasileiro extraordinário, um cérebro privilegiado. Advogado, político, ministro, estadista, Rui Barbosa é motivo de orgulho para todos os brasileiros.

12 – Dia do Diretor de Escola

Tão importante quanto a qualidade do ensino ministrado em uma escola, que é de responsabilidade dos professores, é a administração da escola, que compete ao diretor, com seus auxiliares.

14 – Dia Nacional da Alfabetização

Se você está lendo essas linhas, é porque foi alfabetizado. Assim, pode percorrer as etapas do conhecimento, nos estudos. Mas, para milhões de pessoas no mundo todo – inclusive no Brasil –, as letras são um mistério: não tiveram a oportunidade de aprender a ler e a escrever. Se você conhece um analfabeto, incentive-o a matricular-se em um curso – existem muitos, em igrejas, sindicatos, escolas. A cidadania começa pela alfabetização.

16 – Dia Internacional da Tolerância

De certa forma, esse dia, de escassa repercussão pública, foi obscurecido por outros como os dias contra a discriminação, da fraternidade e outros.

A tolerância começa em casa, na família, passa pelas comunidades, pelos ambientes de trabalho, até chegar ao âmbito das nações. A tolerância muitas vezes é difícil, parece até impossível de alcançar e manter. Mas é possível, sim. Antes de mais nada, é preciso aceitar as diferenças de opinião, de religião e de cor.

17 – Dia da Criatividade (quem o terá criado?...)

A criatividade é uma das virtudes do brasileiro. De um simples brinquedo, que as crianças improvisam, até complicados mecanismos ou soluções para problemas de saneamento, ambientais e outros, em tudo isso a criatividade se manifesta.

20 – Dia Nacional da Consciência Negra

Data recente e de grande importância, lembrando-nos da participação e do valor da comunidade negra em nosso país. Igualdade de oportunidades em todos os sentidos – estudo, emprego, etc. – é algo que tem de ser cada vez mais uma realidade prática.

Um aspecto mais recente da questão de valorização de nossa negritude é a das quotas para negros no serviço público e nas universidades públicas. É um assunto que está começando a ser discutido e que faz lembrar o quanto há de restrição – em termos de estudos, salários, oportunidades em carreiras universitárias e outras, as pessoas ditas "de cor" ainda enfrentam no Brasil – muitas vezes, mais para sobreviver precariamente do que para viver e ascender socialmente com dignidade e segurança.

Quarta quinta-feira de novembro – Dia Nacional de Ação de Graças

Outra comemoração proveniente dos Estados Unidos, país protestante com um sentido muito diferente do que nós, no Brasil, damos às festividades religiosas. O Dia de Ação de Graças tem importância familiar, mas como o Dia das Bruxas, é algo que ainda não faz parte dos nossos costumes.

(O Dia de Ação de Graças foi oficializado durante o regime militar, o que contribui para uma certa aura de antipatia ou de indiferença para com ele por parte da imprensa. É um fato.)

Novembro

1º Todos os Santos (no Brasil, como acontece com outras datas católicas, como Assunção e Reis, a comemoração é transferida para o domingo seguinte, se cair em dia da semana – não é assim, portanto, em outros países católicos)
Dia do Evangélico
Dia Internacional do Homem
Nascimento de José Vieira do Couto Magalhães, militar e escritor, Diamantina (MG) (1762)

Descoberta da Bahia de Todos os Santos por André Gonçalves e
Américo Vespúcio (1501)

2 São Tobias
Dia das Almas (na Umbanda)
Dia de Finados
Dia da Astronomia

3 São Martinho de Lima (1579-1639)
Dia da Censura
Dia do Direito de Voto para Mulheres
Morte do poeta brasileiro Gonçalves Dias (1864)
Posse do marechal Floriano Peixoto, presidente do Brasil (1891)
Posse de Getúlio D.Vargas, presidente do Brasil (1930)

4 São Carlos Borromeu (1538-1584)
Dia do Inventor
Dia da União dos Escoteiros do Brasil

5 São Zacarias (séc. I) e Santa Isabel (séc. I)
Dia Nacional da Cultura
Dia do Cinema Brasileiro
Dia do Escrivão de Polícia
Dia Nacional do *Designer*
Dia do Técnico em Eletrônica
Dia da Prevenção contra as Doenças do Coração
Nascimento do advogado, jurista, jornalista e político brasileiro Rui
Barbosa (1849)
Fundação Casa de Rui Barbosa

6 São Teófilo († 195)
Casamento de D. Pedro com D. Leopoldina (1817)
Proclamação da República de Piratini (RS) (1836)

7 Dia Internacional da Preguiça
Dia de Ação Católica
Dia Nacional dos Tribunais de Contas
Início da Revolução Sabinada na Bahia (1837)
Nascimento do presidente Delfim Moreira da Costa Ribeiro, Cristina
(MG) (1868)
Nascimento de Cecília Meireles, poetisa brasileira, Rio de Janeiro
(RJ) (1901)

8 São Mauro († 584)
Dia Mundial e Nacional do Urbanismo
Dia do Técnico e Auxiliar em Radiologia

Dia do Radiologista
Nascimento de José Bonifácio, o Patriarca da Independência (1763)
Morte do cientista Carlos Chagas (1934)
Posse de Carlos Coimbra Luz, presidente da República do Brasil (1955)

9 Dia Nacional do Hoteleiro
Dia do Manequim
Dia do Município
Morte do padre Diogo Antônio Feijó (1843)
Morte da poetisa brasileira Cecília Meireles (1964)

10 São Leão Magno († 461)
Dia da Merendeira
Dia da Indústria Automobilística
Dia Nacional do Trigo
Dia Nacional da Nota Fiscal
Entrada na baía de Guanabara da esquadra francesa comandada por Nicolau Durand de Villegaignon (1555)
Promulgação da terceira Constituição republicana do Brasil (1937)
Getúlio Vargas assume a presidência da República, com a Revolução de 1930, dissolvendo o Congresso Nacional (1937)

11 São Martinho de Tours (c. 315-397)
Dia Nacional do Supermercado
Dia do Soldado Desconhecido
D. Pedro I dissolve a Assembleia Constituinte (1823)
Invasão de Mato Grosso pelos paraguaios que arrasaram a guarnição brasileira de Dourados (1864)
Dia em que o presidente Carlos Coimbra Luz foi destituído e o senador catarinense Nereu Ramos assumiu a presidência da República (1955)
Dia do Armístico, acordo que terminou com a Primeira Guerra Mundial entre aliados e Alemanha derrotada (1918)

12 São Josafá († 1623)
Dia do Diretor de Escola
Dia das Federações Esportivas
Dia Internacional da Qualidade
Paraguai declara guerra ao Brasil (1864)

13 Santo Estanislau Kotska (1550-1568)
A vila de Porto Alegre (RS) é elevada a cidade (1822)
Morte da princesa Isabel no exílio, Paris – França (1921)

14 São Leopoldo (da Áustria) (1073-1136)
Dia Nacional da Alfabetização

15 Santo Alberto Magno (1206-1280)
Dia do Joalheiro
Dia Nacional da Umbanda
Proclamação da República dos Estados Unidos do Brasil (1889)
Posse de Prudente de Moraes, presidente da República do Brasil (1894)
Posse de Manuel Ferraz de Campos Salles, presidente da República do Brasil (1898)
Posse de Francisco de Paula Rodrigues Alves, presidente da República do Brasil (1902)
Posse de Afonso Penna, presidente da República do Brasil (1906)
Posse de Hermes da Fonseca, presidente da República do Brasil (1910)
Posse de Wenceslau Braz, presidente da República do Brasil (1914)
Posse de Delfim Moreira da Costa Ribeiro, na presidência da República, pela morte de Rodrigues Alves (1918)
Morte do presidente Rodrigues Alves, sem tomar posse (1918)
Posse de Washington Luís, presidente da República do Brasil (1926)
Instalação da Assembleia Nacional Constituinte (1933)
Eleição dos deputados para a Assembleia Nacional Constituinte (1986)
Proclamação da República
15 de novembro – Não é só durante o regime militar, de 1964 a 1985, que os militares conduzem as decisões de poder no país. Eles têm participação ativa, em diferentes graus, durante todo o período republicano. A própria Proclamação da República é uma ação militar. Muitos oficiais do Exército acreditam ter uma missão salvadora. Estão influenciados pelas ideias positivistas: conciliar ordem e progresso, mesmo que para isso seja preciso usar de violência. É o que acabam fazendo em 15 de novembro de 1889.

16 Santa Margarida da Escócia (1045-1093)
Dia Internacional da Tolerância
Dia do Não Fumar
Decreto da deposição da dinastia imperial e extinção do regime monárquico no Brasil (1889)

17 Santa Isabel da Hungria (1207-1231)
Dia da Criatividade
Dia do Tribunal de Contas
Morre Heitor Villa-Lobos, compositor brasileiro (1957)
O Tratado de Petrópolis incorpora o Acre ao Brasil (1903)
Nascimento do escritor Manuel Antônio de Almeida (1832)
Nascimento de Rachel de Queiroz, cronista, escritora, jornalista, professora, romancista e teatróloga brasileira. Primeira mulher a

ingressar na ABL. Eleita para a Cadeira nº 5, em 4 de agosto de 1977 (1910)

Embarque de D. Pedro II e da família imperial para o exílio na Europa (1889)

18 Dia Nacional de Combate ao Racismo
Morte de Aleijadinho, escultor brasileiro, Ouro Preto (MG) (1914)
Morte do padre Bartolomeu de Gusmão (1724)

19 São Roque González
Dia da Bandeira
Dia Mundial do Xadrez
Dia do Tênis de Mesa
Recife ganha o título de vila, ficando independente de Olinda (1709)
O marquês de Caxias, depois duque, assume o comando das forças em operação na Guerra do Paraguai (1866)
Instituída a Bandeira Nacional pelo Decreto nº 4/1889
Criado o selo e o sinete da República (1889)

20 São Félix de Valois († 1212)
Dia do Auditor
Dia da Consciência Negra, instituído em 1978 como homenagem à morte de Zumbi
Dia Internacional/Convenção sobre os Direitos da Criança (ONU)
Dia do Profissional Liberal Universitário
Dia do Biomédico
Dia Nacional de Mobilização contra a Dengue
Morte de Zumbi, rei do Quilombo dos Palmares (1695)
Argentina reconhece a República do Brasil (1889)

21 Dia Mundial da Televisão, ONU
Dia Nacional da Homeopatia
Dia da Liberdade
Dia das Saudações
Criação do Ministério do Trabalho (1930)
Morte de Coelho Neto, escritor brasileiro, Rio de Janeiro (RJ) (1934)

22 Santa Cecília (séc. III)
Dia da Música
Dia dos Artistas Profissionais
Fundação de Niterói (RJ) (1573)
Nascimento de Pedro Araújo Lima (Marquês de Olinda), estadista brasileiro. Foi regente entre 1837 e 1840, substituindo o padre Feijó (1793)
Nascimento de Miguel Calmon du Pin e Almeida (Marquês de Abrantes), político brasileiro. Um dos estadistas que viram o problema da colonização com objetividade (1794)

Nascimento de José Antonio Vaz de Carvalhaes, político brasileiro. Vice-presidente da Província do Paraná, de 1856 a 1857 (1805)
Nascimento de Hermes Lima, ensaísta, jornalista, jurista, memorialista, político e professor brasileiro. Eleito em 1968 para a Cadeira nº 7 da ABL (1902)
Dia da legalização do Rito Brasileiro (Maçonaria), pelo Decreto nº 500, Grande Oriente do Brasil (1914)
Dia do tombamento da Igreja de Santa Rita, patrimônio histórico nacional, Uberlândia (MG) (1939)
Dia da primeira telenovela brasileira a entrar no ar, na TV Tupi. *Sua Vida me Pertence* tinha participação de Walter Forster e Vida Alves (1951)
Dia da criação da Ordem dos Músicos do Brasil, Lei nº 3.857 (1960)
Falecimento do ecologista brasileiro Chico Mendes (1988)
Dia da instituição do Estado de Rondônia, Lei complementar nº 41 (1981)
Dia da instituição do 13º salário para funcionários civis e militares da União
Dia da assinatura do Estatuto do Desarmamento, pelo presidente Luiz Inácio Lula da Silva (2003)
Sai de circulação a moeda prateada de R$ 1, lançada em 1994 (2003)

23 São Clemente I (séc. I)
Renúncia do Marechal Deodoro da Fonseca à presidência da República, passando o cargo ao vice-presidente Marechal Floriano Peixoto (1891)
Dia de criação da Força Expedicionária Brasileira, FEB (1943)

24 São Columbano (c. 540-615)
Dia da Campanha Nacional de Prevenção ao Câncer de Pele
Dia Nacional do Tecnólogo das áreas de engenharia, arquitetura e agronomia
Olinda (PE) é incendiada pelos holandeses (1631)
D. Pedro I parte para a guerra Platina, no Uruguai (1825)
Nascimento do poeta brasileiro Cruz e Sousa (1861)

25 Dia Internacional de Combate à Violência contra a Mulher
Dia da Baiana do Acarajé
Inauguração do Observatório Astronômico e Planetário de Curitiba (PR) (1995)

26 São Leonardo de Porto Maurício (1676-1751)
Dia Interamericano do Ministério Público
Corte portuguesa decide transferir-se para o Brasil, fugindo da invasão francesa que ameaçava Lisboa (1807)

D. Pedro I nomeia o Conselho de Estado, para a elaboração da 1ª
Constituição (1823)
Nascimento de Francisco Rangel Pestana, advogado, jornalista e
político brasileiro (1839)
Nascimento de Dario Velozo, escritor, filósofo e professor brasileiro
(1869)
Nascimento de Mário Lago, ator, autor, compositor, escritor, poeta,
radialista e teatrólogo brasileiro. Como autor, assinou mais de 20
peças (1911)
Nascimento de Paschoal Apóstolo Pitsica, escritor brasileiro (1938)
Cacilda Becker faz sua primeira apresentação na televisão paulista
(1953)
Jânio Quadros renuncia à sua candidatura; em 5/12/1959 volta atrás e
retoma sua campanha
Fundação da Associação dos Dirigentes de Marketing e Vendas do
Brasil, ADVB (1962)
Fundação da Associação Brasileira de Inseminação Artificial (1974)
Morte de Sebastião Prata (Grande Otelo), ator e comediante brasileiro, um dos maiores talentos artísticos do País (1993)
Senado cria a CPI dos Precatórios (1996)
Dia da aprovação da Reforma da Previdência. Senado brasileiro.
Primeiro turno (2003)

27 Santa Catarina Labouré (1806-1876)
Dia Mundial da Luta contra o Câncer
Dia do Técnico de Segurança do Trabalho
Dia das Artes Marciais
Dia Nacional de Combate ao Câncer de Próstata
Capitulação dos franceses no Maranhão (1614)
Cometa Halley cruza a Terra pela segunda vez no século XX (1985)

28 São Tiago das Marcas († 1476)
Morte do escritor brasileiro Manuel Antônio de Almeida (1861)

29 São Virgílio († 784) e Santa Filomena
Fernão de Magalhães aproxima-se da costa brasileira, à altura de
Pernambuco (1519)
Nascimento de Manuel de Araújo Porto Alegre, pintor brasileiro,
gaúcho (1806)
Dia da criação do Conselho de Justiça, Rio de Janeiro (1806)
Dia do estabelecimento da censura para os teatros do Rio de Janeiro
(1824)
Dia da autorização por decretos da emissão de selos postais no Brasil
(1842)
Inauguração da primeira estação telefônica do Brasil, Rio de Janeiro
(RJ) (1877)

Império alemão reconhece a República do Brasil (1890)
Fundação do Partido Republicano Conservador, por José Gomes
Pinheiro Machado, militar e político da Velha República, e Quintino
Bocaiúva (1910)
Fundação da Associação Brasileira de Escoteiros (1914)
Nascimento de Fernando Antônio F. Cardoso da Silva, matemático
brasileiro. Destacou-se por suas pesquisas em análise matemática
(1939)
Heitor Augusto Borges assume a presidência da Federação dos
Escoteiros do Paraná e Santa Catarina (1943)
Morte de Otávio Cavalcanti Mangabeira, diplomata, engenheiro civil,
ensaísta, jornalista, orador, político e professor brasileiro (1960)
Criação do Parque Nacional de Brasília (1961)
Dia Internacional da Solidariedade com o Povo Palestino, ONU
(1977)
Dia do Convênio Comercial entre Brasil e Cuba (1990)
Paulo César Faria, o PC Faria, tesoureiro da campanha do presidente
Fernando Collor de Mello, é preso na Tailândia (1993)

30 Santo André Apóstolo (séc. I)
Dia da Reforma Agrária
Dia do Estatuto da Terra
Dia do Síndico
Dia do Teólogo
Nascimento do presidente Afonso Augusto Moreira Penna, Santa
Bárbara (MG) (1847)

Dezembro

Comentário

2º domingo – Dia da Bíblia
2º sábado – Dia da Bocha
1º sábado – Dia do Lazer para o Deficiente Físico
2º domingo – Dia do Ecumenismo Religioso

Antes de começarmos os comentários sobre o último mês do ano, gostaríamos de lembrar que dezembro é o mês obrigatório de uma porção de festas e comemorações que não estão na relação dia a dia, mas que fazem parte – há tempo! – dos usos e costumes brasileiros. Referimo-nos às festas de formatura – do "prézinho" a muitas faculdades, às festas de fim de ano nas empresas, ao encerramento das aulas nos colégios (não que os colégios deem festas, mas bem que os alunos comemoram – e como!).

Há também a entrega dos presentes de "amigo secreto", costume que se implantou em muitas firmas e outros lugares. Aumentou – dizem as estatísticas, e a isso já nos referimos – o número de casamentos dezembrinos. Enfim, em dezembro, tudo é festa – mesmo sem datas cívicas, sem datas que agitem comunidades, consciências, grupos étnicos ou profissionais.

O outro lado da medalha quem o conhece bem são os psicólogos, os conselheiros espirituais, como padres, pastores e outros, o pessoal de prontos-socorros e... os guardas rodoviários. A euforia, a depressão e a melancolia dos sozinhos, o exagero etílico, os abusos à mesa, os incidentes que de triviais (um esbarrão em um salão de festas, danceteria ou restaurante apinhado) viram agressões e até assassinatos. Dezembro... as boas e más lembranças do ano nos vêm à mente, nos momentos em que conseguimos estar sozinhos. O empurra-empurra das lojas e de certas ruas comerciais, o comercialismo (mais uma vez!) impregnando o que antigamente era só alegria familiar, acabam gerando uma distorção, que só pode ser corrigida no fundo dos corações, das pessoas, dos grupos.

Aliás, é de grupos religiosos, de comunidades – católicas e outras – que vem a tentativa de resgate do Natal autêntico, do preparo sereno e racional para o ano entrante.

O esquema de divisão por temas nos parece adequado ao mês de dezembro. Vamos lá, pois.

Na **saúde**, e só na primeira quinzena (segundo nossas pesquisas), temos:

1º – Dia Mundial de Combate à Aids

A cada ano, o destaque é maior nos noticiários e nas ruas. Não chegou a se concretizar a sinistra previsão da década de 1980, segundo a qual todas as famílias do planeta teriam pelo menos um aidético no ano 2000. Lembram-se? Não aconteceu, embora a cada dia, na maioria dos países, milhares de pessoas se infectam com o HIV e outras tantas morrem. Os fatos são bastante conhecidos, divulgados e documentados, de forma que não entraremos em detalhes. Mas lembremos que o Brasil conseguiu a mais bela vitória – no mundo **todo** – quanto ao controle e tratamento. A prevenção – que não é uma questão de governo nem de dar camisinhas, mas de decisão individual – é que ainda deixa a desejar. Mas estamos relativamente bem. Milhares ainda se descuidam – inclusive pessoas de mais de 60 anos, muitas mulheres são contaminadas por seus maridos ou companheiros, a Justiça procura resolver problemas de pessoas que foram forçadas a abandonar empregos por estarem contaminadas e das que foram (desgraçadamente) contaminadas por transfusão com sangue mal analisado. A doença está aí, não tenhamos ilusões (sempre pensando no Brasil). Alertar, informar, prevenir. As manifestações públicas, de órgãos e entidades governamentais, de ONGs, de médicos, mundo afora, estão aí. Quem quiser viver, ouça, leia e ponha em prática.

No dia 2, com mínima repercussão pública, temos o **Dia Pan-americano da Saúde**. (Elaborando este livro, chegamos à conclusão de que o pan-americanismo nada diz às novas gerações. É um conceito em desuso.)

No dia 3, há o **Dia Internacional do Deficiente Físico**. Aqui, sim, temos mais do que simpatia: muitas medidas concretas são adotadas, muito se fala, muito se trabalha. Claro que não basta só construir rampas para cadeiras de rodas ou elevadores para os deficientes terem acesso a certos locais, como o metrô, no caso de São Paulo. A insuficiência de próteses gratuitas e outros problemas estão aí. Só quem precisa e não tem como comprar sabe a bênção que é uma cadeira de rodas, uma bengala, um andador...

Um dia que nunca vimos mencionado na imprensa ou em livros (salvo aquele em que soubemos de sua existência, claro) é o **Dia do Alcoólatra Recuperado** (9). No Brasil todo, grupos de AA (Alcoólicos ou Alcoólatras Anônimos) celebram os que conseguem manter-se sem beber nada de alcoólico, depois de longos períodos de dependência em que pouco faltou – muitas vezes – para morrerem, sucumbindo a todas as desgraças físicas e mentais que o mau uso dessas bebidas causa. Terra da cachaça, de fácil acesso pelo preço, o Brasil é um país em que o álcool acabou se transformando em vício mesmo dos mais "esclarecidos", que acabam abusando de cerveja, uísque e outras bebidas. Daí resultam desastres fatais, milhares de pessoas mutiladas todos os anos, sem falar nas que não morrem na hora do acidente, mas terminam sua vida pouco depois, nos pronto-socorros ou hospitais. Cada alcoólatra recuperado é uma vitória – dos AA e, lógico, do próprio viciado – ou melhor, ex-viciado. Como você, não viciado, pode colaborar? Encaminhando a um grupo AA ou a acompanhamento médico e psicológico algum viciado que conheça. E não se esqueça: nisso também – o alcoolismo – o exemplo vem de casa.

Dia 9 é também o **Dia da Criança Defeituosa**. Seja o defeito físico congênito ou adquirido, somos participantes do drama, não podemos nos omitir, quando houver em nosso horizonte familiar, de vizinhança ou outro uma criança defeituosa.

Dia 10 é o Dia Mundial de Combate à Asma. Dia 11 é o **Dia Nacional das APAES** – Associações dos Pais e Amigos de Excepcionais. É um trabalho meritório, em que têm participação fundamental duas categorias de pessoas:

• por um lado, os empresários e os doadores;

• por outro lado, os voluntários que juntam seus esforços aos profissionais que dia e noite cuidam de tantos e tantos excepcionais.

Aí estão duas vocações bonitas, uma mundial – a dos empresários e doadores – outra em que o Brasil cada vez mais se destaca: o voluntariado. Somos um país de voluntários, não somos egoístas sem solidariedade, embora às vezes até pareça que somos. E é na assistência, sem remuneração, às crianças defeituosas e às excepcionais, que os voluntários se destacam. Mutirão e voluntariado – o brasileiro está presente.

Por fim, no dia 13, temos o **Dia do Cego** ou deficiente visual. Releia o que escrevemos sobre Braille, no início deste livro.

E, falando ainda de excepcionais e deficientes físicos, é bom lembrar que muitos deles hoje já conseguem lugar no mercado de trabalho, depois de anos de paciente trabalho com terapeutas ocupacionais, fisioterapeutas, psicólogos e assistentes sociais. Mesmo os cegos têm emprego em lugares onde antes seria impensável um deficiente visual estar em plena atividade. É uma mudança ainda pequena, mas que só pode crescer.

Os novos tempos são sinalizados, em dezembro, por algumas datas que refletem uma conscientização quanto a antigos problemas (dia 2), ou novas realidades. Mesmo que nossa classificação "novos tempos" não seja a melhor, são temas que seguramente não constariam de nenhum calendário antigo.

Referimo-nos a:

2 – Dia Internacional da Abolição da Escravidão

Ainda há escravidão no mundo. Inclusive no Brasil. Não é a que mantinha milhões de negros, por exemplo, submissos, humilhados, muitas vezes acorrentados. Mas há trabalhadores escravos, em regiões da Amazônia, em fábricas semiclandestinas de cidades industriais como São Paulo, em regiões asiáticas. Ou seja, esse dia tem a ver com uma chaga aberta há muitos séculos e que continua aberta, em vários pontos do planeta. Sim, ainda há trabalho escravo. O tema foi exposto, com seriedade e dados numéricos, no próprio Dia da Lembrança (porque não podemos chamar isso de "comemoração" ou "festividade"), por José de Souza Martins no jornal *Folha de S.Paulo*.

Eis um trecho:

"A escravidão que persiste
Neste dia Internacional da Abolição da Escravidão, apesar da pouca visibilidade do problema, milhões de pessoas no mundo vivem em cativeiro. Só crianças, são oito milhões. Pessoas raptadas ou compradas e vendidas como animais de feira.

Os maiores números estão na Ásia e na África. Ali, o número de escravos se conta em dezenas de milhões. As Américas não estão isentas dessa prática. Milhares de pessoas padecem, em especial na forma de trabalho forçado na agricultura. Mesmo nos Estados Unidos, casos têm sido denunciados.

O Brasil está entre os países em que ainda existe a peonagem ou escravidão por dívida. Aqui, trata-se basicamente de escravidão sazonal. O trabalhador é recrutado em regiões pobres, em especial entre filhos jovens de pequenos agricultores do Nordeste, sobretudo Piauí e Maranhão, para ir trabalhar na Amazônia".

Dia 4, **Dia Mundial da Propaganda**. Ela já existia no tempo de nossos bisavós e trisavôs e seus efeitos são sentidos toda vez que somos levados a experimentar um produto novo ou um novo serviço. Mas não existe só a propaganda comercial: há a política, a religiosa, a institucional... – tudo é divulgação, tudo é trazer ao conhecimento, fazer saber que existe, que está em funcionamento – uma loja, um remédio, um refrigerante, um serviço, etc.

Um pouco esquisito o **Dia Internacional do Desenvolvimento Econômico e Social** – dia 5. Enfim, alguma justificativa deve haver. Onde e como é celebrado, ainda não sabemos. Mas registramos.

Dia 5 é o **Dia Internacional do Voluntário** – salve salve, todos os voluntários do mundo!

E dia 29 é o **Dia Internacional da Biodiversidade**. Como já existe o Dia Mundial do Meio Ambiente, o Dia da Consciência Planetária e outros, e por ser entre o Natal e o Ano-Novo, pelo menos no Brasil passa em branco. Fica aqui o registro.

Em matéria de profissões ou atividades, dezembro é um mês farto.

São tantos os dias, que até pode ter ficado sem registro alguma delas. Poucos comentários faremos, pois são datas que falam por si mesmas.

2 – **Dia Nacional das Relações Públicas**

4 – **Dia dos Trabalhadores em Minas de Carvão**

Por ser nosso carvão pobre, de pouca qualidade, é uma categoria pequena. Mesmo assim, vale registrar que é o setor recordista em acidentes de trabalho, pelas estatísticas de 1997 a 1999 do Ministério da Previdência Social, publicadas em maio de 2002. (Depois vêm os seguintes setores: reciclagem de sucatas metálicas, fabricação de bicicletas e triciclos, reciclagem de sucatas não metálicas e fabricação de artefatos de tanoaria e embalagens de madeira.) É um dado curioso, pouco divulgado.

Como já dissemos, não se compara a atividade nas minas de carvão do Brasil à dos países europeus. E se você quiser saber mais sobre a vida dos trabalhadores de minas de carvão, há dois grandes romances para ler, fáceis de comprar (em português há boas traduções):

Germinal, de Émile Zola, o francês fundador do naturalismo na literatura (séc. XIX), e *Sob a luz das estrelas* – do inglês A. J. Cronin (séc. XX).

Você pode também tentar ver o filme *A montanha dos sete abutres*, com o ator Kirk Douglas.

Dia 4 é o **Dia do Orientador Educacional**.

No mundo da pedagogia, tem papel de crescente importância. Dentro de uma escola encontramos alunos com características e necessidades de aprendizado bem distintas: é onde entra o orientador educacional.

E também o **Dia do Pedicuro** (uma profissão em que predominam as mulheres, como também o Serviço Social e a Biblioteconomia).

No dia 8, duas modalidades de jornalismo – escrito ou falado, o **Cronista Esportivo**; outro, próprio dos jornais, o **Colunista Social**. O mais famoso colunista social do Brasil foi Ibrahim Sued, falecido há alguns anos.

Três datas no dia 9:

O **Dia Nacional do Fonoaudiólogo** – profissão cada vez mais importante no mundo moderno, com atuação em consultórios, clínicas, hospitais e escolas.

O **Dia do Profissional de Culinária,** uma das inúmeras datas exclusivas da cidade de São Paulo, que também celebra nesse dia o **Dia do Repórter Esportivo**.

Dia 10 é o Dia do Palhaço. É uma atividade que as crianças de hoje já não mais conhecem como nós aprendemos a admirar, até uns 10 ou 20 anos atrás. Mesmo nas festas de aniversário de crianças, desapareceram os palhaços. Hoje as festas muitas vezes são em bufês infantis, onde há animadores e animadoras e modernos brinquedos, em geral mecânicos ou eletrônicos. Cadê lugar para o palhaço nisso? Acabou sobrando o circo. E estes estão cada vez mais raros nos espaços urbanos. Vão continuar existindo circos e palhaços, sim – mas é difícil vê-los!

Três profissões estão representadas no dia 11: o **Engenheiro, o Arquiteto e o Agrimensor**.

13 é o **Dia do Marinheiro**. Embarcado em um navio de guerra ou navio mercante, lá está ele, às vezes longos meses distante de seu país, de sua família. Disciplina, preparo físico, energia para enfrentar o inesperado, desprendimento – eis o perfil do marinheiro. É um campo de trabalho que não diminui. Para a camada mais privilegiada financeiramente da população mundial, o contato se dá com os tripulantes dos navios que fazem cruzeiros. Um assunto interessante é você ler sobre como era a vida dos marinheiros há mais de mil anos, como eram os navios no tempo das chamadas "grandes navegações" e seus marujos, como é a vida dentro de um submarino, de um navio-escola, um porta-aviões, um petroleiro... Também sobre a vida deles você pode ler livros empolgantes, como *Moby Dick*, do norte-americano Herman Melville, ou *O lobo do mar,* do também norte-americano Jack London . A literatura sobre navios, lobos do mar (veja no dicionário) e marinheiros é grande. E sobre navegantes solitários também. Você já leu algum livro do brasileiríssimo Amyr Klink, nascido em 1955? Se você gosta do mar e de aventuras (ainda mais, verdadeiras), leia!

No mesmo dia 13, duas profissões que têm algo em comum: o **Dia do Lapidador** e o **Dia do Ó(p)tico**. (Colocamos entre parênteses o **p** porque – a rigor – sem **p** diz respeito à audição e com **p** se relaciona à visão. Mas os dicionários já começam a aceitar a pronúncia que o uso consagrou, banindo o **p**.) Falar de lentes para óculos, em pedras preciosas, em gemas, é com esses dois profissionais.

Dia 15 é o **Dia do Jardineiro**. Dia 20 é o do **Mecânico** – sem ele o mundo e as máquinas não se movimentam.

Dia 26 é o **Dia do Pedreiro**. Faz parte de nosso cotidiano, podemos dizer – e merece todo o respeito. Da casa térrea ao arranha-céu, lá está ele, com ou sem ajudante, debaixo do sol forte ou da chuva, preparando a massa, colocando tijolos, erguendo paredes, atento, incansável. É um trabalho exaustivo, que jamais um robô substituirá.

Logo depois de iniciado o verão, época em que as praias brasileiras ficam superlotadas, dia 28, é o **Dia do Salva-Vidas**, também chamado de guarda-vidas. Nome bem apropriado, resgata das ondas os imprudentes, impedindo as tolices dos que se julgam campeões mundiais de natação. Simpáticos, atentos, arriscam sua vida para salvar os que... se arriscam, ou para impedir que uns e outros passem da arrebentação, o limite onde "as ondas quebram de encontro à praia" (*Aurélio*).

No mesmo dia 28, temos o **Dia do Petroquímico**, atividade cada vez mais importante no Brasil. Petroquímico é aquele que se ocupa dos derivados do petróleo. E como a produção brasileira do produto aumenta constantemente, além de importarmos de outros países, esses profissionais representam um contingente cada vez maior e capacitado.

No campo religioso católico, temos no dia 8 o **Dia da Imaculada Conceição (Nossa Senhora da Conceição)**, um dos dogmas (verdades fundamentais) do catolicismo. No mesmo dia, temos a **Festa de Iemanjá e Oxum**.

Entre as numerosas devoções a Nossa Senhora, que, como vimos em outubro, é sempre a mesma Maria de Nazaré, mas é cultuada com inúmeras designações, temos **Nossa Senhora de Guadalupe** (dia 12) e **Nossa Senhora da Esperança** (dia 18).

Embora haja certa controvérsia, semioficialmente o segundo domingo de dezembro é o Dia da Bíblia. Esse segundo domingo é também o Dia do Ecumenismo Religioso – uma tentativa de convivência das diferentes religiões (mas que amam e exaltam o mesmo Deus) que tem passado por altos e baixos. Ora o ecumenismo é estimulado, ora o diálogo inter-religioso afrouxa, quase não se fala dele.

Mas o ecumenismo "está aí", mesmo porque, em um mundo cada vez mais materialista, se as religiões não derem um exemplo mínimo que seja de convivência, só estarão fornecendo munição para os indiferentes a elas.

Em uma perspectiva que não deixa de ter algo de religioso, de fraternidade, e até de bom senso, inserem-se, a nosso ver, três datas de dezembro:

8 – Dia Nacional da Família

24 – Dia do Órfão

Personagem de muitos romances, o órfão enfrenta uma condição especial, que muitas vezes é resolvida mediante a adoção. Tão importante é a situação daquele que, ainda criança, perdeu o pai ou a mãe (ou ambos), que foi instituído este dia.

E, no primeiro domingo, temos o **Dia do Casal**.

Podemos dizer que nenhuma instituição humana sofreu tantas mudanças no século XX como a família. A fragilidade dos casamentos, a precocidade de muitos adolescentes, as influências negativas e desagregadoras dos novos costumes, o relativismo moral, o afastamento das religiões, tudo isso contribuiu para que o conceito de família mudasse – muitas vezes para pior. Novas formas de família surgiram (a monoparental, por exemplo).

Por tudo isso, ganha relevo o Dia do Casal, embora se tenha lembrança restrita a algumas publicações religiosas católicas. Já não é pouco.

Outras datas:

Dia 1º – **Dia Nacional do Samba**
Dia 2 – **Dia Nacional da Astronomia**
Embora, compreensivelmente, o número de astrônomos seja pequeno, as suas descobertas (inclusive feitas por astrônomos brasileiros, nem sempre com os melhores equipamentos) mudaram muito a **astronomia**, desde o lançamento dos satélites e sondas artificiais. Em poucas décadas, a **astronomia** passou a falar de supernovas, de buracos-negros, de quasares e muitas coisas mais.

E, fique sabendo, matéria do jornal *O Globo* (suplemento Globinho), de janeiro de 2002, relacionou os nomes de brasileiros atribuídos a acidentes geográficos de outros planetas ou asteroides. É uma lista curiosa, que nos permitimos transcrever:

"Os brasileiros"

Por Daniela Lazzaro, *astrônoma do Observatório Nacional*
EM MERCÚRIO: Cratera Alencar (José de)
NA LUA: Cratera Santos Dumont
EM MARTE:
Crateras: cidades de Campos (RJ), Caxias (referência a Caxias do Sul, RS), Gandu (BA), Lábrea (AM), Lagarto (SE), Lins (SP), Mafra (SC), Peixe (TO), Viana (ES) e Xuí (referência a Chuí – (RS).
Planície: *Amazonis Planitia* (planície amazônica)
Vales: *Paraná Vallis* (rio do Sul do país); *Ituxi Vallis* (rio amazônico)
EM IO: *Tupan* (Deus do Trovão)
ALGUNS ASTEROIDES: 293 Brasília, 2.590 Mourão (homenagem ao astrônomo Ronaldo de Freitas Mourão), 3.602 (Daniela) Lazzaro".

2 de dezembro é o **Dia do Migrante Nordestino**, na cidade de São Paulo, capital que possui mais nordestinos do que uma porção de grandes cidades do Nordeste. A presença deles em São Paulo não se limita à capital, sendo visível, em muitas atividades, serviços e comércio, em todo o Estado. Uma justa homenagem, sobretudo pela sua enorme capacidade de trabalho.

Absolutamente ignorado pela imprensa (e outras formas de comunicação pública) é o **Dia do Pau-Brasil** (7).

Essa árvore, hoje quase extinta, predominava no litoral brasileiro no tempo da descoberta. Europeus de diversos países enchiam seus navios, levando-a para a Europa, depois de abatida pelos marinheiros e pelos índios. Hoje há esforços de reflorestamento, em geral bem-sucedidos.

Dois dias muito importantes estão separados por 48 horas, e um deles é de majestosa beleza e importância: o **Dia Internacional dos Direitos Humanos (10)**, lembrança da Declaração Universal dos Direitos Humanos, de 1948, logo após o horror, o genocídio, o desprezo pelos mais elementares direitos que a Segunda Guerra Mundial representou. No dia 8, temos o **Dia da Justiça**.

Os direitos humanos, afirmados pela Revolução Francesa em 1789 e pela ONU em 1948, são a base dos direitos individuais e coletivos – ou, pelo menos, deveriam ser. Eis o texto integral dessa maravilhosa Declaração, de 1948:

Declaração Universal dos Direitos Humanos

Considerando que o reconhecimento da dignidade inerente a todos os membros da família humana e de seus direitos iguais e inalienáveis é o fundamento da liberdade, da justiça e da paz no mundo.

Considerando que o desprezo e o desrespeito pelos direitos humanos resultaram em atos bárbaros que ultrajaram a consciência da Humanidade e que o advento de um mundo em que os homens gozem de liberdade de palavra, de crença e da liberdade de viverem a salvo do temor e da necessidade foi proclamado como a mais alta aspiração do homem comum.

Considerando ser essencial que os direitos humanos sejam protegidos pelo Estado de Direito, para que o homem não seja compelido, como último recurso, à rebelião contra a tirania e a opressão.

Considerando ser essencial promover o desenvolvimento de relações amistosas entre as nações.

Considerando que os povos das Nações Unidas reafirmaram, na Carta, sua fé nos direitos humanos fundamentais, na dignidade e no valor da pessoa humana e na igualdade de direitos dos homens e das mulheres, e que decidiram promover o progresso social e melhores condições de vida em uma liberdade mais ampla.

Considerando que os Estados-Membros se comprometeram a promover, em cooperação com as Nações Unidas, o respeito universal aos direitos humanos e liberdades fundamentais e a observância desses direitos e liberdades.

Considerando que uma compreensão comum desses direitos e liberdades é da mais alta importância para o pleno cumprimento desse compromisso.

A Assembleia Geral proclama:

A presente *Declaração Universal dos Direitos Humanos* como ideal comum a ser atingido por todos os povos e todas as nações, com o objetivo de que cada indivíduo e cada órgão da sociedade, tendo sempre em mente esta Declaração, se esforce, através do ensino e da educação, por promover o respeito a esses direitos e liberdades, e, pela adoção de medidas progressivas de caráter nacional e internacional, por assegurar o seu reconhecimento e a sua observância universais e efetivos, tanto entre os povos dos próprios Estados-Membros, quanto entre os povos dos territórios sob sua jurisdição.

Artigo I

Todas as pessoas nascem livres e iguais em dignidade e direitos. São dotadas de razão e consciência e devem agir em relação umas às outras com espírito de fraternidade.

Artigo II

1) Toda pessoa tem capacidade para gozar os direitos e as liberdades estabelecidos nesta Declaração, sem distinção de qualquer espécie, seja de raça, cor, sexo, língua, religião, opinião política ou de outra natureza, origem nacional ou social, riqueza, nascimento ou qualquer outra condição.

2) Não será tampouco feita qualquer distinção fundada na condição política, jurídica ou internacional do país ou território a que pertença uma pessoa, quer se trate de um território independente, sob tutela, sem governo próprio, quer sujeito a qualquer outra limitação de soberania.

Artigo III

Toda pessoa tem direito à vida, à liberdade e à segurança pessoal.

Artigo IV

Ninguém será mantido em escravidão ou servidão; a escravidão e o tráfico de escravos serão proibidos em todas as suas formas.

Artigo V

Ninguém será submetido à tortura nem a tratamento ou castigo cruel, desumano ou degradante.

Artigo VI

Toda pessoa tem direito de ser, em todos os lugares, reconhecida como pessoa perante a lei.

Artigo VII

Todos são iguais perante a lei e têm direito, sem qualquer distinção, a igual proteção da lei. Todos têm direito a igual proteção contra qualquer discriminação que viole a presente Declaração e contra qualquer incitamento a tal discriminação.

Artigo VIII

Toda pessoa tem direito a receber dos tribunais nacionais competentes remédio efetivo para os atos que violem os direitos fundamentais que lhe sejam reconhecidos pela Constituição ou pela lei.

Artigo IX

Ninguém será arbitrariamente preso, detido ou exilado.

Artigo X

Toda pessoa tem direito, em plena igualdade, a uma audiência justa e pública por parte de um tribunal independente e imparcial, para decidir de seus direitos e deveres ou do fundamento de qualquer acusação criminal contra ele.

Artigo XI

1) Toda pessoa acusada de um ato delituoso tem o direito de ser presumida inocente até que a sua culpabilidade tenha sido provada de acordo com a lei, em julgamento público no qual lhe tenham sido asseguradas todas as garantias necessárias à sua defesa.

2) Ninguém poderá ser culpado por qualquer ação ou omissão que, no momento, não constituíam delito perante o direito nacional ou internacional. Também não será imposta pena mais forte do que aquela que, no momento da prática, era aplicável ao ato delituoso.

Artigo XII

Ninguém será sujeito a interferências na sua vida privada, na sua família, no seu lar ou na sua correspondência, nem a ataques à sua honra e reputação. Toda pessoa tem direito à proteção da lei contra tais interferências ou ataques.

Artigo XIII

1) Toda pessoa tem direito à liberdade de locomoção e residência dentro das fronteiras de cada Estado.

2) Toda pessoa tem o direito de deixar qualquer país, inclusive o próprio, e a este regressar.

Artigo XIV

1) Toda pessoa, vítima de perseguição, tem o direito de procurar e de gozar asilo em outros países.

2) Este direito não pode ser invocado em caso de perseguição legitimamente motivada por crimes de direito comum ou por atos contrários aos objetivos e princípios das Nações Unidas.

Artigo XV

1) Toda pessoa tem direito a uma nacionalidade.
2) Ninguém será arbitrariamente privado de sua nacionalidade, nem do direito de mudar de nacionalidade.

Artigo XVI

1) Os homens e as mulheres de maior idade, sem qualquer restrição de raça, na sociedade e no Estado.

Artigo XVII

1) Toda pessoa tem direito à propriedade, só ou em sociedade com outros.
2) Ninguém será arbitrariamente privado de sua propriedade.

Artigo XVIII

Toda pessoa tem direito à liberdade de pensamento, consciência e religião; este direito inclui liberdade de mudar de religião ou crença e a liberdade de manifestar essa religião ou crença, pelo ensino, pela prática, pelo culto e pela observância, isolada ou coletivamente, em público ou em particular.

Artigo XIX

Toda pessoa tem direito à liberdade de opinião e expressão; este direito inclui a liberdade de, sem interferência, ter opiniões e de procurar, receber e transmitir opiniões e ideias por quaisquer meios e independentemente de fronteiras.

Artigo XX

1) Toda pessoa tem direito à liberdade de reunião e associação pacíficas.
2) Ninguém pode ser obrigado a fazer parte de uma associação.

Artigo XXI

1) Toda pessoa tem o direito de tomar parte no governo de seu país diretamente ou por intermédio de representantes livremente escolhidos.
2) Toda pessoa tem igual direito de acesso ao serviço público de seu país.
3) A vontade do povo será a base da autoridade do governo; esta vontade será expressa em eleições periódicas e legítimas, por sufrágio universal, por voto secreto ou processo equivalente que assegure a liberdade de voto.

Artigo XXII

Toda pessoa, como membro da sociedade, tem direito à segurança social e à realização, pelo esforço nacional, pela cooperação internacional e de acordo com a organização e recursos de cada Estado, dos direitos econômicos, sociais e culturais indispensáveis à sua dignidade e ao livre desenvolvimento de sua personalidade.

Artigo XXIII

1) Toda pessoa tem direito ao trabalho, à livre escolha de emprego, a condições justas e favoráveis de trabalho e à proteção contra o desemprego.

2) Toda pessoa, sem qualquer distinção, tem direito a igual remuneração por igual trabalho.

3) Toda pessoa que trabalha tem direito a uma remuneração justa e satisfatória, que lhe assegure, assim como à sua família, uma existência compatível com a dignidade humana, e a que se acrescentarão, se necessário, outros meios de proteção social.

4) Toda pessoa tem direito a organizar sindicatos e a neles ingressar para proteção de seus interesses.

Artigo XXIV

Toda pessoa tem direito a repouso e lazer, inclusive a limitação razoável das horas de trabalho e a férias periódicas remuneradas.

Artigo XXV

1) Toda pessoa tem direito a um padrão de vida capaz de assegurar a si e à sua família saúde, habitação, cuidados médicos e os serviços sociais indispensáveis, e direito à segurança em caso de desemprego, doença, invalidez, viuvez, velhice ou outros casos de perda dos meios de subsistência em circunstâncias fora de seu controle.

2) A maternidade e a infância têm o direito a cuidados e assistência especiais. Todas as crianças, nascidas dentro ou fora do matrimônio, gozarão da mesma proteção social.

Artigo XXVI

1) Toda pessoa tem direito à instrução. A instrução será gratuita, pelo menos nos graus elementares e fundamentais. A instrução elementar será obrigatória. A instrução técnico-profissional será acessível a todos, bem como a instrução superior, esta baseada no mérito.

2) A instrução será orientada no sentido do pleno desenvolvimento da personalidade humana e do fortalecimento do respeito pelos direitos humanos e pelas liberdades fundamentais. A instrução promoverá a compreensão, a tolerância e a amizade entre todas as nações e grupos raciais ou

religiosos, e coadjuvará as atividades das Nações Unidas em prol da manutenção da paz.

3) Os pais têm prioridade de direito na escolha do gênero de instrução que será ministrada a seus filhos.

Artigo XXVII

1) Toda pessoa tem direito de participar livremente da vida cultural da comunidade, de fruir as artes e de participar do progresso científico e de seus benefícios.

2) Toda pessoa tem direito à proteção dos interesses morais e materiais decorrentes de qualquer produção científica, literária ou artística da qual seja autor.

Artigo XXVIII

Toda pessoa tem direito a uma ordem social e internacional em que os direitos e liberdades estabelecidos na presente Declaração possam ser plenamente realizados.

Artigo XXIX

1) Toda pessoa tem deveres para com a comunidade, em que o livre e pleno desenvolvimento de sua personalidade seja possível.

2) No exercício de seus direitos e liberdades, toda pessoa estará sujeita apenas às limitações determinadas pela lei, exclusivamente com o fim de assegurar o devido reconhecimento e respeito dos direitos e liberdades de outrem e de satisfazer às justas exigências da moral, da ordem pública e do bem-estar de uma sociedade democrática.

3) Esses direitos e liberdades não podem, em hipótese alguma, ser exercidos contrariamente aos propósitos e princípios das Nações Unidas.

Artigo XXX

Nenhuma disposição da presente Declaração pode ser interpretada como o reconhecimento, a qualquer Estado, grupo ou pessoa, do direito de exercer qualquer atividade ou praticar qualquer ato destinado à destruição de quaisquer dos direitos e liberdades aqui estabelecidos.

Na variedade de datas comemorativas que compõem o mês de dezembro, há um dia interessante. Trata-se do **Dia do Teatro Amador** (16). É interessante porque a maioria dos grandes atores e atrizes de teatro, no Brasil e no mundo, começou seu trabalho no teatro amador, sem remuneração, e muitas vezes com poucos recursos de cenário, roupas, iluminação, sonografia. Nos colégios, clubes e outros lugares, **o teatro amador** acaba sendo o primeiro passo para a manifestação da vocação de futuros grandes atores e atrizes.

Quase ninguém se lembra: dia 1º, **Dia do Numismata e Dia da Heráldica** (cidade de São Paulo). Numismata é quem gosta de moedas antigas, estuda-as e coleciona. E heráldica é a velha ciência dos brasões, que já foi importante em outros séculos e hoje continua sendo praticada, mas por poucos. É um estudo bonito – muitas famílias de origem antiga têm "seu" brasão – mas em um mundo pragmático e utilitarista como o nosso, para que eles servem? É só um valor de história de famílias, de genealogia. Mas, se alguém se interessa, não faltam livros, dados na Internet, estudiosos, sociedades que se dedicam ao assunto.

Dia 15 é o **Dia do Esperanto**. Idioma criado pelo médico polonês L. L. Zamenhof (1859-1917), era para ser universal; o primeiro livro nessa língua foi publicado em 1887. Ainda existem pessoas que cultivam o esperanto, mas a realidade (todos sabemos disso) é que o inglês acabou se impondo, sobretudo após a Segunda Guerra Mundial. Antes disso, aliás, já o *American way of life* se espalhava pelo mundo – ao menos como ideal, como tentativa – por meio dos filmes, dos automóveis, etc.

Denominações poéticas ou "diferentes" merecem menção no final do ano:
– **Dia da Lembrança (26)**
– **Dia da Esperança (31)**
– **Dia das Devoluções (31)**

A designação "Dia da Esperança" tem razão de ser, é bonita e fundamentada, já para o "Dia das Devoluções", embora aparecesse em uma relação confiável, não achamos explicação para a denominação – o que será que se devolve no dia 31 de dezembro?!

E, encerrando este livro, permitimo-nos registrar algo que acontece em 31 de dezembro – mas que ninguém escreve. Pensando bem, dia 31 é também uma data em que se fazem as promessas de Ano-novo, palavra que o *Aurélio* define, com muita propriedade, como "O próximo ano; o ano entrante".

Dezembro

1º Santo Elói (Elígio) (c. 588-660)
Dia Mundial de Combate à Aids
Dia do Numismata
Dia Nacional do Samba
Dia da Heráldica
Dia do Imigrante
Libertação de Portugal e, consequentemente, do Brasil do julgo espanhol (1640)

Dia do Tratado de Santo Idelfonso (1777)
Coroação de D. Pedro I, imperador do Brasil (1822)
Instituição da Ordem Imperial do Cruzeiro (1822)
Criação da Imperial Guarda de Honra (1822)
Brasil ganha disputa com a França pelo Território do Amapá (1900)
Criação do Gabinete Civil (1938)

2 Dia Nacional das Relações Públicas
Dia Pan-americano da Saúde
Dia Nacional do Samba
Dia do Casal
Dia do Advogado Criminalista
Dia do Serviço de Saúde da Aeronáutica
Dia Nacional da Astronomia
Dia Internacional da Abolição da Escravidão
Dia do Migrante (nordestino)
Criação da Capitania de Minas Gerais independente de São Paulo, com nomeação de D. Lourenço de Almeida como primeiro governador (1720)
Nascimento de D. Pedro II, Rio de Janeiro (RJ) (1825)
Criação do Colégio D. Pedro II, Rio de Janeiro (RJ) (1827)
Primeira representação da ópera *O Guarani*, de Carlos Gomes, Rio de Janeiro (RJ) (1870)
Realização de eleições para a escolha dos deputados da Assembleia Constituinte (1945)

3 São Francisco Xavier (1506-1552)
Dia Internacional dos Deficientes Físicos
Nascimento do presidente Emílio Garrastazu Médici, Bagé (RS) (1905)
Morte de Gustavo Barroso, jornalista e historiador brasileiro, Rio de Janeiro (RJ) (1959)

4 São João Damasceno (c. 675-749)
Iansã (deusa do vento – Santa Bárbara)
Dia da Propaganda
Dia do Publicitário
Dia do Trabalhador em Minas de Carvão
Dia do Orientador Educacional
Dia do Pedicuro
Dia do Podólogo
Dia do Perito
Dia Nacional do Ministério Público

5 Dia Internacional para o Desenvolvimento Econômico e Social
Morte de Luis Carlos Martins Pena, dramaturgo brasileiro e diplomata, Lisboa – Portugal (1848)
Morte de Dom Pedro II, Paris – França (1891)
Fundação da Cruz Vermelha Brasileira (1908)
Morte do escritor brasileiro Humberto de Campos (1934)

6 São Nicolau (Papai Noel)
Combate na batalha de Itororó (1868)
Morte do ex-presidente João Belchior M. Goulart. Mercedes-Corrientes/Argentina (1976)

7 Santo Ambrósio (c. 334-397)
Dia do Pau-Brasil
Dia Internacional da Aviação Civil
Abertura da navegação do rio Amazonas e seus afluentes e do rio São Francisco aos navios mercantes de todas as nações (1866)
Fundação da Associação Comercial de São Paulo (1894)
Unesco declara Brasília como Patrimônio Cultural da Humanidade (1987)

8 Imaculada Conceição (N. Sra. da Conceição)
Festa de Iemanjá e Oxum
Dia Nacional da Família
Dia do Cronista Esportivo
Dia do Colunista Social
Dia da Justiça (feriado forense)
Dia dos Produtores de Rádio e Televisão
Aniversário da avenida Paulista (São Paulo – 1894)

9 Dia Nacional do Fonoaudiólogo
Dia do Alcoólatra Recuperado
Dia da Criança Defeituosa
Dia do Profissional de Culinária
Dia do Repórter Esportivo
Dia do Cronista
Dia da Bíblia Protestante
Fundação de Maceió (AL) (1815)

10 Santa Joana Francisca de Chantal (1572-1641)
Dia do Palhaço
Dia Mundial de Combate à Asma
Dia do Desporto de Malha
Divisão do Brasil em governos gerais: o do norte com a capital em Salvador e o do sul, com capital no Rio de Janeiro (1572)

Declaração de guerra ao governo das províncias do rio da Prata, Guerra Cisplatina (1825)
Dia Internacional dos Direitos Humanos
10 de dezembro – Em mais de 200 anos de história, desde a Revolução Francesa, os homens vêm tentando garantir a amplitude de direitos a todos os cidadãos do mundo. Foi no contexto da Revolução que surgiu, em 26 de agosto de 1789, a Declaração dos Direitos do Homem e do Cidadão, aprovada pela Assembleia Constituinte na França. A busca pelo respeito aos direitos humanos correu o mundo como um rastilho de pólvora, chegando ao Brasil no final do século XVIII.

11 São João Damaso (c. 304-384)
Dia do Engenheiro
Dia do Arquiteto
Dia do Agrimensor
Dia do Tango
Dia Nacional das APAES
Dia do Evangelho
Dia da Infantaria da Aeronáutica
Morte de D. Leopoldina, primeira imperatriz do Brasil, Rio de Janeiro (RJ) (1826)
Nascimento do educador brasileiro Alceu Amoroso Lima (1893)
Dia do Unicef, Fundo da Organização das Nações Unidas para a Infância (1946)

12 Nossa Senhora de Guadalupe
Dia de Todas as Yabás (mulheres santas do candomblé)
Dia do Avaliador
Dia do Ótico
Morte de José de Alencar, romancista brasileiro, autor de *Senhora*, Rio de Janeiro (RJ) (1877)
Fundação de Belo Horizonte (MG)
Fundação do Clube de São Cristóvão Imperial, Rio de Janeiro (RJ) (1883)

13 Santa Luzia († c. 304)
Dia da Marinha Brasileira
Dia do Pedreiro
Dia do Lapidador
Dia do Nordestino
Dia do Engenheiro Avaliador e Perito de Engenharia
Descoberta a baía de Santa Luzia, atual Vitória (ES), por André Gonçalves e Américo Vespúcio (1501)
Nascimento de Joaquim Marques Lisboa, o Marquês de Tamandaré, Rio Grande (RS) (1808)

14 São João da Cruz (1542-1591)
Dia do Ministério Público Federal
Dia do Engenheiro de Pesca

15 Santa Maria da Rosa (1813-1855)
Dia do Jardineiro
Dia do Esperanto (1887)
Nascimento de Ana Neri (1814)
Fundação da Academia Brasileira de Letras, Rio de Janeiro (RJ) (1896)
Morte de Andrei Sakharov, físico Nobel da Paz em 1975 (1989)

16 Santa Adelaide (c. 931-999)
Dia do Teatro Amador
O Brasil é elevado à categoria de Reino Unido de Portugal e Algarves (1815)
Nascimento de Olavo Bilac, poeta brasileiro, autor do *Hino à Bandeira*, Rio de Janeiro (RJ) (1865)

17 São Lázaro
Morte de Simon Bolivar, o Libertador das Américas, Santa Marta – Colômbia (1830)
Nascimento do professor brasileiro Afrânio Peixoto (1876)
Nascimento do escritor brasileiro Érico Veríssimo (1905)
Morte do presidente Arthur da Costa e Silva (1969)
Sancionada a lei que considera de utilidade pública o Lions Club, o Rotary Club e as Casas da Amizade (1969)

18 Nossa Senhora da Esperança
Morte do maestro Francisco Manuel da Silva, autor da música do Hino Nacional (1865)

19 Santo Urbano († 1370)
Instalação da Província do Paraná, com posse do primeiro presidente, Zacarias de Góes e Vasconcelos (1853)
Morte de Rubem Braga, escritor brasileiro, Rio de Janeiro (RJ) (1990)

20 São Domingos de Silos († 1073) e São Liberato (séc. XIII)
Dia da Bondade
Dia do Mecânico

21 São Pedro Canísio (1521-1597)
Início do verão no Hemisfério Sul

22 Santa Francisca Cabrini (1850-1917)
Independência das Ilhas Marshall

23 São João Câncio (1390-1473)
Dia do Vizinho

24 Santa Adélia e Santa Hermínia
Dia Internacional do Perdão
Dia do Órfão

25 Oxalá (oficial)
Natal
Fundação da cidade de Belém (PA) (1615)
Instalação da vila de Natal (RN), onde existia a povoação fundada por Gerônimo de Albuquerque (1599)
Morte do poeta brasileiro Hermes Fontes (1930)

26 Santo Estevão (séc. I)
Dia da Lembrança

27 São Filêmon
Dia de São João Evangelista, padroeiro dos livreiros
Dia da Fundação Sindical Metalúrgica no Estado de São Paulo (1932)

28 São Calínico (séc. III)
Dia do Salva-Vidas
Dia da Marinha Mercante
Dia do Petroquímico
Dia dos Inocentes (comemorado em certos países, é o mesmo que o nosso 1º de abril – Dia da Mentira)
Chegada a Salvador de Mem de Sá, terceiro governador-geral (1556)
Nascimento do Visconde de Mauá, economista e pioneiro dos transportes no Brasil (1813)
Fundação de Rio Branco (AC) (1882)
Morte da ex-imperatriz Teresa Cristina, esposa de D. Pedro II, cidade de Porto – Portugal (1889)
Morte de Olavo Bilac, poeta brasileiro, Rio de Janeiro (RJ) (1918)
O marechal João Batista Mascarenhas de Morais é nomeado comandante da FEB, durante a Segunda Guerra Mundial (1943)

29 São Tomás Becket (1118-1170)
Dia Internacional das Diversidades Biológicas, ONU

30 São Sabino e São Honório

31 São Silvestre I († 335)
Dia da Esperança
Dia das Devoluções
Dia em que se fazem as promessas de Ano-Novo (de tão difícil cumprimento...)

Corrida de São Silvestre

31 de dezembro – No último dia do ano, algumas horas antes do *réveillon*, milhares de atletas profissionais e amadores saem às ruas de São Paulo nesse evento esportivo, a Corrida de São Silvestre, que já se tornou tão importante e é quase indissociável das festas de fim de ano. A avenida Paulista é o ponto de largada e chegada dos atletas. A ideia de criar a corrida partiu do jornalista Casper Líbero, que se inspirou em uma corrida noturna francesa a que assistiu, em 1924, em que os competidores carregavam tochas de fogo durante o percurso. Na meia-noite daquele mesmo ano, foi disputada a primeira São Silvestre, que homenageia o santo do dia.

Réveillon (meia-noite)

Chegamos ao fim das datas comemorativas do Brasil, ao fim do ano. *Feliz Ano-Novo para todos!*

Apêndice I

Hinos

Hino Nacional Brasileiro

O *Hino Nacional Brasileiro* é de autoria de Francisco Manuel da Silva, nascido em 21 de fevereiro de 1795. Ele foi músico de destaque no Rio de Janeiro, durante a primeira metade do século XIX. Destacou-se, principalmente, por seu trabalho como diretor musical da Capela Real e, mais tarde, como fundador da Sociedade Beneficência Musical e do Conservatório de Música, que deu origem ao Instituto Nacional de Música, atualmente Escola de Música da UFRJ. Desencarnou em 18 de dezembro de 1865.

Segundo historiadores, não há registros de quando o hino composto por Francisco Manuel da Silva se tornou oficialmente o *Hino Nacional Brasileiro*, no decorrer do Segundo Império. Sabe-se que, ao longo do século XIX, ele foi executado como o canto da nacionalidade, sem o suporte de um texto literário definitivo.

Em 1906, Coelho Neto, da tribuna da Câmara dos Deputados, sugeriu a criação de um poema que fizesse jus à música de Francisco Manuel. Várias letras foram apresentadas, mas somente o poema de Joaquim Osório Duque Estrada, de 1909, em versos decassílabos, foi considerado perfeitamente ajustado ao *Hino Nacional* e foi oficializado como letra do *Hino Nacional Brasileiro* pelo presidente Epitácio Pessoa, por meio do Decreto nº 15.671, em 6 de setembro de 1922, véspera do Centenário da Independência do Brasil.

A Constituição de 1988, em seu artigo 13, estabelece que, junto com a bandeira, as armas e o selo nacionais, o *Hino Nacional Brasileiro* é um dos símbolos da República Federativa do Brasil.

Hino Nacional Brasileiro

Poema: Joaquim Osório Duque Estrada
Música: Francisco Manuel da Silva

I
Ouviram do Ipiranga as margens plácidas
De um povo heroico o brado retumbante,
E o sol da Liberdade, em raios fúlgidos,
Brilhou no céu da Pátria nesse instante.
Se o penhor dessa igualdade
Conseguimos conquistar com braço forte,
Em teu seio, ó Liberdade,
Desafia o nosso peito a própria morte!
Ó Pátria amada,
Idolatrada,
Salve! Salve!
Brasil, um sonho intenso, um raio vívido
De amor e de esperança à terra desce,
Se em teu formoso céu, risonho e límpido,
A imagem do Cruzeiro resplandece.
Gigante pela própria natureza,
És belo, és forte, impávido colosso,
E o teu futuro espelha essa grandeza
Terra adorada,
Entre outras mil,
És tu, Brasil,
Ó Pátria amada!
Dos filhos deste solo és mãe gentil,
Pátria amada,
Brasil!

II
Deitado eternamente em berço esplêndido,
Ao som do mar e à luz do céu profundo,
Fulguras, ó Brasil, florão da América,
Iluminado ao sol do Novo Mundo!
Do que a terra mais garrida
Teus risonhos, lindos campos têm mais flores;
"Nossos bosques têm mais vida",
"Nossa vida" no teu seio "mais amores".
Ó Pátria amada,
Idolatrada,
Salve! Salve!

Brasil, de amor eterno seja símbolo
O lábaro que ostentas estrelado,
E diga o verde-louro desta flâmula
– Paz no futuro e glória no passado.
Mas, se ergues da justiça a clava forte,
Verás que um filho teu não foge à luta,
Nem teme, quem te adora, a própria morte.
Terra adorada
Entre outras mil,
És tu, Brasil,
Ó Pátria amada!
Dos filhos deste solo és mãe gentil,
Pátria amada,
Brasil!

Glossário

Ipiranga – Riacho localizado em São Paulo, onde foi declarada a Independência do Brasil, por D. Pedro I.

Plácidas – Serenas, tranquilas, mansas, sossegadas, calmas, pacíficas, brandas.

Brado – Grito (o Grito do Ipiranga), clamor.

Retumbante – Que retumba, que reflete com estrondo, que estrondeia, que ecoa, que ribomba, que ressoa.

Fúlgidos – Fulgentes, que têm fulgor, que fulgem, luzentes, brilhantes, cintilantes, fulgurantes, fulgurosas.

Penhor – Garantia, segurança, prova, valor de uma coisa que dá direito a (garantindo) outra.

Seio e peito – Alma, interior, coração, âmago.

Idolatrada – Adorada, venerada, amada em excesso, como se ama um ídolo (com excesso de sentimento).

Vívido – Que tem vivacidade, ardente, intenso, vivo, luminoso, brilhante, expressivo, significativo.

Límpido – Nítido, claro, limpo, polido, brilhante, puro, transparente, translúcido, sem nuvens, desanuviado, ingênuo, simples.

Cruzeiro – A constelação do Cruzeiro do Sul.

Resplandece – Brilha muito, rutila, releva-se, sobressai.

Impávido – Que não tem medo ou pavor, destemido, afoito, intrépido, denodado.

Colosso – Enorme, gigante, estátua descomunal, objeto de enormes dimensões, grande poderio ou soberania.

Espelha – Retrata, reflete, deixa ver.

Fulguras – Brilhas, resplandeces, fulges, fulguras, relampejas, cintilas, sobressais, realças.

Florão – Ornamentação de ouro e/ou pedras preciosas no centro de uma coroa.
Garrida – Alegre, brilhante, viva, elegante, graciosa, vistosa.
Lábaro – Bandeira (estandarte), a Bandeira Nacional (estrelada).
Verde-louro – Verde-amarelo.
Flâmula – Bandeira.
Clava forte – Arma forte (a guerra).

Hino à Bandeira Nacional

Letra: Olavo Bilac
Música: Francisco Braga

Salve, lindo pendão da esperança,
Salve, símbolo augusto da paz!
Tua nobre presença à lembrança
A grandeza da Pátria nos traz.
(*refrão*)
Recebe o afeto que se encerra
Em nosso peito juvenil,
Querido símbolo da terra,
Da amada terra do Brasil!
Em teu seio formoso retratas
Este céu de puríssimo azul,
A verdura sem par destas matas,
E o esplendor do Cruzeiro do Sul.
Recebe o afeto que se encerra... (*refrão*)
Contemplando o teu vulto sagrado,
Compreendemos o nosso dever;
E o Brasil, por seus filhos amado,
Poderoso e feliz há de ser.
Recebe o afeto que se encerra... (*refrão*)
Sobre a imensa Nação Brasileira,
Nos momentos de festa ou de dor,
Paira sempre, sagrada bandeira,
Pavilhão da Justiça e do Amor!
Recebe o afeto que se encerra... (*refrão*)

Hino à Proclamação da República

Letra: José Joaquim de Medeiros e Albuquerque
Música: Leopoldo Augusto Miguez

Seja um pálio de luz desdobrado.
Sob a larga amplidão destes céus
Este canto rebel que o passado
Vem remir dos mais torpes labéus!
Seja um hino de glória que fale
De esperança, de um novo porvir!
Com visões de triunfos embale
Quem por ele lutando surgir!
(*refrão*)
Liberdade! Liberdade!
Abre as asas sobre nós!
Das lutas na tempestade
Dá que ouçamos tua voz!
Nós nem cremos que escravos outrora
Tenha havido em tão nobre País...
Hoje o rubro lampejo da aurora
Acha irmãos, não tiranos hostis.
Somos todos iguais! Ao futuro
Saberemos, unidos, levar
Nosso augusto estandarte que, puro,
Brilha, avante, da Pátria no altar!
Liberdade! Liberdade! (*refrão*)
Se é mister que de peitos valentes
Haja sangue no nosso pendão,
Sangue vivo do herói Tiradentes
Batizou este audaz pavilhão!
Mensageiros de paz, paz queremos,
É de amor nossa força e poder
Mas da guerra nos transes supremos
Heis de ver-nos lutar e vencer!
Liberdade! Liberdade! (*refrão*)
Do Ipiranga é preciso que o brado
Seja um grito soberbo de fé!
O Brasil já surgiu libertado,
Sobre as púrpuras régias de pé!
Eia, pois, brasileiros avante!
Verdes louros colhamos louçãos!
Seja o nosso País triunfante,
Livre terra de livres irmãos!
Liberdade! Liberdade! (*refrão*)

Hino da Independência

Letra: Evaristo Ferreira da Veiga
Música: D. Pedro I

Já podeis da Pátria filhos,
Ver contente a mãe gentil;
Já raiou a liberdade
No horizonte do Brasil
Já raiou a liberdade,
Já raiou a liberdade
No horizonte do Brasil.
(*refrão*)
Brava gente brasileira!
Longe vá temor servil
Ou ficar a Pátria livre
Ou morrer pelo Brasil;
Ou ficar a Pátria livre,
Ou morrer pelo Brasil.
Os grilhões que nos forjava
Da perfídia astuto ardil...
Houve mão mais poderosa...
Zombou deles o Brasil;
Houve mão mais poderosa
Houve mão mais poderosa
Zombou deles o Brasil.
Brava gente brasileira! (*refrão*)
Não temeis ímpias falanges
Que apresentam face hostil;
Vossos peitos, vossos braços
São muralhas do Brasil;
Vossos peitos, vossos braços
Vossos peitos, vossos braços
São muralhas do Brasil.
Brava gente brasileira! (*refrão*)
Parabéns, ó brasileiros!
Já, com garbo varonil,
Do universo entre as nações
Resplandece a do Brasil;
Do universo entre as nações
Do universo entre as nações
Resplandece a do Brasil.
Brava gente brasileira! (*refrão*)

Apêndice II

Calendários

Como em nosso país temos uma parcela considerável de árabes e judeus, acreditamos ser de grande importância apresentarmos os calendários islâmico (*Hégira*) e judaico (*Luach*), para que os descendentes ou ascendentes desses povos que vivem no Brasil possam ter registradas em nossa obra as suas principais datas comemorativas. Também trazemos neste trabalho o Calendário Maçônico, como fonte de estudo e informação aos Irmãos da Maçonaria.

O Calendário Judaico (*Luach*)

Todos os eventos e comemorações de festividades são sempre na mesma data em todos os anos no calendário judaico, porém, como na maioria dos países o calendário padrão é o gregoriano (baseado no movimento solar), as datas nem sempre coincidem.

O **calendário** judaico, diferentemente do gregoriano, é baseado no movimento lunar, em que cada mês se inicia com a Lua nova (quando é possível visualizar o primeiro reflexo de luz sobre a superfície lunar). Antigamente, o **calendário** era determinado simplesmente por observação.

O grande problema com o **calendário** lunar é que se compararmos com o gregoriano, temos em um ano solar 12,4 meses lunares; ocorre, então, uma diferença a cada ano de aproximadamente 11 dias. Para compensar essa diferença, ocasionalmente é acrescentado um mês inteiro (Adar II).

O início da contagem do calendário judaico refere-se à criação do mundo. O primeiro mês é *Nissan*, quando temos a comemoração de *Pessach* (Páscoa). Entretanto, o ano-novo judaico ocorre em *Tishrei* (quando é acrescentado um número ao ano anterior).

Mês – Duração – Equivalente ao calendário gregoriano

Nissan – 30 dias – março-abril
Iyar – 29 dias – abril-maio
Sivan – 30 dias – maio-junho
Tammuz – 29 dias – junho-julho
Av – 30 dias – julho-agosto
Elul – 29 dias – agosto-setembro
Tishrei – 30 dias – setembro-outubro
Heshvan – 29/30 dias – outubro-novembro
Kislev – 30/29 dias – novembro-dezembro
Tevet – 29 dias – dezembro-janeiro
Shevat – 30 dias – janeiro-fevereiro
Adar – 29/30 dias – fevereiro-março
Adar II – 29 dias – março-abril

Feriado – Tradução

Tu Bishvat – Ano-novo das árvores
Purim – Lotes
Pessach (1º e 2º)* – Páscoa judaica
Pessach (7º dia) – Páscoa judaica
Pessach (8º dia) – Páscoa judaica
Yom Hashoá Vehagevuvá – Dia de recordação dos mártires e heróis do Holocausto
Yom Hazikarón – Dia de recordação dos caídos nas guerras de Israel
Yom Haatzmaut – Dia da independência
Lag Baomer – Dia 33 de Omer
Yom Yerushalayim – Dia de Jerusalém
Shavuot (1º dia) – Pentecostes
Tishá Be-Av – Jejum de Nove de Av
Rosh Hashaná – Ano-Novo
Yom Kipur – Dia do Perdão
Sucot (1º e 2º dias) – Tabernáculos
Shmini Atzeret – Convocação do 8º dia
Simchat Torá – Alegria da Torá
Hanuká – Festa das Luzes

O Calendário Islâmico (*Hégira*)

O calendário islâmico, que se baseia no ciclo lunar, foi introduzido pela primeira vez no ano 638 d.C pelo companheiro próximo do Profeta e segun-

---

*Os feriados judaicos começam no pôr do sol do dia anterior.

do califa, 'Umar ibn al-Khattab (592-644 d.C). Ele tomou essa decisão em uma tentativa de racionalizar os vários sistemas de datas usados naquela época. 'Umar consultou seus conselheiros sobre a data de início da nova cronologia muçulmana e, finalmente, foi acordado que o acontecimento de referência mais adequado para o calendário islâmico era a *Hégira*. Para a data do início verdadeiro do calendário foi escolhido (com base no ano lunar, contando-se para trás) o 1º dia do 1º mês (1º de *Muharram*) do ano da *Hégira*. O calendário islâmico (com datas que caem dentro da era muçulmana) é normalmente abreviado pela letra H., tirado das línguas ocidentais derivadas do latim, *Anno Hegirae*. Portanto, *1º Muharram*, do ano 1, corresponde ao dia 16 de julho do ano 622 da Era Cristã.

O ano islâmico (*Hégira*) consiste de 12 meses (lunares). São eles:
(1) *Muharram*
(2) *Safar*
(3) *Raby' al-awal*
(4) *Raby' al-THaany*
(5) *Jumaada al-awal*
(6) *Jumaada al-THaany*
(7) *Rajab*
(8) *Sha'baan*
(9) *Ramadhaan*
(10) *Shawwal*
(11) *Thw al-Qi'dah*
(12) *Thw al-Hijjah*

As datas mais importantes do ano islâmico são: 1º de *Muharram* (ano-novo islâmico); 27 de *Rajab* (*Isra* e *Miraj*); 1º de *Ramadhan* (primeiro dia do jejum); 17 de *Ramadhan* (*Nuzul al-Qur'an*); os últimos dez dias do mês de *Ramadhan*, que inclui o *Laylatu al-Qadar*; 1º de *Shawwal* (*Eid ul-Fitr*); 8-10 de *Tw al-Hijjah* (a peregrinação a Meca); e 10 de *Tw al-Hijjah* (*Eid al-Adha*).

O Calendário Maçônico I

O calendário maçônico teve início em 4000 a.C. e não menciona Era Cristã. Ele segue o calendário juliano. A partir de 15/10/1582, passou a acompanhar o gregoriano, mudando apenas a notação de mês e ano, que no calendário maçônico é sempre em números romanos para os meses. Ex.: setembro de 2001 é IX/6001 no calendário maçônico.

Assim, esse calendário manteve a mesma divisão em meses e dias do calendário gregoriano, porém substituiu os seus nomes tradicionais pela sua numeração, de I a XII.

Os anos são classificados por números cardinais, a partir de 4000 a.C., antepondo-se ao milésimo a expressão "ano da verdadeira luz" e suprimindo-se a menção da Era Cristã.

O Calendário Maçônico II

Lojas – Simbólicas *Anno Lucis* 4000 † AD *Anno Lucis* é o "Ano da Luz". AD é o *Anno Domine*, ou seja, o ano calendário vigente no mundo ocidental (ano de Nosso Senhor Jesus Cristo)

Arco Real – Capitular

Anno Inventionis 530 + AD *Anno Benefacio* 1913 + AD

Anno Inventionis é o "Ano do Descobrimento" ou a construção do 2º Templo.

Anno Benefacio é o "Ano da Bênção" de Abraão por Melquisedeque.

Mestres Reais & Secretos – *Cripticos Anno Depositionis* 1000 + AD *Anno Depositionis* é o "Ano da Edificação" ou finalização do Templo de Salomão.

Cavaleiro Templário – Cavalheiresco *Anno Ordinis* AD – 1118 *Anno Ordinis* é o "Ano da Fundação da Ordem"

Rito Escocês Antigo e Aceito *Anno Mundi* 3760 + AD *Anno Mundi*, ou o "Ano Mundial". É análogo ao calendário judaico (com um ano extra a ser adicionado após setembro).

Este livro foi composto em Times New Roman, corpo 12/15.
Papel Offset 75g
Impressão e Acabamento
Orgrafic Gráfica e Editora – Rua Freguesia de Poiares, 133
Vila Carmozina – São Paulo/SP
CEP 08290-440 – Tel.: (011) 2522-6368 – email: orcamento@orgrafic.com.br